Barz · Der Waldorfkindergarten

Für Mechthild

der ebenso engagierten wie bescheidenen Waldorferzieherin, ohne deren Vorbild und freundschaftlichen Zuspruch dieses Buch kaum entstanden wäre

Heiner Barz

Der Waldorfkindergarten

Geistesgeschichtliche Ursprünge
und entwicklungspsychologische Begründung
seiner Praxis

4. Auflage

Beltz Verlag · Weinheim und Basel

Heiner Barz, M. A. der Erziehungswissenschaften, geboren 1957, lebt in Heidelberg und arbeitet an seiner Dissertation und außerdem als freier Mitarbeiter beim SINUS-Institut und beim Süddeutschen Rundfunk.

Die Deutsche Bibliothek – CIP-Einheitsaufnahme

Barz, Heiner:
Der Waldorfkindergarten : geistesgeschichtliche Ursprünge und entwicklungspsychologische Begründung seiner Praxis / Heiner Barz. — 4., unveränd. Aufl. — Weinheim ; Basel : Beltz, 1993
(Reihe Pädagogik)
ISBN 3-407-34038-9

2., erweiterte Auflage 1990
4., unveränderte Auflage 1993

Lektorat: Peter E. Kalb

Satz: Satz- und Reprotechnik GmbH, Hemsbach
Umschlaggestaltung: Atelier Warminski, Büdingen
Druck und Bindung: Druckhaus Beltz, Hemsbach
Printed in Germany

ISBN 3 407 34038 9

Inhaltsverzeichnis

Einleitung

Erste Vorbemerkung: Erziehungswissenschaft und „geisteswissenschaftliche Erziehung" – zum Verhältnis eines Un-Verhältnisses

Die große pädagogische Reformeuphorie ist verebbt. Ihre Protagonisten sind seit einigen Jahren verstummt. Waren die Diskussionen der 70er Jahre noch geprägt vom globalen theoretischen Zugriff auf gesellschaftliche Mißstände, von der Hoffnung mittels des emanzipatorischen Erziehungsparadigmas einen entscheidenden Beitrag zur Umgestaltung, ja Revolutionierung der Gesellschaft zu leisten, so hat sich die Situation heute gründlich gewandelt: Die Probleme derer, die sich im Studium auf pädagogische Berufe vorbereiten, haben sich konkretisiert und verengt auf die drohende Arbeitslosigkeit. Eine Zukunftsperspektive, die die engagierte Identifikation mit dem Beruf nicht gerade fördert. Zweitens entwickelte die gesellschaftliche Realität, dort wo Modellprojekte und Reformen tatsächlich zur Ausführung kamen, eine fatale Resistenz gegen die aus akademischen Sandkastenspielen hervorgegangenen Begriffe und Strategien. Aufstieg und Fall dieser Konzeptionen werden für den Bereich der vorschulischen Erziehung in dieser Arbeit exemplarisch skizziert (vgl. S. 58ff.).

Das Trägheitsmoment des gesellschaftlichen Getriebes ließ so auf die hochaufgeschossenen Theoriegebäude schnell den ebenso notwendigen wie abgrundtiefen Katzenjammer der Desillusionierung folgen:

„Träume und Hoffnungen der (linken) Pädagogik landeten im Antiquariat" (Frankfurter Rundschau, 11.11.1982, S. 13).

Abseits des modischen Bildungsbooms – abseits aber auch seiner derzeitigen Aschermittwochstimmung – hat sich seit Beginn der 70er Jahre eine zweite pädagogische Strömung rasant Bahn gebrochen: Zuerst völlig unbeachtet von der allgemeinen und auch fachinternen Öffentlichkeit wurden von 1971 bis 1981 allein 40 neue Waldorfschulen in der BRD gegründet. Dabei steht die Nichtbeachtung, die der Waldorfpädagogik zuteil wurde, in krassem Gegensatz zur Aufmerksamkeit, die sonstige pädagogische Reformkonzepte gefunden haben: Jede einzelne der sogenannten „Freien Schulen“, „Alternativschulen“, „Laborschulen“, etc. wird in einer Fülle von Publikationen ausführlich beschrieben, diskutiert und gewürdigt. Der Zustand der Nichtbeachtung ist um so unverständlicher, als auch die Waldorfpädagogik in den letzten Jahren einen regelrechten Boom erlebte: Gab es 1971 erst 32 Schulen, wovon die meisten in den ersten Nachkriegsjahren (wieder-) gegründet worden waren (bis 1949: 23 Schulen), so erfolgten in den 70er Jahren die Neugründungen wie am Schnürchen: Mitte des Jahres 1981 gab es 72 Schulen mit insgesamt 32 000 Schülern (Leber, 1981b, 16ff.). Bei den Waldorfkindergärten ist die Situation ähnlich. Rittersbacher (1981, 60) spricht für 1980 von 200 Waldorfkindergärten in der ganzen Welt, davon 130 in der BRD.

Erst in jüngster Zeit finden sich auch publizistische Niederschläge des anhaltenden Alternativschulfiebers nach anthroposophischem Strickmuster: z.B. in der Reihe „Perspektiven der Anthroposophie“ im Fischer-Taschenbuch-Verlag oder die erfolgreichen Bücher von Lindenberg (1975 u. 1981), und über die Steiner-Schulen im Ruhrgebiet (Bai, 1976 und Rist, 1980) bei RoRoRo. Oder auch Peter Schneiders erkenntnistheoretische Grundlegung der Anthroposophie – bei Klett-Cotta unter dem irreführenden Titel „Einführung in die Waldorfpädagogik“ (1982) verlegt[1].

Ein Hauptmangel der – wenigen – Veröffentlichungen über Waldorfpädagogik scheint mir jedoch nach wie vor, daß fast alle aus der Feder überzeugter Anthroposophen stammen. Und wenn sich doch ein Nicht-Anthroposoph an das Thema heranwagt, scheint immer noch notwendigerweise ein Verriß herauszukommen. So z.B. jüngst bei H. Ullrich in der „Neuen Sammlung“ (1982), der sich zu der Behauptung versteigt, daß die „Erziehungslehre Rudolf Steiners ... für die moderne Erziehungswissenschaft keine sachliche Herausforderung mehr“ (S. 561) darstelle[2].

Die an sich verdienstvolle Intention, in einen argumentativen Dialog zwischen Waldorfpädagogik und universitärer Erziehungswissenschaft einzutreten, wird so schnell in selbstgewissem Aneinandervorbeireden erstarren. Denn wenn Ullrich es unternimmt, Modernität, Originalität und Wissenschaftlichkeit zum Hauptkriterium seiner Be- und Verurteilung der Waldorfpädagogik zu machen (anscheinend mit dem Hintergedanken, daß praktische Erziehungsarbeit sich an den jeweils aktuellen Moden der akademischen Bildungsdiskussion zu orientieren habe!), so offenbart das nur seine Ahnungslosigkeit in Bezug auf pädagogische Praxis. Er liefert damit allerdings keinen Beitrag zur Diskussion über die *praktische* Waldorfpädagogik.

Umgekehrt dürfte das gläubige Insistieren auf der Wissenschaftlichkeit der esoterischen „Beobachtungsresultate nach naturwissenschaftlicher Methode“ von Seiten der Waldorfpädagogen auch kaum geeignet sein, den Graben, der sich zwischen der etablierten Erziehungswissenschaft und der „Erziehung des Kindes vom Gesichtspunkte der Geisteswissenschaft“ auftut, zu überbrücken. Ein Graben, der in den folgenden Zitaten exemplarisch ins Auge springt:

„Können wir dieser Erde, die heute von Vernichtungskräften umwittert ist, die zarten Keime himmlischen Lebens noch anvertrauen? Sollen wir überhaupt noch einen Himmelsgast in dieses Erdendasein hereinbitten?“ (Meyer, 1974, 7).

„Der Kindergarten soll das Informationswissen der Kinder erweitern . . . Die indirekten Lernmechanismen zur Verarbeitung der empfangenen Informationen überwiegen . . . Der Kindergarten soll ein Gruppenklima begünstigen, das den Einzelnen instand setzt, mit anderen zu kommunizieren und politisch-sozial zu optieren“ (Kossolapow, 1980, 436f.).

Diese beiden Zitate – das erste von einem Anthroposophen, das zweite von einer Sozialwissenschaftlerin – zeigen, was schon C. Lindenberg 1975 in seinem Buch „Waldorfschulen: angstfrei lernen, selbstbewußt handeln“ feststellte: Schon der fremdartige „pädagogische Dialekt“ (Lindenberg, 1975, 12) derer, die auf der „heilen Insel Waldorf“ (Lodemann, 1978, 36) leben und lehren, und der „elaborierte Code“ der etablierten Erziehungswissenschaft, die „fern der Praxis . . . in wissenschaftliche Selbstgespräche vertieft“ (Lindenberg, ebd.) ist, machen jeden Versuch eines Gesprächs zwischen diesen beiden pädagogischen Fraktionen zu einem wenig erfolgversprechenden Unternehmen.

Trotz der mittlerweile über 60jährigen Geschichte der Waldorfpädagogik ist dann auch bislang eine sachorientierte Auseinandersetzung – mit den erwähnten ganz wenigen Ausnahmen (vgl. Anm. 2) – unterblieben. Lindenberg (1975, 11) bemängelt so zu Recht, daß sich in kaum einem pädagogischen Lexikon oder Sammelwerk das Stichwort Waldorfpädagogik überhaupt findet – geschweige denn eine kompetente Abhandlung darüber. Auf der anderen Seite beklagt ein Vertreter der akademischen Pädagogik – Hellmut Becker, der Direktor des Berliner Max-Planck-Instituts für Bildungsforschung – auch 1981 noch, daß es „außerordentlich schwierig (sei), einen führenden Pädagogen der Waldorfschulen dazu zu gewinnen, einen Aufsatz in einer der bekannteren pädagogischen Zeitschriften zu schreiben“ (Becker, 1981, 269). Durchaus wohlwollend mahnt Becker die Waldorfpädagogen zu mehr publizistischem Engagement. Und er warnt: „Auch Inseln können sich heute nur behaupten, wenn sie in der breiten Öffentlichkeit verwurzelt sind" (ebd.).

Auf Seiten der Waldorfpädagogik bedeutet die lange geübte publizistische Zurückhaltung dabei keineswegs das Fehlen von pädagogischer Diskussion schlechthin. Im Gegenteil: Wie H. Zeiher richtig feststellt, liegt ein Grund dieser „Öffentlichkeitsscheu" der Waldorfpädagogen sicher darin, daß „durch die intensive Binnenkommunikation ihre Dialogbedürfnisse gesättigt und ihre Energien gebunden" (1979, 294) sind. Denn neben den regelmäßigen pädagogischen Konferenzen und der kontinuierlichen Arbeit an den „menschenkundlichen" Grundlagen anthroposophischer Pädagogik veranstaltet die Waldorfpädagogik jedes Jahr eine Vielzahl von gutbesuchten pädagogischen Fortbildungstagungen. Auch die Veröffentlichungen mehrerer anthroposophischer Verlage – darunter einige Zeitschriften zur „Erziehungskunst Rudolf Steiners" – widersprechen dem Eindruck, die Waldorfschule sei eine schweigsame, eine dialoglose Schule.

Wie bereits angedeutet, gibt es in letzter Zeit vereinzelte Versuche, einen Blick über den, als Resultat langjähriger Berührungsängste entstandenen Graben zu wagen – anscheinend aber nach wie vor mit dem Ziel, sich schaudernd sofort wieder abzuwenden, um sich selbstgewiß der gegenseitigen Unvereinbarkeiten zu vergewissern. So kann von echter Auseinandersetzung kaum die Rede sein, wenn bereits das Titelblatt von „Päd.Ex" (6/1983) die Begegnungen eines pädagogisch anscheinend nicht allzusehr vorbelasteten Elternpaares mit der Waldorfpädagogik unter den Stichworten „Dogmatisch, missionarisch, asexuell" präsentiert. Zum Teil berechtigte Kritikpunkte werden hier zu einem generellen Verdikt verabsolutiert. Umgekehrt zog Helmut von Kügelgen, der Leiter der anthroposophischen Erzieherfachschule in Stuttgart, den ich wegen eines Vorwortes für das vorliegende Buch ansprach, aus einigen meiner kritischen Überlegungen den falschen Schluß, mich geradewegs den „wütigen Gegnern der Anthroposophie" zuzurechnen. Eine Position zwischen den auf diese Weise verhärteten ideologischen Fronten, die die Leistungen der Waldorfpädagogik anerkennt und dennoch Schattenseiten nicht verleugnet – eine solche eigenständige Position scheint nach wie vor mit den Axiomen *beider* Kontrahenten unvereinbar.

Wer es also unter diesen Umständen als Nicht-Antroposoph unternimmt, eine Arbeit über die Waldorfpädagogik zu schreiben, die sich dieser wohlwollend nähert, der „setzt sich nahezu zwangsläufig zwischen zwei Stühle", wie es einer der ganz wenigen Vorgänger in diesem Unterfangen – Helmut Schrey (1968, 7) – richtig voraussah. Denn das gegenseitige Schweigen bzw. Aneinandervorbeireden hat seine Gründe: Für die offizielle pädagogische Wissenschaft ist die Waldorfpädagogik wegen ihres metaphysisch-spekulativen Ansatzes von vornherein kein Thema („alles bloß spiritistischer Hokuspokus“). Allenfalls könnte man sie daraufhin untersuchen, warum sie *trotz* – und nicht etwa: wegen – ihrer spezifischen Theorie eine doch weithin positiv beurteilte Praxis zustande bringt.

Auf anthroposophischer Seite dagegen ist man auf eben diese „höhere Abstammung“ der Theorie stolz und an einer Auseinandersetzung mit der offiziellen Wissenschaft nur zweitrangig interessiert. Man wird daher einwenden, daß eine Beurteilung der Waldorfpädagogik im Rahmen von Maßstäben des heutigen „intellektualistischen“ Wissenschaftsbetriebes, dieser nicht gerecht werden könne. Denn wenn ich in den folgenden Kapiteln den Versuch mache, einerseits die für die anthroposophische Kindergartenpraxis wichtigen Theoreme zu vergleichen mit an der Uni heute „handelsüblichen“ Theoretikern (v.a. Piaget, Bandura), andererseits nach den geistigen Wurzeln von Steiners Pädagogik frage, dann wird mir entgegengehalten werden, daß Steiner seine Auffassungen aus *eigener* Anschauung und Erfahrung, aus seiner „geistigen Schau“ eben, gewonnen habe. Und diese Schau ist natürlich über die Niederungen partikularistischer wissenschaftlicher Kleinarbeit genauso erhaben, wie sie überzeitlich ist. Etwaige Übereinstimmungen mit geschichtlichen Vorläufern sind für diese ahistorische Betrachtungsweise rein zufällig. Sie dürfen keinesfalls so verstanden werden, als habe Steiner sie etwa übernommen oder gar abgeschrieben. Im Gegenteil: Steiners selbständige „Forschungsresultate“ werden dadurch nur bekräftigt, daß andere „Eingeweihte“ – vermeintlich in völliger Unabhängigkeit voneinander und von Steiner – Ähnliches berichten.

Damit ist auch schon ein Steiner häufig gemachter Vorwurf angedeutet: Man wirft ihm vor, seine ganze Anthroposophie sei nicht mehr als ein synkretisches Konglomerat: Ein bißchen Goethe . . . , ein bißchen orientalische Tradition (Reinkarnationslehre), ein bißchen Theosophie, ein bißchen Alchemie, ein bißchen griechische und ein bißchen Weimarer Klassik, und zur Abrundung noch ein Schuß romantische Naturphilosophie (vgl. Kiersch, 1973, 42; Oppolzer, 1959, 103).

Oppolzer beispielsweise glaubt sich nach seinem verdienstvollen „Versuch einer geistesgeschichtlichen Zurückführung der Elemente der Menschenkunde Steiners berechtigt zu der Annahme, daß es sich um eine synkretische Konzeption handelt, die zum Teil heterogene Element miteinander zu verbinden sucht“ (ebd.). Geht man etwas wohlwollender an die Sache heran, könnte man anstelle des Wortes „synkretisch“ vielleicht das etwas mildere „synthetisch“ einsetzen. Denn wer mit der Anthroposophie näher in Berührung kommt, wird feststellen können, daß es sich dabei um ein sehr geschlossenes System handelt, bei dem alles hervorragend zueinander paßt (vgl. Kapitel 2). Die von Steiner verbundenen Teilstücke aus verschiedenen Religionen, Philosophien und Anthropologien müssen nicht gerade mit Gewalt unter den anthroposophischen Hut gezwungen werden – sieht man von ihren verschiedenen Traditionen und Ursprüngen einmal ab. Trotzdem: Auch die vorliegende Arbeit bestätigt erneut den Eindruck, daß kaum ein Gedanke von Steiner selbst stammt; einzig die Art der Zusammenstellung der von überallher entlehnten Versatzstücke ist neu. Als synthetisches Konstrukt könnte man das von Steiner als Anthroposophie begründete Gedankengebäude also bezeichnen – wenn da nicht diese Behauptung wäre, daß das alles „aus *eigener* Anschauung" erfaßt worden sei. Steiner behauptet nämlich, daß seine Menschenkunde das Resultat „übersinnlicher Erkenntnis" sei. Damit verläßt er natürlich das Gebiet abendländischer Wissenschaftsauffassung.

Zweite Vorbemerkung: Die metaphysische Begründung der Waldorfpädagogik

Steiners esoterische Geheimwissenschaft basiert nicht auf wissenschaftlicher Deduktion oder Induktion, sie basiert auf Imagination, Inspiration und Intuition. In der Begründung dieser „übersinnlichen Erkenntnistheorie" geht er von zwei Voraussetzungen aus, die streng wissenschaftlich nicht begründet werden:

„1. Hinter der sichtbaren gibt es eine unsichtbare Welt, die *zunächst* den Sinnen verborgen ist.
2. In jedem Menschen ruhen Fähigkeiten, durch deren bewußte, willentliche Entwicklung er in diese verborgene Welt einzudringen vermag" (Oppolzer, 1959, 51).

Durch meditative geistige Übungen läßt sich im intuitiven Denken ein Organ entwickeln, das die Kräfte und Gesetze dieser übersinnlichen Welt unmittelbar erfassen kann.

Die einzig adäquate Art und Weise, Steiners Menschenbild und seine daraus abgeleitete Pädagogik zu überprüfen, ist demnach für Anthroposophen, sich selbst auf den schwierigen und langwierigen Erkenntnisweg der Anthroposophie zu machen, unter Beachtung der Hinweise, die Steiner in seinen unzähligen Büchern gegeben hat – etwa in „Wie erlangt man Erkenntnisse höherer Welten" oder in „Die Geheimwissenschaft im Umriß". Hätte man ein gutes Stück auf diesem Erkenntnisweg zurückgelegt, ließe sich entscheiden, ob Oppolzer recht hat mit seiner Unterstellung, daß die anthroposophische Menschenerkenntnis „nicht Akt, sondern vermitteltes Resultat ist" (1959, 107) – oder ob Kierschs (1973, 12) und Lindenbergs (1975, 19) Zurückweisungen dieses Vorwurfs berechtigt sind. Als Anthroposophen beteuern beide, daß die Anthroposophie „kein abgeschlossenes weltanschauliches System, keine Ideologie ... (sei), sondern Wege zur eigenen Erfahrung öffnen will" (Kiersch, 1973, 12).

Daß ich bei der Erstellung der vorliegenden Arbeit nicht den eben beschriebenen Weg, sondern den sozialwissenschaftlichen Theorievergleich als Methode gewählt habe, bedeutet *nicht*, daß ich mich zu denjenigen zählen würde, für die alle Mystik, alle „übersinnlichen Erfahrungen" von vornherein nur barer Unsinn sind. Ich fühle mich nicht berufen, in dieser alten Frage nach der Möglichkeit der Erfahrbarkeit einer anderen Wirklichkeit heute schon Partei zu ergreifen. Ich halte es in dieser Frage vorläufig mit dem amerikanischen Philosophen Santayana:

„Skeptizismus ist die Unschuld des denkenden Geistes, und es ist schamlos, sie allzubald oder an den ersten Besten zu verlieren; es zeugt von Würde, sie gelassen und stolz über eine lange Jugend hinweg zu bewahren, bis sie schließlich in der Reife der eigenen Natur und Klugheit unbeschadet für Treue und Glück dahingegeben werden kann" (nach Edge, 1981, 307).

D.h., ich sehe mich außerstande, diese Frage apriori, rein rational-deduktiv zu klären. Ich möchte mir noch ein paar Jahre Bedenk- und Erlebenszeit vorbehalten, bevor ich mich Santayanas Aufforderung stelle, der im Anschluß an das oben Zitierte schreibt:

„Aber der Philosoph, der in der reinen Spekulation verharrt gleicht einem ewig Ehelosen. Ihm ist daran gelegen, niemals der Betrogene zu sein, statt sich einer Bindung oder Inspirationen hinzugeben."

Heute jedenfalls finde ich gute Argumente auf *beiden* Seiten. Da gibt es die in den letzten Jahren von Feyerabend und Duerr entfachte Kritik am Alleingültigkeitsanspruch quantifizierend-experimenteller Forschungsmethoden. Eine Kritik, die nicht neu ist. Schon Goethe machte sich über ein wissenschaftlich „beschränktes" Weltbild lustig:

„Daran erkenn ich den gelehrten Herrn:
Was ihr nicht tastet, steht euch meilenfern,
Was ihr nicht faßt, das fehlt euch ganz und gar,
Was ihr nicht rechnet, glaubt ihr, sei nicht wahr" (nach Wisser, 1978, 235).

Er erklärte: „Es ist vieles wahr, was sich nicht berechnen läßt, sowie sehr vieles, was sich nicht bis zum entscheidenden Experiment bringen läßt" (nach Lindenberg, 1981, 204).

Auch der amerikanische Pragmatist W. James ist zitierfähig, wenn es – wie z.B. in dem zweibändigen von H.P. Duerr herausgegebenen Reader „Der Wissenschaftler und das Irrationale" – darum geht, Zweifel am abendländischen Wissenschaftsverständnis zu untermauern:

„Tatsachen existieren nur für jene, die eine Seelenverwandtschaft mit ihnen aufweisen. Sofern sie außerhalb jeglichen Zweifels bestätigt oder akzeptiert sind, wäre niemand besser geeignet, sie zu deuten und zu diskutieren, als die kritischen Träger wissenschaftlicher Würden – denn sicherlich gleicht der Übergang von mystischen zu wissenschaftlichen Betrachtungen dem von der geistigen Umnachtung in die Klarheit des menschlichen Verstandes; wenn wir jedoch auf der anderen Seite etwas aus der menschlichen Geschichte lernen können, so ist es die extreme Langsamkeit, mit der sich dieselben kritischen Akademiker dazu bequemen, die Existenz von Tatsachen anzuerkennen, die sich als wilde Tatsachen darstellen, ohne festen Platz oder eine Möglichkeit der Zuordnung, oder auch als Tatsachen, die das herkömmliche, akzeptierte System zu sprengen drohen" (nach Edge, 1981, 307).

Ein Beispiel für eine derartige „wilde Tatsache" wären etwa die Meteoriten. In einer französischen wissenschaftlichen Akademie war es früher lange Zeit verboten, Meldungen über Steine, die angeblich vom Himmel gefallen sein sollten, entgegenzunehmen.

„Was später als Meteorfall erkannt wurde, hielten die Gelehrten für eine Erscheinung des Aberglaubens" (Wickert, 1972, 124).

Auch das Verneinen von Erfahrungen, die sich gegen die Operationalisierung in falsifizierbare Basissätze sperren (so das Credo des derzeitigen wissenschaftstheoretischen mainstreams im Anschluß an Poppers Kritischen Rationalismus), leidet also unter dem Manko, bloßes Glaubensbekenntnis zu sein – nur daß die Anzahl derer, die sich zu diesem Glauben bekennen, etwas größer zu sein scheint, als die „Konsensgemeinschaft" der Okkultisten. Die vielen, in dem erwähnten Buch von Duerr zusammengetragenen Argumente – die hier leider kaum gestreift werden konnten – sind aber nur ein Grund, weshalb ich mich der heutigen Wissenschaftsgläubigkeit nicht anschließen möchte. Ein weiteres Argument für einen zumindest toleranten Umgang mit der anthroposophischen „Geisteswissenschaft" liefern ihre Ergebnisse, deren praktische Brauchbarkeit im weiteren Verlauf dieser Arbeit für den Vorschulbereich nachgewiesen werden soll. Vielleicht steht dem okkulten Stein der Weisen, den die Anthroposophen gefunden zu haben glauben, ja noch eine ähnliche wissenschaftliche Karriere bevor, wie sie die Steine, die vom Himmel fallen, schon absolviert haben ...

Auf der anderen Seite haben mich schon auch Argumente gegen Steiner beeindruckt. Am stärksten sicher Carl Christian Bry mit seinem 1924 zum ersten Mal erschienenen Buch „Verkappte Religionen – Kritik des kollektiven Wahns". Er arbeitet darin scharf den Gegensatz von echter und „verkappter" Religiosität heraus. Echte Religiosität ist für ihn gekennzeichnet durch Bescheidenheit und das Eingeständnis, daß wir als Menschen zwar wissen können, *daß* die uns durch unsere Sinne erschlossene Welt nicht der letzte Wahrheits- und Sinnhorizont ist. Aber: *wie* die Welt im übersinnlichen Bereich beschaffen ist, *was* „die Welt im innersten zusammenhält", worin etwa der Sinn des Lebens besteht, darüber maßt sich der wirklich religiöse Mensch, der echte Mystiker, kein Urteil an. Bry schreibt:

„Mystik ist ja nicht das Eingeständnis eines Nichtwissens, sondern ein Hindurchgegangensein durch das ganze Gebiet des Rationalen, ein Nichtmehrwissen, ein Wieder-unbewußt-Werden. Wissenschaftlicher Okkultismus ist gerade das Umgekehrte: Der Versuch, experimentell, mit einem großen Sprunge das Wunderbare (das der Mystiker höchstens als Station auf seinem Wege antrifft) zu erreichen und es dann rationell zu erklären. Mystik kommt nach der Ratio, zeitlich und kausal. Beim Okkultismus kommt die Ratio nach dem ‚Wunder'. Deutlicher wird das im Stil. Der Mystiker bittet beinahe nach jeder seiner Behauptungen den Leser um Entschuldigung: Es sei alles nicht so gemeint; man könne eigentlich gar nichts sagen; Worte seien ganz unzureichende und beinahe sündliche Bilder. Der Okkultist glaubt, ganz naturwissenschaftlich, alles erklären zu können. Er ist nicht hindurchgegangen durch die Ratio. Er hat noch gar nicht einmal recht mit ihr angefangen" (1979, 223).

Gerade auf die Anthroposophie paßt diese Kritik von Bry besonders gut. Denn in Steiners Darstellungen seiner mittels paradoxer „übersinnlicher Sinne" gewonnenen Erkenntnisse schimmert allenthalben die naive wissenschaftsgläubige Vorstellung durch, daß die Welt, der Mensch, die menschliche Entwicklung etc. sich aus einfachen mathematischen Prinzipien und Elementen erklären und zusammensetzen läßt. Wer durch geistige Schulung die entsprechenden Erkenntnisorgane ausbildet, dem ist „das große Buch der Natur aufgeschlagen" (Galilei). Er braucht nur noch zu lesen. Die Erkenntnis ist total. Kein inkommensurabler Rest der Wirklichkeit bleibt dem hellsichtigen geistigen Auge unerschlossen. Wer allerdings etwa erwartet hätte, daß jenseits der von Steiner abgelehnten engen Grenzen strenger Erfahrungswissenschaft „wildes Denken“ zur Entfaltung käme, sieht sich herb enttäuscht. Der (Erkenntnis-) Weg hinter die für jedermann sichtbaren Dinge ist zwar zwielichtig und mysteriös – in der „Hinterwelt“ selbst jedoch geht es wieder mit rechten Dingen zu: Eine schöne systematische Ordnung tritt zutage, in der alles seinen wohldurchdachten Platz hat: Das Sein überhaupt wird dreigegliedert: Form, Leben, Bewußtsein. Der Kosmos hat entsprechend drei Teile: Stoffeswelt, Seelenwelt, und Bewußtsein. Die Gesellschaft ist dreigliedrig: Ökonomie, Staat, Kultur. Ebenfalls der Mensch: Leib, Seele, Geist; die menschliche Psyche genauso: Wollen, Fühlen, Denken; die menschliche Physis: Stoffwechselsystem, Rhythmisches System und Nervensinnesorganismus ... Die menschliche Entwicklung offenbart sich dem Geistesforscher als schön regelmäßig in Siebenjahreszyklen verlaufend. Der Mensch hat sieben Wesensglieder, wobei die Wesensglieder der Kinder durch das jeweils nächsthöhere des Erziehers erzogen werden ... Dabei ist zu beachten, daß ich hier nur Beispiele aus der noch relativ leicht nachzuvollziehenden pädagogischen Anthropologie gewählt habe. Richtig zur Entfaltung kommt das gliederungsfreudige, systematisierende Talent Steiners eigentlich erst im Bereich der „geistigen Welten“ und „geistigen Wesenheiten“. Die dort herrschenden Zuständigkeiten und Zuordnungen bilden allerdings ein zu umfangreiches und vielschichtiges Thema, als daß sie hier berücksichtigt werden könnten. Aber auch nach den wenigen genannten Beispielen drängt sich die Vermutung auf, daß der begierige Blick hinter die Fassaden der Erscheinungswelt nur die Kategorien und Begriffe, die er aus seiner realen Lebenswelt mitbringt, in eine eingebildete, übersinnliche Welt projiziert. Die Begriffe und Kategorien der Lebenswelt nämlich, die von Technik und Industrie, und das heißt von Rationalität und Formalisierbarkeit geprägt ist – und davon auch zu Steiners Lebzeiten schon geprägt war. Wie im Märchen von „des Kaisers neuen Kleidern“ könnte sich am Ende alles noch als kollektive Einbildung herausstellen – oder, wie jüngst beim „Chopper-Spuk“ in jener ominösen Regensburger Zahnarztpraxis als Täuschung[3]. Der junge Steiner selbst urteilte 1897 über die Theosophen, die er damals noch bekämpfte, nicht gerade zimperlich:

„Die inneren Erlebnisse sind nichts als Heuchelei“ (nach Leisegang, 1922, 68).

In einem Gleichnis, das Paul Feyerabend eigentlich mit Stoßrichtung gegen die Usurpation des Wahrheitsbegriffes durch die traditionelle Wissenschaft erzählte, das sich aber nach dem hier Gesagten ebenso auch auf anthroposophische Welterkenntnis anwenden läßt, fand ich meine vorläufige Skepsis im Bereich der Erkenntnistheorie gut resümiert:

„Der wissenschaftliche Rationalismus ist damit nicht ein für alle Mal aus unseren Betrachtungen ausgeschlossen. Er ist eines der Märchen, die wir uns erzählen, um vorübergehend die Sinnlosigkeit ertragen zu können, die uns umgibt. Er gleicht den Stories von warmen Häusern, reichen Mahlzeiten, schönen Frauen, die in der Wildnis verirrte Jäger am Lagerfeuer erfinden. Es wäre aber fatal, wenn sie diese Stories auch nach Erlöschen des Feuers für die Wirklichkeit hielten" (Feyerabend, 1981, 56).

Dritte Vorbemerkung: Zur Methode

Da es mir weniger auf eine Interpretation der alten Steiner-Schriften, als vielmehr auf die Darstellung und Beurteilung der heutigen Praxis der Waldorfkindergärten ankam, benutze ich nur wenige Originaltexte von Steiner. Stattdessen werden sämtliche zugänglichen Schriften über den Waldorfkindergarten, bzw. die anthroposophische Erziehung im ersten Jahrsiebt, herangezogen. Da die Waldorfpädagogik bis heute ohne jede Veränderung an Steiner anknüpft, kommt der Meister dennoch häufig selbst zu Wort. Ich vertraue dabei auf die Gewissenhaftigkeit der Legionen von Steiner-Epigonen, die damit befaßt sind, sein Werk häppchenweise wiederzukäuen.

Wichtiger schien mir der Vergleich mit Fröbel und der Reformpädagogik, sowie mit modernen psychologischen Theorien. Auf die Ähnlichkeit von Piagets Entwicklungspsychologie mit derjenigen von Steiner hat bereits Lindenberg (1981, 43ff.) hingewiesen. Dieser Vergleich soll hier vertieft werden (5. Kap.). Banduras Studien zum „Lernen am Modell" sind bisher jedoch nicht zu Steiners „Zauberwort" für das erste Jahrsiebt (Nachahmung) in Beziehung gesetzt worden (Kap. 4).

Ebenfalls ausgeführt werden die grundlegenden Differenzen der anthroposophischen Konzeption zu verschiedenen modernen Vorschuldidaktiken (Kap. 4).

Eine Anmerkung zum Stil: Es gibt heute durchaus auch in Waldorfkindergärten männliche Erzieher und Praktikanten. Wenn ich trotzdem meist von „der Erzieherin", „der Waldorfkindergärtnerin" etc. spreche, so sollte das nicht als Plädoyer für das Fernhalten von Männern aus diesem traditionellen Frauenberuf mißverstanden werden. Es liest sich nur recht umständlich, wenn jedesmal beide Möglichkeiten sprachlich erfaßt werden. Zugunsten der Lesbarkeit des Textes gehe ich deshalb in der Regel von der „Erzieher*in*" aus. Man/frau möge mir das bitte verzeihen.

1 Rudolf Steiner und die Reformpädagogik

Als Steiner 1919 in Stuttgart mit der Leitung der ersten Waldorfschule beauftragt wurde, hatte er Gelegenheit, die Ideen, die er 10 bis 20 Jahre früher schon theoretisch formuliert hatte – z.B. 1907 in seiner Schrift „Die Erziehung des Kindes vom Gesichtspunkte der Geisteswissenschaft" – praktisch umzusetzen. Von den Jahreszahlen her fällt Steiner damit in eine Zeit, die in die pädagogische Geschichtsschreibung als „Reformpädagogik" einging. Ob Steiner auch unter inhaltlichen Gesichtspunkten der Reformpädagogik zuzurechnen ist – an dieser Frage scheiden sich die Geister. Steiner selbst hatte für andere Reformversuche auf pädagogischem Gebiet nicht viel übrig. Er warf ihnen

„das Fehlen grundlegender Einsichten in das Wesen des Menschen vor. Das führe zu abstrakten Reformideen, oder, wie in der Landerziehungsheimbewegung zu einer Flucht aus dem Leben in eine Provinz, die nur die Ohnmacht gegenüber den wirklichen Verhältnissen und einer immanenten Lösung der sozialen Frage dokumentiere" (Oppolzer, 1959, 34)[4].

Für Lindenberg trügt dann auch der Anschein, „als wäre die Waldorfschule nichts anderes als eine Summe verschiedener Reformpädagogiken" (1981, 170), da die Kunsterziehungsbewegung, die Arbeitsschule etc. von ganz anderen Ausgangspunkten ausgingen als Steiner. Steiners spekulativ-metaphysischer Erkenntnisansatz mache ihn eben unvergleichlich und einmalig. Trotzdem kann man auch auf anthroposophischer Seite nicht ganz leugnen, daß vieles, was Steiner propagierte, damals in der pädagogischen Luft lag. Kiersch z.B. möchte es angesichts des Synkretismus-Vorwurfs mit Dilthey halten:

„Große geistige Veränderungen entspringen aus den Bedingungen eines Zeitalters in ganz verschiedenen Köpfen, und es ist eine platte Ansicht, sie durch Übertragung von einer Person auf die andere ableiten zu wollen" (Dilthey nach Kiersch, 1973, 43).

Die gleiche Ansicht vertritt im übrigen auch Piaget, der schlicht zwischen alten und neuen Methoden in der Erziehung unterscheidet und aufgrund der Gleichzeitigkeit der Arbeiten von Decroly, Dewey, Montessori u.a., sowie der damals gerade entstehenden Kinderpsychologie zum Schluß kommt, daß die neuen Methoden Ende des 19. Jahrhunderts „in der Luft lagen“ (Piaget, 1974, 122).

Vergleicht man die Intentionen und die praktischen Umgestaltungsversuche der Reformpädagogen, besonders aber der Kunsterziehungsbewegung, mit der Waldorfpädagogik, so ergeben sich Übereinstimmungen in mindestens vier zentralen Bereichen:

1. Das pädagogische Programm wurzelt in einer umfassenden *Kulturkritik*.
2. Die Erziehung orientiert sich an einer neuen Sicht des Kindes, eine Pädagogik „*vom Kinde aus*“ wird angestrebt.
3. Die Bedeutung der *Kunst als Erziehungsmittel* wird ganz groß geschrieben. Die Tätigkeit des Erziehens wird zum künstlerischen Problem.
4. Erziehung soll den ganzen Menschen erfassen. „*Ganzheitliche Menschenbildung*“ lautet das neue Paradigma.

Im Folgenden will ich versuchen, diese Übereinstimmungen im einzelnen zu belegen.

Ausgangspunkt: Kulturkritik

Jede Darstellung der Reformpädagogik beginnt mit der Ende des 19. Jahrhunderts v.a. von Nietzsche, Lagarde und Langbehn formulierten Kritik an der damaligen Gesellschaft (vgl. Röhrs, 1980, und Scheibe, 1980). Ausgangspunkt dieser Kritik war das Mißverhältnis zwischen der aufblühenden äußeren Welt – enormer wirtschaftlicher Aufschwung Deutschlands, lange Friedensperiode – und der inneren, kulturellen Verarmung der Menschen.

„Dem materiellen Aufschwung entsprach ein kultureller Niedergang . . . Der Profit, die Äußerlichkeiten eines tonangebenden ‚Lebensstandards‘ wurden zu Götzen, die wirkliche sittliche Maßstäbe, echte menschliche Erlebnisse und Bezüge und nicht zuletzt auch innere Religiosität immer mehr verdrängten . . . “ (Klönne, 1957, 4).

In den Schriften von Nietzsche, Lagarde und Langbehn wird v.a. das Bildungswesen für den kulturellen Verfall verantwortlich gemacht.

Nietzsche beklagt das Übermaß an historischer Bildung, das die Deutschen mit sich herumschleppten. Das Resultat davon, daß die Schüler mit unzähligen, toten Begriffen aus der Vergangenheit aufgefüllt werden, seien „schwache Persönlichkeiten“ und „wandelnde Encyclopädien“. Diese „Bildungsphilister“ seien zwar gelehrt, aber völlig lebensfremd und lebensuntauglich, da sie von wirklicher Empfindung und Erfahrung durch die einseitige Dominanz des Intellekts abgeschnitten seien. Nietzsche findet leidenschaftliche Worte für seine Diagnose:

„Die ganze Geschichte der *Narcotica.* – Es ist beinahe die Geschichte der Bildung, der sogenannten höheren Bildung“ (nach Kokemohr, 1979, 42).

Neben der einseitigen Intellektualisierung gerät die zunehmende und früh einsetzende Spezialisierung unter seinen Beschuß. Der Mensch, der auf einem speziellen Gebiet zwar geschult ist, in anderen Bereichen aber verkümmert, wird zum Krüppel:

„Was ist die Aufgabe alles höheren Schulwesens? Aus dem Menschen eine Maschine zu machen ... Wer ist der vollkommene Mensch? Der Staatsbeamte“ (nach Reble, 1969, 243).

Ähnlich schrille Töne schlägt Paul de Lagarde in seinen „Deutschen Schriften“ (1878) an. Auch er vermißt den Tatmenschen mit echten Idealen, geißelt die Verwissenschaftlichung, die Lebensfremdheit und die historische Orientierung der Bildung der Deutschen (!). Die Schule kratze von allen Tellern die Reste der Vergangenheit zusammen und mute der Jugend zu, „wie ein Lumpensammler in diesem Kehricht nach dem zu suchen, was sie brauchen kann“ (nach Schwenk, 1974, 488).

„Drei Dinge sind der Ertrag unserer Bildung: schlechte Augen, gähnender Ekel vor allem, was war und die Unfähigkeit zur Zukunft“ (nach Röhrs, 1980, 36).

Der dritte „geistige Wegbereiter“ der späteren Reformpädagogen war Julius Langbehn mit seinem Buch „Rembrandt als Erzieher“ (1889). Schon der erste Satz dieses epochemachenden Buches (es erreichte bis 1925 66 Auflagen!) lautet:

„Es ist nachgerade zum öffentlichen Geheimnis geworden, daß das geistige Leben des deutschen Volkes sich gegenwärtig in einem Zustand des langsamen, einige meinen auch des rapiden Verfalls befindet“ (nach Lorenzen, 1966, 7).

In Rembrandt sieht er das Vorbild für echtes, schöpferisches Menschentum, in der Kunst das Mittel, aus den Deutschen wieder Menschen zu machen und damit eine „echt germanische Entwicklung“ (!) einzuleiten. Über die moderne Bildung sagt er, sie sei „wissenschaftlich und will wissenschaftlich sein; aber je wissenschaftlicher sie wird, desto unschöpferischer wird sie.“ Kunst – im Gegensatz zu Wissenschaft – und Gefühl – im Gegensatz zum Verstand – sollen in der Erziehung die Hauptrolle spielen:

„Stellt man den Begriff der Kunst, der logisch an die Spitze des menschlichen Lebens gehört, auch real an die Spitze desselben, so ist die Aufgabe einer wahrhaften Bildung gelöst“ (ebd., 10).

„Dabei hat das, was innerlich ersten Ranges ist, auch äußerlich den Ton anzugeben: das deutsche Herz!“ (nach Röhrs, 1980, 40).

Die von Nietzsche, Lagarde und Langbehn polemisch vorgetragene Kritik läßt sich so zusammenfassen:

1. Das kulturelle Leben verfällt.
2. Im Bildungswesen wird sowohl die Ursache dieses Verfalls, als auch der Hebel zur Erneuerung gesehen.
3. Das damalige Bildungssystem wird als zu intellektualistisch, zu spezialisiert, als an Vergangenes und damit an Totes gebunden, gekennzeichnet. Es soll abgelöst werden durch ganzheitliche, umfassende, „echte“ Menschenerziehung, die am Lebendigen, an der Kunst, am Deutschtum orientiert ist. Der Massenmensch soll durch starke Indiviuden abgelöst werden. An die Stelle passiver Gelehrtheit soll die aktive, willensstarke, im Gefühl verankerte Tatkraft treten, die schöpferisch Neues schaffen kann.

Der praktischen Verwirklichung dieses theoretischen Programms galten dann die in den ersten drei Jahrzehnten des 20. Jahrhunderts nicht nur in Deutschland in großer Zahl entstehenden pädagogischen Reformprojekte, auf die hier nicht eingegangen werden kann. Erwähnt seien nur die Landerziehungsheime, die Jena-Plan-Schule von Peter Petersen, die Arbeitsschul- sowie die Kunsterziehungsbewegung, als in Deutschland wichtigste. Trotz der vielfältigen Ausprägungen, die die Reformpädagogik in der Praxis annahm (Summerhill, Montessori, Steiner, Freinet, Odenwaldschule, Dalton-Plan, „Durch Kunst zum echten Menschen“, „Durch Arbeit zum echten Menschen“ . . .), ist ihnen doch allen das weltanschauliche Sendungsbewußtsein gemeinsam. Alle wollten mit ihren Bemühungen gesellschaftspolitische Ziele erreichen, die über die Grenzen der „Pädagogischen Provinz“ hinausgingen. Theodor Litt sprach deshalb in diesem Zusammenhang vom „imperialistischen Expansionsdrang“ der Pädagogik (nach Kupffer, 1978, 651).

Nach dem glanzlosen Scheitern dieser Intentionen – bzw. nach ihrer entstellenden Usurpation durch die Nazis – ist es natürlich heute leicht, die auf die Gesamtgesellschaft gerichteten Hoffnungen der Reformpädagogen als Illusionen zu belächeln (vgl. ebd.).

Tatsache bleibt, daß Steiner die kulturpessimistische Prognose teilte; genauso, wie die Erwartung, durch Veränderung des Bildungssystems die Gesellschaft insgesamt reformieren zu können.

„Die großen Fragen des Menschheits-Lebens führen nun einmal in die Kinder- und Schulstube" (nach Abendroth, 1982, 60),

heißt es beispielsweise bei ihm. Oppolzer faßt Steiners Kulturkritik in drei Stichworten zusammen:

„Materialismus und Intellektualismus als wissenschaftliche Gesinnung, Egoismus als soziale Folge der Kontaktlosigkeit von Mensch zu Mensch" (1959, 35).

Den eigentlichen Grund für die Krise aber sieht Steiner in einem Verfall der Erkenntnis. Empirismus und Positivismus führen zu einseitiger Verstandeserkenntnis, die Steiner wiederholt und fast schon stereotyp als „äußerlich", „abstrakt", „tot" und „intellektuell" kennzeichnet. Und mit drastischen Worten entwirft er sein Gegenbild der Zukunft:

„Im wesentlichen wird die zukünftige Entwicklung führen – dazu hat der Pädagoge mitzuwirken – von der Wissenschaft zum künstlerischen Erfassen der Welt, von der Mißgeburt zum Vollmenschen" (Steiner nach Oppolzer, 1959, 130).

Neue anthroposophische Veröffentlichungen zeigen, daß man diesen Zielen bis heute treu geblieben ist. So bezeichnet etwa Bartsch in dem 1981 erschienenen Taschenbuch „Anthroposophie heute" als Grundziel der Anthroposophie „die Abschaffung der jetzigen Kopf- und Verstandeskultur durch eine Herzkultur" (147). Auch den gesellschaftspolitischen Anspruch hat die Waldorfpädagogik bis heute beibehalten, wie etwa bei Rittersbacher, einem führenden Waldorfpädagogen, deutlich wird:

„Die praktische Entfaltung der Pädagogik Rudolf Steiners trägt die schöpferischen, kulturpädagogischen, zukunftsweisenden Impulse in sich, die unsere Zeit braucht. Sie darf nicht als Schulreform verstanden werden" (1981, 70).

Mit diesen Sätzen reiht sich die anthroposophische Pädagogik inhaltlich – und sogar im emphatischen Stil – in das von Nietzsche begründete „Unbehagen an der Zivilisation" ein, das mehr oder weniger expliziert den Ausgangspunkt aller reformpädagogischen Projekte bildete.

Auf das Verhältnis der Reformpädagogik zum Faschismus kann hier nicht näher eingegangen werden. Nur kurz: So wenig man einerseits bestreiten kann, daß die nationalsozialistische Ideologie an Programmpunkten der Reformpädagogik (wie auch der gesamten Jugendbewegung) anknüpfen konnte (vgl. die besondere Hervorhebung des „Deutschtums", des „Vollmenschen" und des „Gemeinschaftserlebnisses"), so wenig läßt sich andererseits die Behauptung aufrechterhalten, die Reformpädagogik sei insgesamt präfaschistisch und habe durch ihre „Ratiofeindlichkeit" den Nationalsozialismus gefördert. Dieses letzte Argument (vgl. z.B. Kunert, 1973, 7 und 105) scheint mir in der Umkehrung nämlich mindestens genauso plausibel: Gerade weil die gesamte Kultur und das Bildungswesen der gefühlsmäßigen Seite des Menschen so wenig Rechnung getragen hatten (die Reformpädagogik konnte mit ihren wenigen Projekten kaum in gesellschaftlich relevantem Umfang gegensteuern), stieß die faschistische Ideologie hier in ein leicht zu eroberndes Vakuum und hatte deshalb mit ihren emotionsgeladenen Parolen solchen Erfolg.

Zumindest für Steiner und seine anthroposophische Pädagogik läßt sich meines Erachtens der Vorwurf des Parafaschismus nicht erhärten. Zwar spricht auch er gelegentlich von „den Deutschen" und von deren besonderer geschichtlicher Mission (Hemleben, 1963, 118) – mit germanischem Chauvinismus jedoch hat das nichts zu tun[5]. Deutschnationalen Fanatismus findet man folgerichtig dann auch eher auf der Seite der Gegner Steiners – z.B. bei Hans Leisegang, dem (nicht nur) Steiners Sprachduktus mißfällt:

„Das halbgebildete Publikum . . . folgt dem kulturlosen Manne, der nicht fähig ist, ein paar Sätze in anständigem Deutsch zu reden" (1922, 61).

Da Steiner erklärter Gegner Kants ist und dessen kategorisches „Du sollst" – einen (nach Leisegang) typisch deutschen Geisteszug – ablehne, wird er undeutsch:

„In Steiners Ethik aber weht ein ganz undeutscher Geist, ebenso wie in seiner Sprache. Wer nicht deutsch reden und nicht deutsch empfinden kann, der wird auch nie imstande sein, der deutschen Seele gerade das zu geben, was sie braucht, wenn ihre tiefsten, eigentümlichsten Kräfte geweckt werden sollen" (ebd., 105).

„Vom Kinde aus“

„Nicht gefragt soll werden: Was braucht der Mensch zu wissen und zu können für die soziale Ordnung, die besteht; sondern: Was ist im Menschen veranlagt und was kann in ihm entwickelt werden? Dann wird es möglich sein, der sozialen Ordnung immer neue Kräfte aus der heranwachsenden Generation zuzuführen. Dann wird in dieser Ordnung immer das leben, was die in sie eintretenden Vollmenschen aus ihr machen; nicht aber wird aus der heranwachsenden Generation das gemacht werden, was die bestehende soziale Organisation aus ihr machen will“ (Steiner nach Carlgren, 1977, 203).

Mit diesem Programm stand Steiner zu Anfang des 20. Jahrhunderts nicht allein. Die Schwedin Ellen Key hatte mit ihrem einflußreichen Buch das angebrochene Jahrhundert gerade zum „Jahrhundert des Kindes“ erklärt. Und nach dem Titel einer von Theo Gläser 1920 herausgegebenen Textsammlung – „Die Pädagogik vom Kinde aus“ – wurde eine ganze Gruppe von Reformpädagogen bezeichnet. Rousseaus negative Erziehung erlebte eine Renaissance. Bei Ellen Key etwa in Sätzen wie den folgenden:

„Ruhig und langsam die Natur sich selbst werden lassen und nur sehen, daß die umgebenden Verhältnisse die Arbeit der Natur unterstützen, das ist Erziehung ... erst dann wird die Erziehung anfangen, Wissenschaft, Kunst zu werden ...“ (nach Reble, 1971, 510).

Scheibe (1980, 57ff.) konstatiert, daß die gesamte Reformpädagogik auf einer neuen Sicht der Kindheit beruhte. Die ersten kinderpsychologischen Studien (z.B. W. Preyer: „Die Seele des Kindes“, 1882) hatten einen Eigenwert und eine Eigenwelt des Kindes begründet. Die Reformpädagogik bemühte sich auf allen Gebieten kindgemäße Formen des Unterrichts zu finden. Der starre Herbartianismus mit seiner Systematik und seinem Intellektualismus, der das Schulwesen der letzten Jahrzehnte des 19. Jahrhunderts bestimmt hatt, wurde nicht nur von Steiner abgelehnt. Wenn Steiner auch die radikale Ansicht Ellen Keys nicht teilt, „daß das größte Geheimnis der Erziehung gerade darin verborgen liegt – nicht zu erziehen!“, so spielt doch der Gedanke des „Wachsen-lassens“ in seiner Pädagogik eine bedeutende Rolle, besonders in der Vorschulpädagogik (s.u.).

Dennoch: Vertritt Steiner im Konflikt zwischen den Anforderungen der Gesellschaft (die ja schlecht ist), und dem sich entwickelnden Kind energisch die Seite des Kindes (das ja noch unverdorben ist), und kann man ihn deshalb der Bewegung „Vom Kinde aus“ zuordnen, so heißt das noch nicht, daß er in der Frage des „pädagogischen Grundlagenproblems“ von „Führen oder Wachsenlassen?“ (Th. Litt, 1927) eindeutig zuzuordnen wäre. Steiners Forderung, „keine Forderungen und Programme aufzustellen, sondern die *Kindernatur* einfach zu beschreiben“, um daraus die „sich wie von selbst“ ergebenden „Gesichtspunkte für die Erziehung“ (Steiner, 1978, 9) abzuleiten, darf keinesfalls als Plädoyer für laissez-faire-Erziehung verstanden werden. Denn z.B. führt die geisteswissenschaftliche Betrachtung der Kindernatur im zweiten Jahrsiebt (also beim 7-14jährigen Kind) dazu, diese Zeit als „Autoritätsalter“ zu klassifizieren, in der das Kind die Führung durch eine selbstverständliche Autorität braucht.

Die Frage von Autorität und/oder Freiheit wird somit in der Waldorfpädagogik von einem „Entweder-Oder“ zu einem „Vorher und Nachher“, wie es E. Gabert (1952, 35) ausdrückt. Der Erzieher soll bis zum 14. Lebensjahr eine natürliche Autorität für das Kind darstellen. Dabei soll er freilich nicht versuchen, das Kind zu einem Abbild seiner eigenen Vorstellungen zu machen. Vielmehr soll er durch „echte Menschenerkenntnis“ die Individualität des Kindes erkennen und sie zum Maßstab seines Handelns machen. Er muß praktisch als Stellvertreter der ihrer selbst noch nicht bewußten Individualität des Kindes auftreten und das Kind bis zum Ende des 3. Jahrsiebts führen, wo dann dessen eigenes „Ich“ sich herausgebildet hat.

„Steiner verlangt vom Erzieher nicht weniger als einen Einblick in die karmischen Voraussetzungen des individuellen Menschen und die Vorausschau seiner Zukunft. Der Erzieher muß demnach als Anwalt der Zukunft des jungen Menschen auftreten und die künftige Entwicklung prophetisch vorwegnehmen“ (Oppolzer, 1959, 119).

Oppolzer hat so verständlicherweise Schwierigkeiten, Steiner klar dem „Führen“ oder dem „Wachsenlassen“ zuzuordnen. Er bemängelt dessen unscharfe begriffliche Abgrenzung, zumal Steiner noch die Freiheit hat, sich in dieser Frage bewußt nicht einseitig festzulegen: Er bezeichnet seine Auffassung selbst als „Pädagogik des Sowohl-als-auch“ (Steiner nach Oppolzer, 1959, 121). Allerdings hatte auch Theodor Litt seine Frage nicht gestellt, um sie bündig zu beantworten. Oppolzer hat das anscheinend übersehen. Denn Litt schreibt selbst:

„In verantwortungsbewußtem Führen niemals das Recht vergessen, das dem aus eigenem Grunde wachsenden Leben zusteht – in ehrführchtig-geduldigem Wachsenlassen niemals die Pflicht vergessen, in der der Sinn erzieherischen Tuns sich gründet – das ist der pädagogischen Weisheit letzter Schluß“ (nach Scheibe, 1980, 400).

Steiner befindet sich hier also in guter Gesellschaft. Übrigens auch mit dem von ihm hochverehrten Jean Paul, dessen Auffassung vom Erziehen *und* Heilen er übernimmt; und mit Fröbel, der von nachgehender und vorschreibender Erziehung sprach. Die Reformpädagogik schlechthin arbeitete mit diesem Begriffspaar: Als „Behüten und Lösen der Kräfte" faßt Scheibe (ebd., 64) die Auffassungen verschiedener Reformpädagogen (z.B. Key, Lhozky, Lottig) zusammen. Abschließend kann man sagen, daß die Waldorfpädagogik die den Reformpädagogen gemeinsame Blickrichtung „vom Kinde aus" teilt. Im Vergleich zu anderen Modellen mißt sie aber den Einwirkungsmöglichkeiten der Erwachsenen mehr Gewicht bei, was sich auch in der starken Rolle des Lehrers zeigt: Seine Idealrolle ist die des „Dirigenten des Orchesters" (Schrey, 1968, 46)[6].

Erziehung durch Kunst – Erziehung als Kunst

In dreifacher Hinsicht spielt Kunst in der Waldorfpädagogik eine entscheidende Rolle:

1. Das äußerlich auffallendste in einer Waldorfschule ist die große Zahl an künstlerischen und kunsthandwerklichen Fächern, die angeboten werden: Malen, Plastizieren, Schnitzen, Handarbeiten, Eurythmie, Sprachgestaltung, Musik, etc. Und diese Fächer sind nicht, wie oft in staatlichen Schulen, die vernachlässigten Stiefkinder des Lehrplans. Im Gegenteil: Sie fallen von der Zahl der Lehrer, wie der Stunden, stark ins Gewicht. Künstlerische Betätigung wird als unverzichtbares Mittel der Erziehung angesehen, da sie

a) Phantasie und Kreativität fördert,
b) zu Sensibilität und Einfühlung, sowie zu genauer Beobachtung anhält,
c) durch die Notwendigkeit, Entscheidungen zu treffen, den Willen schult, und
d) exemplarisch Lebensbewältigung einübt, da sie paradigmatisch die aus inneren Impulsen geleitete Bearbeitung der äußeren Welt verlangt.

Der Kunstunterricht darf also nicht etwa als bloßer „Ausgleichssport" zum theoretischen Unterricht verstanden werden – obwohl er diese Funktion sicher auch hat. Auch sollen dadurch keine Künstler herangebildet werden. Ziel ist der allgemein schöpferische Mensch. Innere Bildung ist also das Ziel, das eine harmonisierende Wirkung auf die Temperamentsanlagen einschließen soll:

„Der Vorsichtige kann gezwungen sein, kühn zu werden, der Übermütige, bedachtsam zu sein, der Willensschwache, Ausdauer zu zeigen, der Eigensinnige, anpassungsfähig zu werden“ (Carlgren, 1977, 40).

2. Damit ist die Bedeutung, die der Kunst zugewiesen wird, aber noch lange nicht erschöpft. Denn nicht nur in den eigentlichen künstlerischen Fächern soll sie ihre Wirkung entfalten, sondern sie soll integraler Bestandteil des gesamten Unterrichts sein. D.h., daß in allen Fächern die „einfühlende Hingabe an den Stoff“ verlangt wird, der damit nicht nur über den Intellekt, sondern auch mit dem Gefühl – eben als *ganzer* Mensch – aufgenommen wird. Weiter wird auf die selbsttätige Arbeit mit dem Gelernten Wert gelegt, etwa in der kunstvollen Anfertigung von Heften (es gibt ja keine Schulbücher!). Gemeinsames Singen oder Rezitieren von Texten sind künstlerische Elemente, die in der Waldorfschule ebenfalls in jedem Fach zuhause sind.

3. Nicht zufällig heißt die wichtigste Zeitschrift der Waldorfpädagogik: „Erziehungskunst“. Erziehen wird nicht als wissenschaftliches, sondern in erster Linie als künstlerisches Problem betrachtet. Dabei ist es die erste Aufgabe des Erziehers, die kindliche Individualität zu erkennen, ihr Wesen zu begreifen. Wie oben angedeutet, ist ja die Vorstellung von der eigenen, schon vorhandenen individuellen Personalität des Kindes, die nur vor der „Geburt des Ich-Leibes“ (im ca. 21. Lebensjahr) sich ihrer selbst noch nicht bewußt ist, eine wesentliche Grundlage der anthroposophischen Pädagogik:

„Am Anfang der Waldorfschulpädagogik stand und steht der Gedanke, daß das Kind, was da geboren wird, eine eigene Persönlichkeit ist, die aus einer übersinnlichen Welt in ein irdisches Dasein tritt“ (Lindenberg, 1981, 148f.).

Da der Erzieher als Anwalt dieser Individualität das Kind heilend und entfaltend (s.o.) begleiten soll, muß er größte Sorgfalt in sein Erkenntnisvermögen legen. Schon dieser Prozeß des Erkennens und Verstehens des kindlichen Wesenskerns wird als künstlerisches Problem betrachtet:

„Will man das Wesen der Seele durchschauen, so muß man das Gesetzmäßige mit künstlerischer Gestaltungskraft in der Erkenntnis durchdringen. Der Erkennende muß zum künstlerisch Schauenden werden ...“ (Steiner nach Wiederhold, 1978, 12).

Carlgren bezeichnet es als eine der wichtigsten Aufgaben des Waldorflehrers,

„die Wesensbilder seiner Schüler – mit all den Möglichkeiten und all den Problemen, die ihnen eigen sind – immer wieder in vertiefter innerer Betrachtung vor sich lebendig zu machen“ (1977, 21).

Aus echtem Verständnis und Liebe zum Kind soll der Erzieher somit vorsichtig und unter ständiger Kontrolle der Wirkungen seines Tuns zum „Helfer der göttlich-geistigen Welt“ werden (Steiner nach Oppolzer 1959, 153).

„Der Erzieherberuf (wird so) zum Priesterberuf; denn dann wird der Erzieher zum Verwalter dessen, was die Götter mit den Menschen ausführen wollen“ (Steiner nach Wiederhold, 1978, 18).

Daraus ergibt sich, daß in der anthroposophischen Lehrer- und Erzieherbildung die Menschenkunde, und um die je individuellen Besonderheiten richtig erfassen zu können, die künstlerische Schulung die zentrale Rolle spielen. Kurse in Plastizieren, Malen, Eurythmie, Sprachgestaltung, etc., sollen in den zukünftigen Erziehern die nötige künstlerische Sensibilität erwecken. Jenseits aller methodisch-didaktischen Einzelanweisungen wird der Erzieher auf seinen Beruf vorbereitet. Nicht abrufbares Wissen, sondern „der Blick für die Lebens- und Lernprozesse des Kindes“ soll vermittelt werden. Daß der Erzieher „ersprießliche Beziehung“ zu den werdenden Menschen herstellen kann, daß „er mit seiner ganzen Mentalität . . . untertauchen kann in die Seelen und in die ganze Wesenheit des werdenden Menschen“ (Steiner nach Carlgren, 1977, 16f.), wird als wichtigste Qualifikation erachtet.

„Dann wird er nicht Leselehrer, Rechenlehrer, Zeichenlehrer und so weiter sein, sondern dann wird er der wirkliche Bildner der werdenden Menschen sein können“ (Steiner nach Lindenberg, 1975, 168).

Welch entscheidende Bedeutung Steiner der Kunst beimaß, zeigt nicht zuletzt der folgende, auf seine Pädagogik bezogene Satz, den er kurz vor seinem Tod schrieb:

„Wenn ich noch einmal von vorn anfangen könnte, würde ich das Steuer ganz nach dem Künstlerischen herumwerfen“ (Steiner nach Kiersch, 1973, 35).

Auch in der hier skizzierten Befrachtung der Kunst mit allerhand menschenbildenden, erzieherischen Funktionen ist Steiner ganz Kind seiner Zeit. Alle drei der Kunst zugeschriebenen Funktionen – Kunst als Erziehungsmittel, Kunst als integrales Prinzip des Unterrichts, Erziehen als künstlerische Aufgabe – finden sich in der unter dem Namen Kunsterziehungsbewegung zusammengefaßten pädagogischen Strömung um die Jahrhundertwende wieder. Diese wollte, anknüpfend an die oben erwähnte Kulturkritik ein Gegengewicht gegen die wissenschaftlich-technische Zivilisation bilden. Schon Langbehn (s.o.) sah ja in der Kunst das Erziehungsmittel schlechthin. In der Kunsterziehungsbewegung, in der sich nach Röhrs (1980, 73-91) drei Phasen unterscheiden lassen, wird dieser Gedanke in der zweiten Phase betont. Die erste Phase war noch entscheidend bestimmt durch A. Lichtwark, den Leiter der Hamburger Kunsthalle. Als „Erziehung zur Kunst" läßt sich sein Hauptanliegen kennzeichnen, das motiviert war nicht nur aus kulturkritischen, sondern auch aus wirtschaftlichen Erwägungen (er wollte den Niedergang des deutschen Kunsthandwerks aufhalten). Nicht auswendig gelernte Beurteilungsmaßstäbe, sondern tiefes Nachempfinden von Kunstwerken sollte der Kunstunterricht vermitteln:

„Unsere Kinder sollen nicht über Kunst schwatzen, sondern Kunst sehen und genießen lernen" (Lichtwark nach Röhrs, 1980, 78).

Die zweite Phase war gekennzeichnet durch die Reform der musischen Fächer in Hinblick auf weniger schablonenhaftes Üben, mehr Eigeninitiative und v.a. im Hinblick auf „Selbertun". Auf ihrem Höhepunkt fanden die drei Kunsterziehungstage statt, die 1901 in Dresden „Bildende Kunst", 1903 in Weimar „Sprache und Dichtung" und 1905 in Hamburg „Musik und Gymnastik" zum Mittelpunkt hatten. Die leitenden Gedanken dieser Phase wurden von Gustav Hartlaub, dem Verfasser des programmatischen Buches „Der Genius im Kinde" (1922), in einem Rückblick 1929 so charakterisiert:

„... Erziehung durch Kunst war ihr hohes Ziel. Indem man die formalen Werte eines Kunstwerks, die Kraft seines Aufbaus, die Zucht seiner Gestaltung, die Geschlossenheit seiner Mittel nacherlebte, wollte man selbst als Charakter, als Mensch in der Fülle seiner Eigenschaften und Tätigkeiten sich die Kraft zur Selbstgestaltung, zur inneren Harmonie heranbilden. Das Erleben des Kunstwerks sollte den Menschen befähigen, selbst in der Summe seiner Lebensäußerungen zum Kunstwerk zu werden, schön und gut im Sinne des griechischen Vollkommenheitsideals zu sein ..." (nach Lorenzen, 1966, 67f.).

Die frappierende Ähnlichkeit dieser Sätze mit den anthroposophischen Ausführungen zur Kunst liegt auf der Hand. Hinzuzufügen wäre allerdings, daß Hartlaub schon 1929 an „diese letzte Sendung der Kunsterziehung ... durch praktische Erfahrungen belehrt" nicht mehr glauben wollte, während die Waldorfpädagogik sich nach wie vor daran orientiert[7].

Die dritte Phase schließlich sieht Röhrs bestimmt durch die Tendenz, „daß die Kunst im Unterricht keine Disziplin mehr sein solle, sondern ein Prinzip“ (1980, 83). Einer der Kunstverfechter – Heinrich Wolgast – formulierte diese Absicht so:

„Es handelt sich auch nicht darum, eine bisher brachliegende Ecke des pädagogischen Gebietes nachträglich unter Kultur zu nehmen, sondern wir wollen den ganzen Acker umpflügen“ (nach Lorenzen, 1966, 17).

Auch das Motiv der „Erziehung als Kunst“, das heute angesichts curricular-didaktischer Wissenschaftsorientierung zunächst sehr befremdend wirkt, war in der Kunsterziehungsbewegung *vor* Steiner geläufig. 1904 schon schrieb der Bremer Lehrer Heinrich Scharrelmann:

„Hat man vergessen, daß unsere ganze Berufsarbeit ihrem Wesen nach Kunst ist? Daß wir auch ohne Pinsel und Zeichenblatt täglich und stündlich künstlerischen Aufgaben gegenüberstehen?“ (nach Lorenzen, 1966, 82).

Einzig in der Begründung des „Erziehens als Kunst“ aus dem karmischen Individualitätsbegriff findet man einen spezifisch anthroposophischen Gedanken, der von anderen Reformpädagogen nicht geteilt wurde.

Inwieweit Steiner mit seinen Mitstreitern um eine künstlerische Erneuerung bekannt war, ob er ihre Schriften kannte, oder ob es sich eben, in Diltheys Sinne (s. S. 20), um eine „geistige Verwandtschaft“ handelte, die ihren Grund in der spezifischen historischen Situation hatte, die solche Gedanken notwendig hervorbrachte – das läßt sich heute kaum noch entscheiden. U.a. deshalb nicht, da Steiner in seiner unphilologischen, pragmatischen Wissenschaftsauffassung im Umgang mit Quellenangaben sehr sparsam war.

Ganzheitliche Menschenbildung

Der vierte zentrale Punkt in Steiners Erziehungsauffassung, in dem er sich mit der Reformpädagogik in Einklang befindet, ist die starke Betonung der gleichmäßigen, harmonischen (Aus-) Bildung von „Kopf, Herz und Hand“ (Pestalozzi). Immer wieder stellt er den Einseitigkeiten der modernen Zivilisation und ihren Bildungsinstitutionen das Streben nach „durchseelter Erkenntnis“ und umgekehrt das Streben nach „geistig durchdrungener Empfindung“ entgegen. Die Trennung von Denken, Fühlen und Wollen soll überwunden werden. Die einseitige Förderung des abstrakten, toten, äußerlichen Denkens soll aufhören. Leib und Seele sollen mitbeteiligt sein am Erkennen der Welt. Damit ist jedoch nicht im Sinne des Irrationalismus ein Rückgang vom Verstand auf das Gefühl gemeint, sondern vielmehr „ein Rückgriff auf die aller Trennung der Seelenvermögen noch vorausliegenden Einheit von Denken, Fühlen und Wollen“ (Hoerers nach Oppolzer, 1959, 38). Die Anthroposophie wurde dann auch schon als

„ein einziger Protest gegen die unglückselige Trennung des französischen René Descartes: Hie reiner Geist – hie toter Stoff“ (W. Hoerers, ebd.).

bezeichnet. Praktisch äußert sich diese Absicht darin, daß auch die „theoretischen“ Fächer des Unterrichts künstlerisch durchdrungen und gestaltet werden:

„So wird etwa die Geometrie im Feldmessen praktisch angewandt, so wird Sprachlernen durch szenische Spiele oder Theateraufführungen in lebendige Situationen gestellt. Umgekehrt wird auch das praktische Tun in Handwerk und Handarbeit durch planendes, berechnendes Entwerfen gedanklich durchdrungen. Schließlich sollte womöglich der Stundenplan so gestaltet sein, daß im Laufe eines Tages in geregelter Folge der ganze Mensch beansprucht wird“ (Lindenberg, 1979, 179).

In der späteren Arbeitsschulbewegung (Gaudig, Kerschensteiner, . . .), aber auch schon bei den kunstpädagogischen Reformern um die Jahrhundertwende wurden die gleichen Ziele verfolgt. Carl Götze beispielsweise unterschied 1901 auf dem Kunsterziehungstag in Dresden „zwei Weisen zu denken“. Die eine Art charakterisiert er als „das lebendige Denken unserer Vorfahren, das Denken der Dinge im lebendigen Zusammenhange außer uns . . . voll Anschauung, konkret und unmittelbar, Kunst schaffend und mitteilend“, die andere Weise, als das „abstrakte Denken, das Denken des Dinges an und für sich, herausgerissen aus seiner Umgebung . . . nur ein gewußtes Wissen um die Dinge, . . .“ (Götze nach Schütz, 1975, 15). Und Max Osborn schrieb 1902 – also ebenfalls noch lange, bevor Steiner seine Pädagogik entwickelte:

„Die Überzeugung, daß unser Leben mit schädlicher Einseitigkeit vom Verstandesmäßigen, Logischen, Exakten, von materiellen Erwägungen und Interessen beherrscht ist, daß es ernster Arbeit im Sinne des Künstlerischen bedarf, um unserer Kultur eine harmonische Gestaltung zu verleihen, ist allgemein“ (nach Schütz, 1975, 16).

Deshalb fordert Osborn die „Erziehung der Sinne" und die Pflege der Phantasie. Nicht nur die „Verstandesseite", auch die „Empfindungsseite" des Menschen soll ausgebildet werden; und nicht nur der „Trieb nach Erkenntnis", sondern auch der „Trieb nach Harmonie", soll gefördert werden.

Diese Sätze von Theoretikern der Kunsterziehungsbewegung zeigen klar, wie nahe ihnen Steiner mit seiner „durchseelten Erkenntnis" stand, die er der „toten Verstandesarbeit" entgegensetzte. Wohl in jeder Schrift der Waldorfpädagogik wird man auch heute Formulierungen finden, die mit denen von Götze und Osborn fast aufs Wort übereinstimmen (vgl. z.B. S. 24 dieser Arbeit).

Fazit

Die weitgehenden Übereinstimmungen grundlegender pädagogischer Prinzipien der anthroposophischen Pädagogik mit denen der Reformpädagogik lassen es als durchaus berechtigt erscheinen, Steiner in die reformpädagogische Bewegung einzuordnen — auch wenn man auf anthroposophischer Seite gerne mit dem Hinweis auf die übergeschichtliche Erkenntnis der wahren Menschennatur, die Steiners Pädagogik zugrunde liege, aus der Geistesgeschichte herausspringen will. Schon Oppolzer hatte ja seinen Versuch, den geistesgeschichtlichen Wurzeln von Steiners Anthropologie und Pädagogik nachzuspüren, mit der Bemerkung resümiert: „Einen neuen Gedanken . . . führt Steiner in die Erziehungs- und Bildungsgeschichte nicht ein" (1959, 163), weil er zahlreiche Parallelen zwischen Steiner und dem neuhumanistischen Bildungsideal, sowie Goethe, Schiller und Jean Paul fand.

Der Vergleich von Steiner mit wichtigen reformpädagogischen Prinzipien zeigt darüberhinaus die starke Abhängigkeit Steiners von den zu seiner Zeit „in der Luft liegenden" pädagogischen Ideen. Man muß allerdings m.E. deshalb nicht so weit gehen, ihm vorzuwerfen, sein pädagogisches System sei nichts als „ein unoriginelles Konglomerat", ein „synkretisches Plagiat" oder eine „bloße Kompilation". Denn die Neuartigkeit und Originalität einer pädagogischen Theorie sagt noch nichts über ihre praktische Brauchbarkeit aus. Über Pestalozzi z.B., den vielleicht berühmtesten Pädagogen überhaupt, urteilt Piaget, er habe „eigentlich keinerlei neue Methoden oder Verfahren entdeckt, abgesehen von der Schiefertafel, die er aus Gründen der Sparsamkeit einführte . . ." (Piaget, 1974, 14f.) — und trotzdem kann Pestalozzis Wirkung in der Erziehungsgeschichte kaum überschätzt werden!

Der große praktische Erfolg der Waldorfpädagogik läßt sich also nicht aus einer bahnbrechenden, originellen pädagogischen Theorie ableiten. Er verlangt eine andere Erklärung. Die wird zurecht in der „gläubigen Hingabe der Waldorferzieher an ihre hoch aufgefaßte Aufgabe" (Oppolzer, 1959, 163) und in der „weltanschaulichen Gebundenheit der Waldorfschulkreise" (Scheibe, 1980, 307) gesehen. Denn ohne diesen ideologischen Kitt wäre die Waldorfschulbewegung sicher genauso versickert, wie die zahlreichen anderen pädagogischen Reformansätze der ersten Jahrzehnte unseres Jahrhunderts. Glauben kann eben doch Berge versetzen ... oder doch zumindest Inseln erhalten helfen.

2 Rudolf Steiners pädagogische Anthropologie

Drei Seelenkräfte und vier (plus drei) Leiber

Nach Christoph Lindenberg (1975, 24) beschreitet die Waldorfpädagogik bei der Begründung ihrer pädagogischen Zielsetzungen praktisch einen „dritten Weg". Sie will nicht in behavioristischer Manier das „Menschenmaterial", für dessen Innenleben man sich nicht interessiert, auf Hochleistung trimmen und lehnt jede Dressur durch technokratische Macher scharf ab. Aber sie begreift Erziehung auch nicht vorrangig als Sozialisationsvorgang. Die soziale Perspektive ist zwar im Konzept enthalten – in erster Linie aber orientiert sie sich an anthropologischen, entwicklungspsychologischen und entwicklungsphysiologischen Richtwerten. Die anthroposophische Menschenkunde ist demnach der Angelpunkt der Waldorfpädagogik, aus dem sich alle weiteren Bestimmungen (etwa die schon dargestellten Charakteristika: Erziehung durch und als Kunst, Ganzheitlichkeit und „Vom Kinde aus") ergeben. Diese Anthropologie kann hier nur in aller Kürze dargestellt werden:

Der Mensch wird als dreigliedriges Wesen, bestehend aus Leib, Seele und Geist begriffen:

„So ist der Mensch Bürger *dreier Welten*. Durch seinen *Leib* gehört er der Welt an, die er auch mit seinem Leibe wahrnimmt; durch seine *Seele* baut er sich seine eigene Welt auf; durch seinen *Geist* offenbart sich ihm eine Welt, die über die beiden anderen erhaben ist" (Steiner, 1962, 28).

Dieser Unterteilung entspricht die Aufgliederung des Seelenlebens in Denken, Fühlen und Wollen. Jeder dieser Seelenfunktionen wird ein körperliches Korrelat zugeordnet: Das Wollen stützt sich auf das Stoffwechselsystem, das Fühlen auf die rhythmischen Vorgänge (Atmung, Kreislauf) und das Denken auf den Nervensinnesorganismus. Die Unterscheidung in Denken, Fühlen und Wollen wird aber nur getroffen, um unablässig auf ihre Einheit, auf ihre wechselseitige Abhängigkeit und auf die Notwendigkeit einer harmonischen, gleichmäßigen Entwicklung aller drei Funktionen hinzuweisen. Pädagogisch wichtig wird das im Programm der „ganzheitlichen Menschenbildung" (s.o.). Auch für die Vorschulpädagogik wird auf der Einheit von Psychischem und Physischem insistiert:

„Die Fingerbewegung wirkt sich unmittelbar plastizierend auf das Sprachzentrum im Gehirn aus, das räumliche Sehen entwickelt sich durch Bewegung im Raum, die sinnvolle, beherrschte Geste des Erwachsenen wird innerlich nachbewegt und arbeitet an der Gesundheit der inneren Organe – ein Zornesausbruch kann Durchfall, Stottern, ernste Kreislaufschäden hervorrufen, besonders, wenn er sich häufig wiederholt. Liebe und Freude brüten einen gesunden Organismus des Kindes aus, Lüge und Enttäuschung, Nervosität und Rücksichtslosigkeit das Gegenteil" (Kügelgen 1979b, 368).

Weiter werden dem Menschen vier verschiedene Leiber zugesprochen, die sich allerdings erst dem fortgeschrittenen „Geistesforscher" erschließen: Der physische Leib, der Lebens- oder Ätherleib, der Empfindungs- oder Astralleib und der „Ich"-Leib. Der physische Leib setzt sich aus den gleichen Stoffen und Kräften zusammen, wie die ganze unorganische Natur, das Mineralreich. Er wird durchdrungen und belebt durch den Lebensleib, der Wachstum, Fortpflanzung und Stoffwechsel bewirkt. Den Lebens- und Ätherleib hat der Mensch noch mit Tieren und Pflanzen gemeinsam. Den Astralleib, der als Träger des Bewußtseins von Schmerz, Lust, Trieb, Begierde und Leidenschaft beschrieben wird, nur noch mit den Tieren.

Während der Äther; oder Bildekräfteleib „aus wirkenden Kräften, nicht aber aus Stoff" besteht, sieht der geschulte Hellseher den Astralleib als „Gestalt aus in sich beweglichen, farbigen, leuchtenden Bildern", beim Menschen in Form eines länglichen Eies (Steiner, 1978, 14)[8].

Erst der „Ich-Leib" jedoch macht den Menschen zum Menschen und hebt ihn über alle anderen Erdenwesen hinaus. Durch ihn ist der Mensch mit individueller Freiheit und freier Urteilskraft begabt, er ermöglicht es ihm, sein Schicksal zu ergreifen und bewußt zu gestalten. Außerdem veredelt der „Ich-Leib" die anderen Glieder und läutert sie: Diese Umwandlungsarbeit führt dazu, daß der Astralleib in das Geistselbst (Manas), der Ätherleib in den Lebensgeist (Buddhi) und der physische Leib in den Geistmenschen (Atma) verwandelt werden (ebd., 17). – Diese „höheren Wesensglieder" des Menschen spielen in der Grundlegung der Pädagogik allerdings keine Rolle. Sie sind hier nur der Vollständigkeit halber erwähnt – und als weiteres Beispiel für

Steiners Schwäche für „schöne“ Systeme, die in mathematischer Ästhetik aufgehen: Die 4 Leiber plus die 3 höheren Wesensglieder – und schon ist man ein weiteres Mal bei der magischen Zahl 7 angelangt!

Die vier hauptsächlichen Wesensglieder des Menschen sind ebenfalls im Physisch-Leiblichen verankert:

„Das Ich kann sich nur bei körperlicher Vitalität und Lebensfreude ungehemmt äußern, der Empfindungsleib nur bei gesundem Nervensystem, der Bildekräfteleib nur, wenn die rhythmischen Prozesse der Atmung und des Kreislaufs nicht gestört sind; der physische Leib selbst hat seine ihm eigentümliche Funktion im Stoffwechsel“ (Kiersch, 1973, 24).

Aus dem Zusammenspiel der vier Wesensglieder ergibt sich der Charakter des einzelnen Individuums. Der jeweils überwiegende und vorherrschende Leib bewirkt das Erscheinungsbild eines der vier Temperamente: der physische Leib das melancholische, der Ätherleib das phlegmatische, der Astralleib das sanguinische und der „Ich-Leib“ das cholerische Temperament (vgl. Wiederhold, 1978, 12).

Exkurs über die pädagogische Bedeutung der Temperamentenkunde

Die hier angesprochene Temperamenteneinteilung in vier Grundtypen geht offenbar auf den römischen Arzt Galen (ca. 200 n. Chr.) zurück, der sie mit dem Mischungsverhältnis der den vier Elementen (Wasser, Feuer, Luft und Erde) entsprechenden „Körpersäften“ begründete (vgl. Strunz, 1960, 169). Daß Steiner sie aufgriff, ist in der „Blütezeit der Charakterkunde“ (Koch, 1960, 17) (L. Klages: „Prinzipien der Charakterologie“ 1910; E. Kretschmer: „Körperbau und Charakter“ 1921; E. Spranger: „Lebensformen“ 1914) nicht weiter verwunderlich. Eher bemerkenswert ist, daß diese Temperamenteneinteilung samt der Annahme, daß sich der Charakter auch äußerlich manifestiere (in Körperbau, Gesichtsausdruck, etc.), bis heute die waldorfpädagogische Praxis anleitet. In der modernen, amerikanisch beeinflußten Psychologie werden nämlich Möglichkeit und Notwendigkeit derartiger Typenlehren rundweg abgelehnt. Man spricht von einer „hoffnungslosen und falsch gestellten Frage“ (McDougall nach Strunz, 1960, 155), da sich weder die Konstruktion solcher charakterologischer Idealtypen selbst, noch das Maß der Annäherung eines empirischen Individuums an den einen oder anderen Idealtyp mit rein wissenschaftlichen Methoden ermitteln lassen:

„Hier ist vielmehr die ‚Intuition' des Wesenssichtigen Ausgangspunkt und letzte Instanz der Untersuchung" (Kafka nach Strunz, 1960, 164).

Solche intuitive „Wesensschau" ist aber gerade Stärke und Stolz der Anthroposophen. Ungeachtet der modernen wissenschaftlichen ("intellektualistischen") Kritik an der Charakterkunde werden deshalb z.B. die Sitzordnungen in Waldorfklassen nach den Temperamenten der Schüler festgelegt. Ein anderes Beispiel für die praktische pädagogische Bedeutung der Temperamentenkunde wäre die Aufforderung an die Erzieher, das Temperament jedes einzelnen Kindes nicht etwa mit Gewalt oder durch Überredung verändern zu wollen.

„Man soll gerade das dem Kinde entgegenbringen, was aus seinem Innern fließt. Man macht ja die schlimmsten Erziehungsfehler eben dadurch, daß man meint, gleiches sollte nicht gleich behandelt werden, sondern Entgegengesetztes soll durch Entgegengesetztes behandelt werden ..." (Steiner nach Grunelius, 1955, 41).

Mit einem für die damalige Zeit erstaunlichen tiefenpsychologischen Spürsinn rät Steiner – was heute ein therapeutischer Gemeinplatz ist:

„Man soll also versuchen, für ein Kind, das langsam ist, gewissermaßen auch im Spiel ein langsames Tempo einzuhalten, für ein Kind, das schnell ist, auch im Spiel ein schnelles Tempo einzuhalten und nur einen allmählichen Übergang zu suchen" (ebd.).

Der dritte Bereich der praktischen Bedeutung der Temperamentenkunde berüht schon die weiter unten zu behandelnde Auffassung, daß „der Mensch das Menschsein nur am Menschen" lerne, d.h. die Betonung der Selbsterziehung der Erzieher. Der Erzieher soll sich nämlich bewußt sein, daß er – noch bevor er irgend etwas willentlich unternimmt – allein durch sein Temperament schon auf die Kinder wirkt. Und zwar wirke sich eine einseitige Temperamentsausprägung nicht nur psychisch, sondern sogar körperlich schädigend auf die Kinder aus:

„Wirkt ein Wesensglied des Erziehers in krankhafter Weise gesteigert, so schädigt es durch die Äußerungen des Temperaments diejenige physisch-leibliche Funktion im Wesen des Zöglings, die dessen nächsthöherem Wesensglied ein gesundes Leben im physischen Bereich ermöglicht hätte ... Jedes Wesensglied des Zöglings wird vom nächsthöheren Wesensglied des Erziehers erzogen" (Kiersch, 1973, 24).

Daraus folgt, daß der Erzieher z.B. im ersten Jahrsiebt durch seinen Bildekräfteleib, d.h. durch eine tief verborgene Wesensschicht, die einer bewußten Handhabung weitgehend entzogen ist, die aber vom Kinde „nachgeahmt" wird, auf den physischen Leib des Kindes wirkt – nur dieser ist ja bereits „geboren" (vgl. nächster Abschnitt).

Siebenjahresrhythmen und Reinkarnation

Entscheidende pädagogische Relevanz hat die entwicklungspsychologische Setzung der sich im Siebenjahreszyklus sukzessive vollziehenden – und für die normalen Sinne nicht wahrnehmbaren – „Geburt" der vier Leiber des Menschen. Mit der natürlichen Geburt des Kindes ist nach anthroposophischer Auffassung zunächst nur dessen „physischer Leib" geboren. Es ist psychisch und physisch sehr stark auf seine Umgebung angewiesen und wird von dieser geprägt. Vorbild und Nachahmung sind deshalb die „Zauberworte" (Steiner, 1978, 27), von denen die Erziehung auszugehen hat, bis zu Beginn des zweiten Jahrsiebts der „Ätherleib" geboren wird. Eine distanziertere, objektivere Wahrnehmung, die freie Vorstellung, das Gedächtnis und das Gewissen beginnen sich nun beim Kind auszubilden. Die Zauberworte für die Erziehung sind jetzt: „Nachfolge und Autorität" (ebd.). Erst mit der „Geburt" des „Astral-Leibes" in der Pubertät (ca. 14 Jahre) gewinnen Urteilskraft und Verstandeserwägungen an Bedeutung. Mit ca. 21 Jahren schließlich wird der Mensch mit dem jetzt frei werdenden „Ich" zum mündigen, selbständigen Wesen. Auf pädagogische Konsequenzen im Hinblick auf das erste Jahrsiebt, sowie auf die Frage der Haltbarkeit dieser „Entwicklungspsychologie" werde ich später noch ausführlich eingehen.

Eine weitere wesentliche Erkenntnis der geisteswissenschaftlichen Forschung ist die der Reinkarnation, der Wiederverkörperung des Menschen. Das „Ich" ist der unsterbliche Wesenskern des Menschen, der dem Gesetz der Wiederverkörperung unterliegt:

„Der Leib unterliegt dem Gesetz der *Vererbung*; die Seele unterliegt dem selbstgeschaffenen Schicksal. Man nennt dieses von dem Menschen geschaffene Schicksal mit einem alten Ausdrucke sein *Karma*. Und der Geist steht unter dem Gesetze der *Wiederverkörperung*, der wiederholten Erdenleben" (Steiner, 1962, 88).

Die Vorstellung von der ihr eigenes Schicksal bestimmenden Individualität, die aus „geistigen Welten" kommt und auf der Erde praktisch nur einen Besuch macht, bildet eine natürliche Schranke gegen pädagogisch-übereifrigen Formungswillen (vgl. den Abschnitt „Vom Kinde aus").

Dreifaltigkeit im Himmel und auf Erden

Da man es in der Anthroposophie „mit einer kaum überschaubaren Fülle weitläufigsten Gedankenmaterials zu tun" hat, wo „alles mit allem in Korrespondenz gesehen sein will" (Kiersch, 1973, 12), ist es fast überflüssig zu erwähnen, daß die trichotomische Auffassung des Menschen nur ein Abbild der Dreigliederung des Seins überhaupt in Geisterwelt, Seelenwelt und Stoffeswelt ist. Der Mensch ist für Steiner nämlich „ein Spiegel der Welt, im Menschen sind alle Geheimnisse des Weltalls enthalten" (Steiner nach Oppolzer, 1959, 59):

„Die Dreiheit von Form, Leben und Bewußtsein durchzieht das gesamte Wirken Rudolf Steiners. Sie wird erfahrbar in der Dreigliederung des Menschen in Leib, Seele, Geist und findet ihre Entsprechung in der ‚Weltdreiheit' von Raum, Zeit und Ewigkeit" (Kugler, 1978, 10f.).

Daß auch die Gesellschaft sich der Zahl drei anbequemen muß, nimmt nun wohl auch nicht weiter Wunder. Den „sozialen Organismus" gliedert Steiner in Politik (Recht), Wirtschaft und Kultur (Geistesleben) und fordert eine strenge Entflechtung und Unabhängigkeit dieser drei Bereiche voneinander. Die Erziehungsinstitutionen gehören zum Kulturbereich. Daraus ergibt sich die für den Schulaufbau wichtige Forderung der Selbstverwaltung und Eigenverantwortung der Schulen und Kindergärten. Sie sollen zwar öffentlich, d.h. staatlich finanziert werden, die pädagogische Arbeit soll jedoch von den Schulen, bzw. den Lehrern in freier Selbstbestimmung geplant und geleistet werden können.

Steiner bezeichnet es als „antisozial, wenn man die Jugend von Menschen erziehen ... läßt, die man dadurch lebensfremd werden läßt, daß man ihnen von außen her Richtung und Inhalt ihres Tuns vorschreibt" (Steiner nach Oppolzer, 1959, 28).

Wenn er weiter schreibt, daß der Lehrer nur wirken kann, „wenn er sich als Mensch einsetzen kann mit der vollen Selbständigkeit seines Wesens ..." (nach Lindenberg, 1981, 173), so zeigt das, daß man aus verschiedenen ideologischen Richtungen kommend, doch zum gleichen Ziel kommen kann. Denn auch von Marxisten wird „das Desinteresse lohnabhängiger Pädagogen als zentrales Problem der Erziehung" gebrandmarkt. Heinsohn/Knieper (1976, 29) weisen auf die nachgeordnete Bedeutung des permissiven oder autoritären Erzieherverhaltens hin, wenn beide nur Ausdruck von Desinteresse sind – begründet in der lohnabhängigen, fremdbestimmten Situation.

Nun sind Waldorflehrer auch auf ihren Monatslohn angewiesen – allerdings fällt seine Festlegung (meist ein gutes Stück unter dem Tarif für staatliche Lehrer gleicher Qualifikation) in ihre eigene Entscheidungsbefugnis. Alle die Schule, ihre Organisation (Finanzen, Bauten, Verwaltung, Lehrereinstellung) und inhaltliche Gestaltung (Stundenplan, Unterrichtsinhalte, etc.) betreffenden Fragen werden von der Lehrerkonferenz – die sich nach Steiner als „republikanische Versammlung" verstehen soll – demokratisch besprochen und entschieden. Jede Waldorfschule ist so ein selbständiger, von übergeordneten, weisungsbefugten Instanzen weitgehend unabhängiger „Sozialorganismus". Die staatliche Schulaufsicht steckt dieser Autonomie natürlich ebenso – von Bundesland zu Bundesland verschieden enge – Grenzen, wie das für Waldorfschulen obligatorische anthroposophische Menschen- und Weltbild.

Steiners übersinnliche Imagination: Wildes Denken oder Schema F?

Ich habe versucht, die wichtigsten menschenkundlichen Ergebnisse der anthroposophischen „Geistesforschung" in einem Schema zusammenzufassen (s. S. 44f.). Der unbefangene Betrachter dieses Schemas wird sich vielleicht wundern, daß sich als Ergebnis der dunklen, spiritistischen und auf Imagination und Intuition gegründeten Erkenntnismethode Steiners ein doch so bestechend klares System ergibt. – Kein Wunder – gehen die Anthroposophen doch mit Novalis davon aus,

> daß „das Leben der Götter Mathematik sei" und „daß eine weltendurchwaltende Mathematik am Schaffen war, um ihm (dem Menschen) den Leib zu bauen: das Haupt, um zu sinnen; die Glieder, um zu streben; den Lauf des Blutes, um zu lieben" (Meyer, 1974, 68).

Damit steht Steiner dem positivistischen Glauben an die Macht der Wissenschaft – die „nur soviel echte Wissenschaft enthält, als Mathematik in ihr enthalten" (Kant) – de facto doch näher, als er sich durch seine beharrliche Geißelung der modernen Naturwissenschaften den Anschein gibt. Nur, daß er seine Wissenschaftsgläubigkeit noch viel unbescheidener sogar bis ins Jenseits, ins Übersinnliche ausdehnt, während der Positivismus eher empfiehlt, „zu schweigen, wovon man nicht sprechen kann" (Wittgenstein). Ein anderer Hinweis auf Steiners geistesgeschichtliche Abhängigkeit von Empirismus und Positivismus ist sein unablässiger Hinweis auf die *Erfahrbarkeit* (wenn auch nur durch

Ausbildung und Schulung gewisser „höherer Sinne") der „geistigen Welt", die ihm die Wissenschaftlichkeit seiner Behauptungen zu verbürgen scheint (vgl. Oppolzer, 1959, 56).

Während Steiner das umfassende System, das „das Rückgrat der mannigfaltigen Spekulationen" (Leisegang, 1922, 78) bildet, als absolute Erkenntnis ausgibt, ist man in der modernen Wissenschaftstheorie bereit, zuzugeben, daß man selbst an die Vernunft, an Rationalität und Kausalität nur „glaubt". Steiner aber zeigt sich überzeugt, mit seinem dreigliedrigen System den letzten Schlüssel zum Verständnis der Welt und des Menschen gefunden zu haben. Der Mensch ist für ihn das absolut „festgestellte Wesen" (Oppolzer, 1959, 162). Zweifel am menschlichen Erkenntnisvermögen gibt es in diesem Weltbild ebenso wenig, wie Erfahrungen der Unsicherheit, der „Unbehaustheit" (M. Buber) oder der „transzendentalen Obdachlosigkeit" (G. Lukács) des Menschen.

Einem frühen Kritiker der Anthroposophie – Hans Leisegang (1922) – war diese „Überanstrengung des Begriffs", die Erklärung der Welt aus geistigen, mathematischen Prinzipien (die auch Steiners Nähe zur Philosophie Hegels zeigt), auch schon zuviel. Er fand

„in der Geisteswissenschaft, die Vergewaltigung des Stoffes durch die Idee bis zum vollendeten Unsinn wieder. Es genügt, daran zu erinnern, wie z.B. die heilige Sieben zu einem Prinzip erhoben wird, dem sich alles beugen muß, der Mensch, die Natur, die Sternenwelt, die Pädagogik, die Kulturgeschichte, die Philosophiegeschichte und noch vieles mehr. Der Stoff wird vergewaltigt, die Geschichte gefälscht, die Kinderseele gegängelt, nur damit das Siebenschema erfüllt werde" (Leisegang, 1922, 91f.).

Ich teile Leisegangs Urteil bezüglich des Siebenerschemas für den Bereich der Pädagogik zwar nicht – ich halte es für eine in der Praxis durchaus nützliche Hypothese (s.u.) – kann aber doch mitfühlen, wenn er sich versucht sieht, an das Hamletwort zu denken:

„Ist es auch Wahnsinn, hat es doch Methode" (ebd., 81).

Anthroposophische Menschenkunde im Überblick

„Welt-dreiheit"	*Kosmos*	*Gesell-schaft*	*bereichs-spezifi-sches Prinzip*	*Mensch*	*seelische Funk-tion*	*Körperliche Grundlage*
Form (Raum)	Stoffes-welt	Wirt-schaft	Brüder-lichkeit	Leib	Wollen	Stoffwechsel/ Gliedmaßen
Leben (Zeit)	Seelen-welt	Politik Recht (Staat)	Gleich-heit	Seele	Fühlen	Rhythmi-sches System (Atmung, Blutkreislauf)
Bewußt-sein (Ewigkeit)	Geister-welt	Kultur (Geistes-leben)	Freiheit	Geist	Denken	Gehirn, Nervensinnes-organismus
						Körperliche Vitalität u. Lebensfreude

Wesens-glieder	*Temperament*	*pathologisch übersteigertes Temperament*	*Geburt zu Beginn des*	*Entwicklungs-psychologische Charakteristik*	*Erziehungs-grundsätze*
Physischer Leib	Melancholie	Narrheit	1. Jahrsiebent	Kind ist „ganz Sinnesorgan" hingegeben an Umwelt	Nachahmung und Vorbild
Äther-Leib	Phlegmatik	Schwachsinn	2. Jahrsiebent	Gedächtnis, Gewissen, freie Vorstellung „erwachen"	Nachfolge und Autorität
Astral-Leib	Sanguinik	Wahnsinn	3. Jahrsiebent	abstraktes Denken, freie Urteilskraft, Trieb, Leidenschaft	Förderung des selbständigen Denkens und Urteilens
Ich-Leib	Cholerik	Tobsucht	4. Jahrsiebent	Mündigkeit und Freiheit	Ablösung der Erziehung durch Selbsterziehung

3 Exkurs in den Alltag

Die weitere Erörterung der entwicklungspsychologischen Grundannahmen der Waldorfvorschulpädagogik wird vor dem Hintergrund ihrer konkreten Ausgestaltung leichter verständlich. Deshalb wird hier das Terrain der wissenschaftlichen Diskussion vorübergehend verlassen, um authentisch aus der Praxis zu berichten.

Die Tatsache, daß den Waldorfkindergärten bis heute eine verbindliche Konzeption zugrunde liegt, wogegen die pädagogische Konzeption gerade der meisten städtischen Kindergärten heute wohl im persönlichen Eklektizismus der jeweiligen Leiterin bestehen dürfte – dieser Umstand markiert den wichtigsten Unterschied zwischen Waldorf- und anderen Kindergärten. Zwar sind auch Waldorfkindergärten unterschiedlich, weil eben auch anthroposophische Kindergärtnerinnen persönliche Vorlieben und individuelle Charaktere haben. Aber das einheitliche Konzept aller in der „Internationalen Vereinigung der Waldorfkindergärten" zusammengeschlossenen Kindergärten berechtigt wohl doch dazu, die folgende Beschreibung des Alltags im Waldorfkindergarten, wie ich ihn selbst während eines halbjährigen Praktikums erlebte, als für Waldorfkindergärten von Flensburg bis Basel verbindlich anzunehmen.

Der Verlauf eines Kindergartentages folgt einem – was die Zeiteinteilung und den Wechsel von Bewegung und Ruhe betrifft – immer gleichen „Stundenplan". Am Beispiel eines beliebigen Tages – etwa eines 18. Oktobers – sei dieser skizziert:

Morgens zwischen 7.00 und 8.30 Uhr werden die Kinder gebracht. Viele aus weit entfernten Stadtteilen mit dem Auto des Vaters, der sein Kind abliefert, bevor er ins Büro fährt. Oder einige Eltern haben eine Fahrgemeinschaft gebildet. Dann springen vielleicht vier Kinder, die in derselben Gegend wohnen, mehr oder weniger munter nach der frühmorgendlichen Autofahrt, durch die Kindergartentür. Daß Kinder den Weg von der elterlichen Wohnung zum Kindergarten zu Fuß bewältigen können, dürfte eher die Ausnahme sein – hier zeigt sich der Umstand, daß die Grenzen des Einzugsbereichs der Waldorfpädagogik keinen regionalen, sondern eher sozialen Charakter haben: Nur Eltern, für die das Wort Bildung ein Problembegriff ist, kommen überhaupt auf die Idee, sich dafür zu interessieren. Dabei ist die oft zu hörende Behauptung, daß das Schulgeld (bzw. der höhere Kindergartenbeitrag) eine unüberwindliche soziale Barriere bildet, genauso falsch, wie jene andere, Waldorfschulen seien „Schulen für Bonzenkinder". Denn erstens sind die Elternbeiträge gestaffelt nach Einkommen (oft auch aufgrund der Selbsteinschätzung der Eltern) – wobei es durchaus auch den Nulltarif für sozial Schwache gibt. Zweitens wurde die erste Waldorfschule für die Kinder der Arbeiter der Stuttgarter „Waldorf-Astoria" Fabrik eingerichtet. Die Ursachen für den „Akademiker-Bias" der Waldorfpädagogik liegen leider tiefer, als es ein platter „Monetarismus" wahrhaben will: Die soziale Ungleichheit kommt hier weniger über den Geldbeutel, sondern eher über das schichtenspezifische Bewußtsein zum Tragen. –

In der Garderobe ziehen die Kinder dann ihre Mäntel und Jacken aus und wechseln die Straßenschuhe gegen die „Kindergarten-Hausschuhe". Diese Hausschuhe sind wegen des Holzfußbodens unerläßlich. Sichtbare Holzmaserung bestimmt auch den ganzen Kindergartenraum, waldörfisch auch „Stube" oder „Stübchen" genannt. Dort sind natürlich alle Tische, Stühle, Ablagen, Schränke, Regale und Ständer aus Holz, und die Wand ist bis zur Höhe von 1-1,50 m holzgetäfelt. Die Wand darüber ist immer in dem – laut Steiner – dem Kindergartenalter entsprechendem Rosa („inkarnat") getupft, bzw. in aneinander gereihten „Lemniskaten" (liegende Achten) lasiert. Die Farbe wirkt durch diese Lasurtechnik aufgelockert und doch nicht zu unruhig.

Was dem ersten Blick hier weiterhin auffällt, ist das Bildnis der Sixtinischen Madonna von Raffael, das jeden Kindergartenraum schmückt, und der sogenannte Jahreszeitentisch. An unserem 18. Oktober würden sich auf letzterem wahrscheinlich noch Reste des Erntedankfestes befinden: Zu Garben gebündelte Ähren, bunte Herbstblätter, Obst und Gemüse, Blumen. Vor Weihnachten z.B. wäre stattdessen ein Krippenspiel aufgebaut; in der Osterzeit stünde dort ein Topf, in dem die Kinder das Wachstum von frisch gesäten Grassamen täglich beobachten können usw. Aber auch andere Tische, Regale und Fensterbänke sind immer mit Blumenstöcken und meist auch mit Schnittblumen geschmückt. Den Kindern soll damit eine schöne, ästhetisch anregende Umgebung geboten werden. Auch die notwendige Vor- und Rücksicht gegenüber wertvollen und empfindlichen Dingen – wie zerbrechlichen Blumenvasen und ihrem Inhalt – soll in ihnen geweckt werden. Die Inneneinrichtung orientiert sich also an augenfällig anderen Prinzipien als viele der modernen Überbleibsel der „antiautoritären Bewegung", deren „Kinderfreundlichkeit" oft idealtypisch auf eine Gummizelle hinausläuft: Denn erst dort können die Kinder endlich ihre Bedürfnisse schrankenlos ausleben (bzw. austoben), ohne daß die Erwachsenen ihre „kleinbürgerlichen Ängste" durch „sachliche Vorwände" (Schutz des Mobiliars) rationalisieren könnten . . .

Im Gruppenraum werden die Kinder von der Kindergärtnerin einzeln empfangen und begrüßt. Ihr Hiersein wird so Kind und Kindergärtnerin symbolisch vergegenwärtigt. Während der Begrüßungen bereitet die Kindergärtnerin eventuell schon das Frühstück oder kleine Handarbeiten vor. Spätestens um 8.30 Uhr sollten alle Kinder da sein. Alle – d.h. bis zu 25 pro Gruppe. Eine recht große Zahl für eine Erzieherin und – in der Regel – eine Praktikantin (die GEW würde Kopf stehen). Da aber das selbständige Lernen der Kinder, das selbsttätige Spiel – im Gegensatz zum zielgerichteten Lehren – im Vordergrund steht, die Erwachsenen somit mehr Orientierungs- als Bezugspersonen sind, wird diese Größe für vertretbar und, zwecks Erreichung einer Vielfalt der Charaktere und der sozialen Herkünfte, auch für wünschenswert erachtet.

In der ersten Phase des Vormittags steht „Freispiel" auf dem Programm. Freispiel, d.h. die Kinder spielen mit den vielfältigen bereitstehenden Spielmaterialien. Mit den bunten Tüchern, den Wäscheklammern, den Holzständern und Tischen werden „Häuser" gebaut. In der Puppenecke wird ein Puppengeburtstag gefeiert. Am Küchenregal bereiten einige Kinder aus kleinen Aststückchen („Spaghetti") und Kastanien („Kartoffeln") ein Mittagessen. Zum Nachtisch gibt es Obstsalat. Er besteht eventuell aus Eicheln, Obstkernen und Bucheckern. Vielleicht hat auch die Gruppe, die Puppengeburtstag spielt, Geschenke bestellt. Dann werden größere, schöne Steine zu Diamanten und in Tüchern „verpackt" überreicht. In einer anderen Ecke haben zwei Kinder damit begonnen, aus Baumrindenstücken, die auf unterschiedlich hohe Holzstücke gelegt werden, eine Bahn zu bauen, auf der sie runde Kastanien herunter rollen lassen. Mit anderen Hölzern wird dann eine Brücke oder ein Tunnel gebaut. Hölzer jeder Länge und Stärke, von dünnen Ästchen über verschieden lange Aststücke mit ca. 10 cm Durchmesser, bis zu großen, von Baumstämmen abgesägten Scheiben, bilden eine vielseitig einsetzbare Grundlage für die verschiedensten Bauvorhaben. Sie lassen sich aber auch genauso als Feuerlöscher, Bohrmaschine, Preßlufthammer, oder was immer die Phantasie der Kinder gerade beschäftigt, verwenden. Verzweigte Wurzeln, aus denen sich leicht verschiedene Tiere, oder mit Tüchern bedeckt, Höhlen und Berge herstellen lassen, ergänzen die hölzernen Baustoffe.

In diesen vielseitig kombinierbaren Naturmaterialien finden die Kinder einen flexiblen Rohstoff, der sich leicht an ihre aufsteigenden Erinnerungs- und Phantasiebilder oder auch an ganze Szenenfolgen anpassen läßt. Die Nachahmung häuslicher Verrichtungen (Kochen, Essen, Baby wickeln, Schlafen, Tag und Nacht spielen . . .), in denen sich die Kinder jetzt spielerisch als Subjekte erleben, findet man genauso wie das nachahmende „Begreifen" besonders eindrucksvoller Erlebnisse: z.B. kann das eine Fahrt im Omnibus gewesen sein – dazu werden dann Stühle hintereinander gestellt, und ein „Schaffner" kassiert Kürbiskerne („Geld") für die Fahrscheine, die diesmal eventuell durch Muscheln symbolisiert werden. – Oder eine Arztpraxis mit Liege und mancherlei Gerätschaften, mit Wartezimmer und „Spielecke für die Kleinen", wird eingerichtet. Nachdem dann die „Patienten" ihre Krankengeschichte erzählt haben, kommt das Rezept oder die „Behandlung" mit Bettruhe, Wadenwickeln, etc.

Hier, wie auch bei der Verwandlung in die verschiedensten Tiere, wenn etwa ein Zoo- oder Zirkusbesuch nachgespielt wird, finden die vielen bunten Tücher verschiedenster Größe ein weites Einsatzgebiet.

Ein die Kinder beschäftigendes Erlebnis kann weiterhin auch eines der im Kindergarten aufgeführten Puppenspiele sein. Dann sind möglicherweise einige Kinder damit beschäftigt, auf einem Tisch ein „Theater" aufzubauen. Wiederum finden die Tücher vielseitige Verwendung: Ein blaues markiert das Meer, das der Stier im gerade aktuellen Puppenspiel aussaufen muß. Ein anderes wird über Hölzer gelegt und stellt so das Gebirge dar, das ein zweites Hindernis auf dem beschwerlichen Weg des armen Hirtenjungen zur Flammenburg bildet, wo er eine Königstochter aus der Gefangenschaft eines furchtbaren Drachen befreien will. Als Bäume eignen sich vorzüglich umgedrehte Pinienzapfen. Hirtenknabe, Prinzessin und sonstige benötigte Personen genauso wie ein als Stier geeignetes Tier, finden die Kinder ebenfalls in reicher Auswahl vor: Puppen in allen Größen – von 10 cm großen Steh- oder Fingerpüppchen, über Wichtelmänner, bis zur großen „echten Waldorfpuppe" in Babyformat. Auch an gestrickten, genähten und hölzernen Tieren herrscht kein Mangel. Daß diese allesamt aus Naturmaterial und handgearbeitet sind, versteht sich von selbst.

Weitere Anstöße für das freie Spiel kommen aus der Arbeit der Erwachsenen: Einige Kinder helfen so vielleicht gerade der Praktikantin beim Schneiden von Obst für das Müsli oder mahlen mit der Handmühle Korn für die Brötchen, die am nächsten Tag, wie jede Woche, gemeinsam gebacken werden sollen. Andere Kinder helfen, die Requisiten für das nächste Fest vorzubereiten: Aus buntem Transparentpapier und runden Käseschachteln werden Laternen für den Laternenumzug am Martinstag gebaut. Dann müssen Stöcke zum Halten abgesägt und mit Draht befestigt werden. Aber die Laternenstöcke finden möglicherweise in den Händen der Kinder auch andere Verwendung: An einen besonders langen Ast wird ein passendes Holzstück mit Wolle gebunden – und schon ist ein Steckenpferd fertig, auf dem ein Kind durch den Raum reitet. Oder ein Kind fühlt sich an den Anblick einer Flöte erinnert und auf einmal stampft ein Spielmannszug im Kreis herum – neben Flöten und Posaunen wohl auch bald mit Geige und Geigenbogen ausgerüstet.

Hätte ich keinen Herbsttag, sondern einen Tag vor Ostern gewählt, wäre hier die Rede vom Eier ausblasen und anmalen. Oder es würden Webrahmen gezimmert, auf denen sich dann die „großen Kinder" – also die, die in die Schule kommen – zum Abschied einen Teppich aus bunter Schafswolle weben dürfen. Andere Tätigkeiten, die im „Haushalt" des Kindergartens anfallen, wären etwa das Bügeln der Tücher für ein Puppenspiel, Reparaturen von kaputtem Spielzeug, Nähen von neuen Puppen und Tieren für die eigene Gruppe oder z.B. für einen Weihnachts-Basar. Bei all diesen Tätigkeiten können die Kinder sich ihrer Neigung und ihren Fähigkeiten entsprechend beteiligen. Nicht Perfektion des Endproduktes, sondern die tätige Erfahrung mit den verschiedensten Materialien und Werkzeugen steht im Vordergrund. Strickt eine Erzieherin beispielsweise Puppenkleider, so begnügen sich die kleinsten Kinder vielleicht damit, Reste von Wollfäden den Puppen als „Kette" um den Halts zu legen. Ein größeres Kind kommt vielleicht auf die Idee, einen langen Faden als Telefonkabel zu benützen und an ein als Telefonhörer geeignetes Holzstück zu knoten. Und einige werden sich vielleicht – von der strickenden Kindergärtnerin inspiriert – das einfache „Fingerhäkeln" zeigen lassen, um eine sogenannte „Pferdeleine" oder eine Wollschlange zu häkeln. Wenn gerade Aststücke zur Hand sind, entsteht auch noch ein Bogen. Und statt des Federschmucks macht sich der frischgebackene, mit Pfeil und Bogen ausgerüstete Indianer mit einem um den Kopf geschlungenen Tuch kenntlich.

Das Nähkörbchen bleibt heute möglicherweise unbenutzt, aber – animiert durch die Eintragungen der Kindergärtnerin ins Haushaltsbuch – beginnt ein Kind mit den bereit stehenden Wachsmalkreiden zu malen.

Diese Beispiele zeigen, wie sich ausgehend von Tätigkeiten der Erwachsenen, die verschiedensten spielerischen Aktivitäten der Kinder entwickeln können, wobei es für sehr wesentlich erachtet wird, daß den Kindern auch Bilder und Anregungen, die über die aktuelle Lebenssituation hinausreichen, in Form der Märchen, Puppenspiele und

Reigen angeboten werden. Und es zeigt sich, daß die Kinder diese mythologische Bereicherung ihrer Alltagserfahrung dankbar und kreativ in ihre Spiele aufnehmen.

Geht die erste Freispielphase gegen 10 Uhr langsam zu Ende, so wird versucht, das jetzt notwendige Aufräumen aus den Spielen heraus zu entwickeln. Die Theaterbühne wird nach der Vorstellung wieder abgeräumt – wenn sich die Kinder besonders liebevoll damit identifiziert haben, darf sie auch einmal stehen bleiben. Die Tücher werden vielleicht in die „Wäscherei" gebracht, „gebügelt" und zusammengelegt. Die Holzstücke werden in ein Schiff — einen großen Korb — „verladen", wobei ein Junge Lastkran, Steuermann und — man hört es — Schiffsmotor in einem ist.

Nach dem Aufräumen — das hier natürlich in seiner idealtypischen Form angedeutet wurde (!) – kommt der sogenannte „Morgenkreis". Nach der freien Spielphase wird hier für einige Minuten Ruhe und Konzentration auf ein gemeinsames Lied oder ein kleines gemeinsames rhythmisches Spiel (Prototyp: „Wer will fleißige Handwerker sehen . . .") notwendig. Dieses Spiel — sofern es sich um ein längeres handelt, spricht man auch vom „Reigen" — dessen ruhige, entspannte Atmosphäre durch das Anzünden einer Kerze unterstützt und eventuell durch das leise Läuten eines Glöckchens eingeleitet wird, wiederholt sich über einige Wochen hinweg. Die Waldorfpädagogik spricht hier von „geführter Bewegung", d.h. die Kinder ahmen während des Liedes automatisch die von der Kindergärtnerin vorgemachten, rhythmisch sich wiederholenden Bewegungen nach. In unserem Falle also: „Stein auf Stein" . . . „Zisch, Zisch", etc.

Aus diesen Reigen heraus werden auch die größeren Spiele aufgebaut, die vor den verschiedenen Festen eingeübt werden: Im Dezember etwa das Krippenspiel, das bei der Weihnachtsfeier auch für Eltern, Freunde und Geschwister aufgeführt wird.

Einmal in der Woche, in unserem Fall z.B. freitags, wird der rhythmische Teil von einer Eurythmielehrerin gestaltet. Für den Laien und die Kinder selbst kaum erkennbar, werden dann einzelne Elemente der eurythmischen Körpersprache mit in die „geführten Bewegungen" aufgenommen.

Anschließend geht es gemeinsam auf die Toiletten, wobei die Kinder sich an den Händen fassen und den Weg dorthin als lange Schlange zurücklegen. Erleichtert wird das Zusammenbleiben der Kinderschar hier, wie überhaupt bei allen Umzügen, durch ein Lied, das der inneren Vorstellung der Kinder Nahrung gibt. Heute erklingt beispielsweise in unfreiwilliger Vielstimmigkeit: „Der Schaffner hebt den Stab, schon fährt das Züglein an, so faßt Euch an, so faßt Euch an, wir fahren mit der Eisenbahn . . .“. Durch diese positive Maßnahme werden Sanktionen gegen Fortrennen und Toben weitgehend überflüssig.

Die Toilette selbst steht bei Kindern und Erzieherinnen am entgegengesetzten Ende der Beliebtheitsskala. Für viele Kinder sind die Spiele mit Wasserhahn, Klospülung, Ausziehen, über die Trennwände der einzelnen WCs klettern und „zugucken“, etc. genauso toll, wie sie dem Erwachsenen ein Greuel sind. Denn erstens hat er, wenn er nicht aufpaßt, am Ende lauter völlig durchnässte, z.T. schreiende Kinder (so jedenfalls stellte sich mir diese Situation wiederholt dar) und zweitens geraten hier wohl auch die kindlich-unvoreingenommene Neugierde („Zeig mal!“) und die anthroposophische Auffassung, daß das Interesse an den Geschlechtsorganen und an der Verrichtung der Notdurft unanständig bzw. einer gesunden Entwicklung hinderlich sei, aneinander[9]. Abschluß der Prozedur des Klobesuchs bildet das „Öltröpfchen“ (natürlich ein Weleda-Hautpflegemittel), das jedes Kind auf seine gewaschenen Hände bekommt. Damit wird die Sauberkeit der Hände festgestellt und beglaubigt, und es eignet sich auch als sanftes Druckmittel, denn auf dieses Tröpfchen sind die Kinder ganz besonders wild.

Nach dem geordneten Rückzug aus diesem problematischen Terrain kommt das Frühstück. Es wird im Gegensatz zu vielen anderen heutigen Kindergärten sowohl gemeinsam zubereitet als auch gemeinsam verspeist. Dabei wird darauf Wert gelegt, daß das Essen von den Kindern auch bewußt erlebt wird. Im Fast-Food-Überfluß-Zeitalter sicher keine verkehrte Bemühung, wenn den Kindern vor dem Essen z.B. nochmal der lange und beschwerliche Werdegang des Korns, das sie heute morgen selber gemahlen haben, und das jetzt Bestandteil ihrer Nahrung ist, vergegenwärtigt wird. Erfolgt solch ein Rückblick auch nur ausnahmsweise, so ist ein Tischgebet doch die Regel: Mit den naturreligiösen Formulierungen dieser Gebete – z.B. „Erde, die uns dies gebracht, Sonne, die es reif gemacht, . . .“ – sitzt der Waldorfkindergarten aber anscheinend zwischen den Stühlen: Für den christlichen Glauben klingt das fast schon atheistisch, auf jeden Fall aber pantheistisch, und diejenigen jungen Eltern, deren Verhältnis zur Religion von einer der modischen intellektuellen Strömungen der 60er (Existentialismus) oder 70er Jahre (Adorno, Habermas) geprägt ist, werden überhaupt mit dem Beten ihre liebe Not haben – gilt Religion doch in diesen „Spielarten des Marxismus“ (H.J. Arndt) nicht mehr denn als „Opium des Volkes“.

Nach der ebenfalls ritualisierten und gemeinschaftlichen Beendigung des Frühstücks geht es in die Garderobe. Sind alle angezogen, geht es hinaus – heute in den Garten. An anderen Tagen werden auch Spaziergänge unternommen, wobei sich dann Erwachsene und Kinder auf die unterschiedlichsten Dinge aufmerksam machen. Ein singender Vogel, ein Haus im Rohbau, bei dem man der Arbeit der Handwerker eine Weile zuschauen kann, ein Käfer oder besondere Wolkenbildungen finden gleichermaßen Aufmerksamkeit und Interesse. Im Winter werden vielleicht Schlitten zu einem nahen Hügel mitgenommen.

Aber heute sind wir im Garten hinter dem Kindergarten geblieben. Dort warten Sandkasten, eine „Bauecke" mit großen runden Baumstücken, ein „Kletterturm", eine Schaukel und Gartengeräte auf die Kinder. Heute könnte Laub zusammenrechen auf dem Programm stehen, und die drei Rechen sind schnell an mehr oder weniger systematisch arbeitende Helfer vergeben. Auch ein Teil der Beete, in denen die Kinder das Jahr über das Wachstum von Tomaten, Möhren, Salat, Kohlrabi, etc. miterleben konnten, kann schon umgegraben werden. Einige Kinder „helfen" mit ihren Kinderschaufeln auch hier.

Die anderen spielen im Sand oder fahren auf kleinen Holzschubkarren die großen Holzstücke zu ihrem neuesten „Bauplatz", wo mit Holz und Tüchern gerade mal wieder ein Haus samt „Inneneinrichtung" entsteht. Als Tisch dient ein Holzklotz, das Bett wird mit Laub gepolstert und ein Sandeimer, in den einige Äste gesteckt wurden, die am Vortag aus einem Baum ausgeschnitten wurden, wird zur „Blumenvase". Eine größere Gruppe von Kindern spielt „Wir kommen aus dem Morgenland . . .", ein Spiel, das ihnen die Kindergärtnerin vor ein paar Tagen gezeigt hat. Seine Beliebtheit erklärt sich aus der abwechslungsreichen Kombination des Erratens von pantomimisch vorgeführten Tätigkeiten, Davonrennen und Fangen. Einige ältere Kinder führen und die jüngsten rennen einfach mit, ohne, daß sie den Sinn des Ganzen kapiert hätten – aber Spaß macht es ihnen genauso wie den Grossen.

Später sammeln einige Kinder bunte Herbstblätter, aus denen sie, z.T. mit Hilfe der Erwachsenen, „Blätterkronen" anfertigen. Besonders eignen sich dazu die großen Ahornblätter, die stabile Stile haben, mit denen sich die Blätter gut zusammenstecken lassen.

Auch in dieser zweiten Freispielphase gilt, daß die Erzieherinnen durch konkrete, praktische Tätigkeiten anregend auf das Spiel der Kinder wirken. Immer gibt es etwas zu reparieren, zu stopfen, auch der Garten sorgt für ständig neue Beschäftigung. Im Frühjahr werden anläßlich des Großputzes alle Tische und Stühle gründlich im Freien geschrubbt, der Kompost muß umgesetzt werden, oder für eine neue Generation von Puppen wird Stoff gefärbt, oder . . .

Das Klingen einer Glocke („Darf ich heute läuten" . . . „Nein, ich" . . .) beendet gegen 11.40 Uhr die Zeit im Freien. Jetzt werden nochmal die Schuhe gewechselt (jeder, der schon einmal einer Gruppe von

25 Kindern beim Schuhe suchen, anziehen und zumachen zu helfen hatte, wird verstehen, warum ich diese an sich banale Tatsache erwähne . . .) und ein zweites Mal trifft man sich im Kreis. Jetzt wird ein Märchen vor. . . – ja, eben nicht vor*gelesen*, sondern auswendig vorgetragen. Daß das Märchen nicht nacherzählt, sondern wirklich in der Schriftsprache auswendig vorgetragen werden soll, hat seinen Grund in der Annahme, daß die Kinder auf diese Weise in Bezug auf Grammatik, komplexen Satzbau, nicht-alltägliche Begriffe – kurz: in Bezug auf alles, was man heute „Sprachförderung" nennt, wertvolle Anregungen bekommen. Durch den auswendigen Vortrag kann sich die Erzieherin außerdem besser auf die Kinder einstellen.

Wäre heute nicht Mittwoch, der 18. Oktober, sondern ein anderer Wochentag, würde an dieser Stelle im Programm Kneten, bzw. Plastizieren mit Bienenwachs oder Malen mit Aquarellfarben, eventuell auch ein Puppenspiel, ein paar einfache Kreisspiele und Musizieren mit der Kinderharfe und ab und zu natürlich auch eine Geburtstagsfeier stehen. Für Märchen und Puppenspiele gilt gleichermaßen, daß keine Kunstmärchen, auch keine an heutigen Problemen orientierte „lehrreichen Geschichten" verwendet werden, sondern ausschließlich Legenden und Märchen, von denen angenommen wird, daß sie authentisch aus dem kollektiven Volksgedächtnis übernommen wurden (z.B. Grimms Märchen). Dasselbe Märchen oder Puppenspiel wird dabei mehrere Wochen hintereinander in der gleichen Form immer wieder vorgetragen. Und die Kinder gehen auch tatsächlich immer wieder begeistert mit, auch wenn – oder gerade weil – manche den Text schon auswendig mitsprechen. Da die Märchen primär die Seele und nicht den Verstand ansprechen sollen – und nur letzterer kann eine Sache „abhaken", die er einmal „gefressen" hat – wird diese häufige Wiederholung als ein Gegenpol zur Erstickung der Sinne in der heutigen, multimedialen Reizüberflutung gesehen.

Für die Puppenspiele wird ein Tisch in eine „Bühne" verwandelt. Für das in letzter Zeit aufgeführte Spiel – es war das in die Michaelszeit (eine kleine Festzeit des Kirchenjahres) passende Märchen von der „Königstochter in der Flammenburg", die von einem Jüngling trotz schier unüberwindlicher Hindernisse aus der Gewalt eines zwölfköpfigen Drachens befreit wird – für dieses Märchen also sind Berg und Höhlen mittels Steinen, Hölzern, Tüchern und Schafwolle in passender Färbung angedeutet. Die als einfache Marionetten über Fäden oder direkt mit der Hand geführten Puppen und Tiere illustrieren die vorgetragene Geschichte, wobei auf langsame und konzentrierte Bewegungen und überhaupt auf eine feierliche Stimmung Wert gelegt wird. Außer durch die entsprechende vorbildhafte Erziehermimik wird diese feierliche Atmosphäre noch durch die Umrahmung des Spiels mit zarter Musik von der Kinderharfe oder vom Xylophon unterstützt. In diesen mythologischen Bildern, die tatsächlich in die Vorstellungswelt der Kinder eingehen und von dort – davon kann sich jeder Besucher eines Waldorfkindergartens überzeugen – wiederum, oft noch nach Wochen oder Monaten, in die spielerischen Aktivitäten aufsteigen – in diesen Bildern wird eine kindgemäße „Seelennahrung“ gesehen[10]:

„Die Menschenseele hat ein untilgbares Bedürfnis, durch ihre Adern den Stoff des Märchens rinnen zu lassen, wie der Organismus ein Bedürfnis hat, die Nahrungsstoffe durch sich zirkulieren zu lassen“ (Steiner nach Kügelgen, 1973, 45).

Jubel und Schmerz, Hoffen und Vertrauen, Tragik und Glück, all diese Gefühlsqualitäten werden von den Märchen mobilisiert. Den Kindern wird so ein Wiedererleben der in ihrem Alltag erfahrenen Gefühlszustände, die ihre Inneres bewegen, ermöglicht. Das wiederholte Durchleben dieser Empfindungen stellt aber die für Kinder angemessene Form der Realitätsverarbeitung dar. Den zentralen Stellenwert, der den Volksmärchen als Träger verborgener Weisheit im Waldorfkindergarten zugeschrieben wird, spiegeln auch die folgenden Sätze von Helmut von Kügelgen wider:

„Jeder Mensch braucht ein Tätigkeitsfeld für sein Innenleben, für seine wollende, empfindende und schließlich auch denkende Seele ... Reiche ich ihm nicht Märchenbilder und die Sprache der Märchen, so wird dieser Seeleninhalt aus dem Geschwätz der Gasse bestritten. Automarken und Geldsorgen, triviale, phantasielose Gesprächsfetzen des Alltags beherrschen das Feld der Seele, ein Unkrautacker entsteht“ (ebd., 48).

Der Kindergartenvormittag wäre damit – in unserem Fall Punkt 12 Uhr – beendet. Draußen warten schon wieder die Eltern – diesmal wohl eher die Mütter, und manche vielleicht mit laufendem Motor, weil sie gleich durchstarten müssen, um ein älteres Kind, das zur Waldorfschule geht, ebenfalls ins Auto zu laden.

Wenn unser Kindergarten mehrere Gruppen unter einem Dach vereinigt und viele Eltern berufstätig sind, lohnt sich vielleicht auch die Einrichtung einer Nachmittagsgruppe. Die Formulierung „es lohnt sich“ ist dabei insofern irreführend, als die Waldorfpädagogik die Nachmittagsbetreuung nur als Nothilfe, als klassische sozialpädagogische Maßnahme verstanden wissen will. Denn weder die lange Trennung von den Eltern, noch das Zusammensein mit vielen anderen Kindern während des ganzen Tages werden als gesundheits- und entwicklungsfördernd angesehen. Gibt es also eine Nachmittagsgruppe, so bekommen die Kinder, die dableiben, ein Mittagessen: viele gesunde Körner und Gemüse – aber gibt's mal Tomatensoße mit Nudeln, kennt die Begeisterung auch der Waldorfkinder keine Grenzen. Wie jede Mahlzeit soll auch das Mittagessen von einem Moment der Stille, einem kurzen Spruch eingeleitet werden. Wie es überhaupt den Umgang mit Kindern in diesem Kindergarten kennzeichnet, wird dieses Innehalten nicht durch verbale Appelle gefordert. Vielmehr wird versucht, die Aufmerksamkeit der Kinder zu fesseln. Ein schönes Lied oder ein kleines Fingerspiel bringen manchmal ganz von allein die aufgeregteste Unterhaltung über „mein" . . . „nein, mein Löffel" . . . „aber Du hast doch schon einen" . . . „aber trotzdem" . . . zum Verstummen. In den Fingerspielen, die auch zu verschiedenen anderen Anlässen eingesetzt werden und die von den Kindern meist begeistert, wenn auch nicht perfekt nachgemacht werden, wird dabei auch ein wichtiges Mittel der Sprachförderung gesehen. Diese alten Ammenspiele verknüpfen nämlich in idealer Weise Sprache und Bild, die Feinmotorik der Hände mit verbaler Artikulation, wobei – nach anthroposophischer Auffassung – das eine das andere befruchtet.

Dann kommt die Mittagsruhe. Diese einzuhalten, zu verhindern, daß die Kinder sich gegenseitig aufwecken, bzw. gar nicht erst einschlafen, das erfordert natürlich außer guten Nerven auch wieder viele pädagogische Kunstgriffe. Daß hier – wenn alle Bildersprache, alle Einschlafgeschichten nichts nützen – eine Erzieherin in ihrer Verzweiflung auch einmal zu einer Strafe greift, verstößt zwar gegen die reine Lehre, aber . . . (Eine vollständige Einheit von Theorie und Praxis gehört wohl ohnehin in den Bereich der theoretischen Irrtümer). Nachmittags gibt's dann nochmal einen kleinen Imbiss und freies Spiel, je nach Wetter im Freien oder in der Stube, bevor die Kinder abgeholt werden.

Hat die Nachmittagsgruppe eine eigene Erzieherin, so sind mittlerweile wahrscheinlich Erzieherin und Praktikantin unserer Vormittagsgruppe mit Vorbereitungen für den nächsten Tag, für das nächste Fest, oder den nächsten Geburtstag beschäftigt. Einkaufen für das nächste Frühstück, Nähen von neuen Puppen für das „Laternenmädchenspiel", das am Martinstag aufgeführt werden wird, das Basteln von Geburtstagsgeschenken, . . . irgend etwas ist nachmittags auch außerhalb der regelmäßigen pädagogischen und technischen Besprechungen immer zu tun. Mit zum Alltag einer Waldorfkindergärtnerin gehören ferner die regelmäßige Arbeit an den Grundlagen der Anthroposophie und, wenn der Kindergarten mit einer Schule zusammenarbeitet, die Teilnahme an deren Lehrerkonferenz, um so den Werdegang ihrer ehemaligen Sprößlinge mit zu verfolgen. Ein anderes Betätigungsfeld stellt das

Schulorchester oder die Einstudierung der von Lehrern und Erzieherinnen gemeinsam aufgeführten „Oberuferer Weihnachtsspiele" zur Verfügung. Regelmäßige Hausbesuche in den Familien vertiefen den Kontakt und ermöglichen sowohl einen „Transfer von pädagogischem Know-How" als auch ein besseres Verständnis für die Eigenarten der Kinder.

Bedenkt man, daß neben den obligatorischen noch zahlreiche über pädagogische, soziale und gesundheitliche Fragen informierende Elternabende, sowie Elternbastelabende vorzubereiten und durchzuführen sind, so stellt sich der Alltag der Waldorfkindergärtnerinnen als äußerst arbeits- und zeitintensiv dar. Allerdings gewinnt der Waldorfkindergarten durch diese intensive Elternarbeit eine weit über seine eigentliche Kindergartenfunktion hinausreichende Bedeutung: Er wird tatsächlich „so etwas wie ein kleines Kulturzentrum" (Kügelgen, 1982, 77). Und in dessen Mittelpunkt aktiv sein zu können, dürfte die Waldorfkindergärtnerinnen über die wenige verbleibende Freizeit teilweise hinwegtrösten.

4 Der Waldorfkindergarten

Die Wogen der Vorschuldidaktik

„Die Veränderungen der Kindergartenpädagogik gleichen Wellenbewegungen, Wellen eines stürmisch aufgebrachten Meeres; und wie ein Schiff im Sturm keine eigene Orientierung finden kann, sind wir Vorschulpädagogen den Wogen ohne festen Standpunkt gefolgt. Vor zehn Jahren waren wir alle für didaktische Spiele, vor acht Jahren für kompensatorische Erziehung, vor sechs Jahren für gleitenden Übergang vom Kindergarten zur Grundschule, vor vier Jahren für Sozialerziehung, vor zwei Jahren für affektive Erziehung und kindliche Bedürfnisse, heute für situationsorientierte Curricula" (Hebenstreit, 1980, 95).

Soweit der selbstkritische Rückblick eines Erziehungswissenschaftlers, der dann auch feststellt, daß sich – trotz aller Aufregung – de facto doch reichlich wenig geändert hat. So gesehen, relativiert sich der in den letzten 15 Jahren heftig geführte „Streit um die Vorschulerziehung" (Flitner, 1967) zum Sturm im Wasserglas. Während der Übergang von den 60er zu den 70er Jahren durch eine übersteigerte Reformeuphorie gekennzeichnet war, findet man am Übergang zu den 80er Jahren eine eher realistische bis resignative Stimmung. Ein anderer Chronist beurteilt die Lage heute so:

„Insbesondere die Entwicklung im letzten Jahrzehnt ist durch Hektik und Verwirrung zu kennzeichnen ... Übersteigerte Erfolgserwartungen finden sich ebenso wie Resignation; ... Ruinen großartiger Vorhaben stehen neben voluminös beschriebenen und akribisch erforschten kleinsten und allerkleinsten Teilaspekten" (Dollase, 1978a, 10).

Wie die allgemeine Diskussion um die „deutsche Bildungskatastrophe" in den 60er Jahren, so war auch die sich speziell auf die Vorschulpädagogik beziehende Kritik an bestehenden pädagogischen Institutionen aus zwei Quellen gespeist. Einmal war durch den „Sputnik-Schock" bei Politikern die Bereitschaft gewachsen, „auch Bildungsförderung im Vorschulalter als ökonomische Investition anzusehen" (Weinert, 1974, 393)[11] – zum andern brachten es die „Legitimationsprobleme im

Spätkapitalismus“ mit sich, daß die Verwirklichung von echter Chancengleichheit durch Programme „kompensatorischer Erziehung“ gefordert wurde. „Kognitive Frühförderung“ wurde das Schlagwort für unzählige Programme, die sich alle dem Ziel verpflichteten, die traditionelle „Schonraumpädagogik“ – „Zuschauerpädagogik“ (Lückert) nannte man sie jetzt abfällig – zu überwinden. Lückert – einer der entschiedensten Frühförderer – formulierte den neuen „common sense“ progressiver Vorschuldidaktiken in drei Thesen – die er allerdings forsch als „Erkenntnisse“ ausgab:

„Erste Erkenntnis: Intelligenz und Begabung sind keine starre Mitgift, die man hat oder nicht hat. Diese Fähigkeiten sind sozialkulturell mitbedingt. Sie sind weitgehend das Ergebnis von Lernprozessen ...
Zweite Erkenntnis: Intelligenz und Begabung bilden sich nach Niveau und Artung vor allem in den ersten sechs bis acht Lebensjahren aus ...
Dritte Erkenntnis: Intelligenz und Begabung sind in ganz besonders wirksamer Weise durch langfristige Trainingsmethoden, bei denen Spielsachen Lernsachen sind, zu entwickeln“ (Lückert, 1968, 33ff.).

Praktisch verwirklicht wollte Lückert seine „Erkenntnisse“ in obligatorischen Vorklassen sehen, in denen die Dreijährigen z.B. eine halbe, die Vierjährigen eine ganze Stunde täglich systematisch mit Aufgaben und Übungen beschäftigt werden sollten. – Nun steht die entscheidende Bedeutung der ersten Lebensjahre außer Zweifel. Nur: Ob systematische Lehrprogramme in diesem Alter die wirksamste Förderungsmethode darstellen, ist heute – gerade nach vielen Vorschulversuchen[1 2] – mehr denn je in Zweifel zu ziehen. Überhaupt machte es sich Lückert ziemlich einfach, indem er die pädagogischen Konzeptionen des „Wachsenlassens“ geradewegs mit Vererbungsfatalismus in eins setzte:

„Viele Vorschulkinder sind kulturell vernachlässigt. Die meisten Eltern wissen allerdings nichts davon, weil wir im Laufe der Zeit Theorien entwickelt haben, welche die Kalamität in eine Naturtatsache umdeuten: Begabung sei durch Erbschicksal entschieden, kleine Kinder solle man wachsen und reifen lassen“ (ebd., 35).

Viele Eltern folgten den mit großem publizistischem Aufwand vorgetragenen Versprechungen der mit wissenschaftlichem Anspruch auftretenden Intelligenzförderer dann nur allzu gläubig. Nutznießer der Unsicherheit und Wissenschaftshörigkeit der vielen Eltern, die sich um die Zukunft ihrer Kinder sorgten, war auf alle Fälle die Spielzeugindustrie. Der Spielzeugmarkt erlebte im Sog der Frühförderungseuphorie einen nie dagewesenen Boom:

„Man schätzt, daß in der Bundesrepublik heute jährlich rund 2,3 Milliarden Mark für Spielzeug ausgegeben werden. Damit hat sich der Spielwarenumsatz von 1969-1977 mehr als verdoppelt ... innerhalb der Jahre 1968/69 (gab es) nicht weniger als 131 neue Lehrprogrammhersteller" (Klinke, 1978, 244).

Dabei ist der Zusammenhang zwischen dem Spiel mit bestimmten Spielzeug und der Ausbildung und Weiterentwicklung bestimmter Fähigkeiten bis heute nicht nachweisbar. Über die „merkwürdige Vorstellung", mit logischem Spielzeug ließe sich bei Kindern auch logisches und abstraktes Denken herstellen, kann Heinsohn sich so zu Recht mokieren, wenn er schreibt, daß wir dafür bis heute keinen Beweis haben, „während zugleich etliche Zeitgenossen mit logischem und abstraktem Denkvermögen herumlaufen, die in ihrer Kindheit logisches Spielzeug niemals zu Gesicht bekommen haben" (nach Schmidtchen, 1978, 231).

Was hier über logisches Spielzeug (z.B. die logischen Blöcke von Dienes) gesagt wird, gilt für die meisten „kognitiven Funktionen", sozialen Kompetenzen", etc., die man Kindern durch spezielle Trainingsprogramme beizubringen hoffte (etwa mathematische Früherziehung, Sprachförderung, Frühlesen). In einem Überblick über „Möglichkeiten und Grenzen kognitiver Frühförderung" kommt Schmalohr zu folgendem Fazit:

„Die verschiedenen Typen vorschulischer kognitiver Förderungsprogramme hatten allenfalls einen sehr spezifischen, allgemein aber keinen merklichen Erfolg" (1971, 105).

Es zeigte sich immer wieder, daß die erhoffte positive Ausstrahlung von einem speziell geförderten Bereich der kindlichen Entwicklung (etwa Denktraining) auf die Gesamtentwicklung der Kinder ausblieb.

Während der erste Schub der neuen Vorschulprogramme hauptsächlich die Intelligenz der Kinder zum Mittelpunkt hatte, ging es der 2. Welle um frühe Einübung „sozialer Kompetenzen". Mit didaktischen Materialien, Rollenspielen, Medieneinsatz, sozialen Lernspielen, etc. sollten die Kinder schon im Vorschulalter „Einblick in die soziale Wirklichkeit", „kommunikative Konfliktlösungsstrategien", „Fähigkeit zu Rollenübernahme und adäquater Selbstrepräsentation", „Kritikfähigkeit" und vieles mehr vermittelt bekommen. Auch die damit verbundenen Hoffnungen wurden jedoch bald relativiert. Es zeigte sich, daß mit die wichtigste „Bedingung der Kompetenzentwicklung bei Kindern die soziale Kompetenz der Erzieher" (Schmid-Denter, 1978, 399) ist. Weniger die Programme und Curricula, als vielmehr „in erster Linie eine positive sozial-emotionale Zuwendung, die mit einem hohen

Ausmaß an ermutigender und anregender Stimulation gekoppelt ist" Nickel, 1978, 390) haben günstige Auswirkungen auf das Sozialverhalten der Kinder.

Das behavioristische Entwicklungsparadigma

Die eher emanzipatorischen „Sozialkompetenzler" und die eher behavioristisch orientierten „Intelligenztrainer" gingen von sehr unterschiedlichen Zielsetzungen aus: Letztere wollten – so Lückert selbst – „die Schule den Anforderungen der modernen Lern- und Leistungsgesellschaft an. . .passen und eine neue Erziehungstheorie auf. . . bauen" (1968, 32). Die bestehende Gesellschaft und der vermeintliche Bedarf der Wirtschaft an qualifizierten Arbeitskräften wurden als letzte Instanz genommen, die – ohne selbst weiter begründet oder in Frage gestellt zu werden – die Anforderungen festlegt, die von Erziehung und Bildung zu erfüllen sind. Dagegen wurden von den Vertretern der emanzipatorischen Richtung Zielsetzungen wie „Emanzipation von unnötiger Herrschaft", „Erkennen und Beseitigen von sozialer Ungerechtigkeit, Ausbeutung und Unterdrückung", „Konfliktfähigkeit", „Durchsetzen eigener Interessen und Bedürfnisse", etc., in den Vordergrund gerückt. Die bestehende Gesellschaft war also – weit davon entfernt, letzte Begründungsinstanz zu sein – eher . . . „das Letzte". D.h., Erziehung sollte gerade ihre Infragestellung, und die Notwendigkeit und Möglichkeit ihrer Veränderung vermitteln.

Trotzdem: So verschieden die Ausgangspunkte waren und sind, in ihrer Sicht der Kindheit und der Kindesentwicklung stehen beide auf dem gleichen Boden positivistischer, sozial-technologischer Machbarkeitsvorstellungen[13]. Beiden gemeinsam ist der Glaube, man wüßte genug über die entscheidenden Entwicklungsfaktoren, so daß man gezielt die gewünschten Menschen großziehen könne. Beiden gemeinsam ist ferner die Auffassung von Entwicklung als kontinuierlich fortlaufende, als rein quantitatives (körperliches und intellektuelles) Wachstum ohne qualitative Sprünge: Will man intelligente, zu abstraktem Denken befähigte Erwachsene erziehen, so muß man damit schon so früh wie möglich anfangen. Z.B. gibt man Kindern, noch bevor sie richtig sprechen können, Plastikformteile in verschiedenen geometrischen Formen (Dreieck, Quadrat, etc.), die durch entsprechend geformte Löcher gesteckt werden müssen. So sollen die Kinder schon im Krabbelalter klassifizieren und zuordnen lernen. Die analoge Vorstellung der eher an sozialem Lernen interessierten Vorschuldidakten lautet: Will man selbständige, kritikfähige Erwachsene heranbilden, so muß man ebenfalls schon in der Kinderstube mit Diskussion und Kritik beginnen.

Der Metamorphosenbegriff (Larve-Puppe-Schmetterling) als anthroposophisches Entwicklungsparadigma

Die Waldorfkindergärten haben nun abseits der oben erwähnten „Wogen der Vorschuldidaktik", abseits der durch „Hektik und Verwirrung" gekennzeichneten Diskussionen um die Vorschuldidaktik unbeirrt an ihrer Theorie und Praxis, die sie seit 60 Jahren unverändert pflegen, festgehalten. Während die Vorschulpädagogen den „stürmischen Wogen ohne festen Standpunkt" folgten, verlor man auf der „heilen Insel Waldorf" nie den festen Boden des anthroposophischen Welt- und Menschenbildes unter den Füßen. Und ein zentraler Punkt dieses Menschenbildes, gerade auch in Bezug auf die ersten sieben Jahre, ist der Begriff der Metamorphose. Lindenberg erläutert diesen Begriff:

„Während etwa moderne Pädagogen vielfach von der Vorstellung ausgehen, das Kind nehme das Gelernte unverwandelt auf und wende es dann später an, rechnet Steiner mit tiefgreifenden Umwandlungen. Wo man heute zum Beispiel oft glaubt, frühkindlich anerzogene Kritikfähigkeit werde im späteren Leben den kritischen Bürger hervorbringen, vertritt Steiner die Ansicht, daß nachahmendes, hingebungsvolles kindliches Spiel im späteren Leben die Grundlage eines freien Handelns werden könne, weil sich die Hingabe an das Spiel zum aktiven Erfassen von Situationen wandle. Frühkindlich andressierte Kritikfähigkeit aber werde im späteren Leben zu Nervosität und Konzentrationsschwäche, weil man nicht lerne, sich intensiv mit einer Sache zu verbinden" (1979, 172).

Mit dem im Organischen beheimateten Metamorphosenbegriff befindet sich die anthroposophische Kindergartenarbeit dann auch in scharfem Gegensatz zu der eher mechanischen Auffassung von Entwicklung, wie ich sie oben als gemeinsame Grundlage von sowohl behavioristischer als auch emanzipatorischer Vorschulpädagogik dargestellt habe. Bei Steiner klingt dieser Gegensatz z.B. so:

„Wir sind oftmals besonders glücklich, wenn wir einem ganz jungen Kinde etwas beibringen, das es nach Jahren in derselben Gestalt wieder vorschwatzt. Aber das ist gerade so, wie wenn wir einem Kinde mit drei Jahren Stiefel machen lassen und verlangen, daß es mit zehn Jahren diese Stiefel anziehe und sie ihm noch passen" (Steiner nach Kiersch, 1973, 31).

Der Waldorfkindergarten geht also nicht von einem kontinuierlichen Einüben erwünschter Fähigkeiten aus, sondern er will zunächst die spezifisch *vor*schulischen Fähigkeiten und Bedürfnisse der Kinder pflegen. Diese werden vor allem in ihrem altersspezifischen Spiel und im Verlangen nach Nachahmung gesehen. Zur Verdeutlichung wird die menschliche Entwicklung immer wieder mit der von Pflanzen verglichen:

„. . .denn der Lebenslauf ist eine große Einheit, eine im Treibhaus verfrüht zum Blühen gebrachte Pflanze ist in ihren Lebenskräften erschöpft. Beschäftigt man die Lese- und Intelligenzkräfte und damit die ihnen zugrunde liegenden Lebenskräfte schon in einem Alter, in dem sie noch verhüllt, geschützt, ‚ungeboren' sein wollen, treibt man nicht nur Raubbau an den Lebenskräften, sondern stört die Entwicklung eines kraftvollen, eigenständigen Denkens, eines erst langsam und gesund erwachenden Urteilsvermögens" (Kügelgen nach Beichler, 1976, 24f.).

Zu wirklicher Freiheit findet nach dieser Anschauung der Mensch im späteren Leben nur, wenn er als Kind *nicht* zu früh freigelassen wurde. Es wird als seelische Überforderung für ein Kind betrachtet, wenn es etwa selber wählen und bestimmen soll, was es will: was es essen will, was es anziehen will, ob es etwas lernen will. Stattdessen soll der Erwachsene durch sein Vorbild und seine natürliche Autorität eine Art selbstverständlicher Führungsfunktion übernehmen. Diese Führung wird dann nicht als Bevormundung, sondern als Hilfe und Entlastung für das Kind verstanden. Denn ein Übermaß an Freiheit führe zu organischen Schäden und zu seelischer Schwäche, „weil die entstehenden Konflikte nicht bewältigt werden können":

„Wer die Freiheit eines Erwachsenen hingegen als Metamorphose versteht, wird sich sagen, daß Freiheit aus anderen Lebensformen entsteht, in denen sie noch nicht direkt zu erkennen ist."

So heißt es z.B. bei Lindenberg (1981, 164) und Steiner selbst formulierte:

„Denn der Mensch kommt nicht zu einem Freiheitserlebnis, wenn man es ihm eintrichtern will, sondern nur dadurch, daß es in ihm selber erwacht" (nach Lindenberg, 1981, 66.).

Als Voraussetzungen für das spätere Erwachen des Freiheitsgefühls werden ein gesunder Leib und möglichst anregungsreiche Erlebnisse, die durch Nachahmung richtig verinnerlicht werden müssen, angesehen.

Der Metamorphosengedanke wird sogar so konsequent verstanden, daß gerade sog. „freie Erziehungsmethoden", bei denen das Kind seinen natürlichen Nachahmungstrieb nicht ausleben konnte (bzw. im zweiten Jahrsiebt seinem Bedürfnis nach Autorität nicht Rechnung getragen wurde), unselbständige, autoritätsgläubige Nachläufer im Erwachsenenalter zur Folge haben (Carlgren, 1977, 139f.). Auf die mit dem Metamorphosenbegriff verbundene Streitfrage der Einteilung der Entwicklung in klar abgrenzbare Phasen wird im Zusammenhang mit Piaget noch ausführlicher eingegangen. Hier ist nur dem vielleicht entstandenen falschen Eindruck zu begegnen, daß Kinder im Waldorfkindergarten etwa zu allem Möglichen gezwungen würden, ihnen vieles verboten sei, etc. – nur um sie nicht durch Freiheit zu überfordern. Davon kann natürlich nicht die Rede sein. Die Beteiligung an den vielfältigen Aktivitäten erfolgt vielmehr prinzipiell freiwillig und Verbote sind selten.

„Das Kind soll aus dem Willen heraus arbeiten, nicht aus irgend etwas, was ihm vorgeschrieben ist . . ."

sagt Steiner (nach Carlgren, 1977, 51), und es klingt sogar schon fast antipädagogisch, wenn E. Grunelius, die Leiterin des ersten Waldorfkindergartens schreibt:

„Ich kenne nur drei Gründe, um einem Kinde nein zu sagen:
1. Wenn die Erfüllung seines Wunsches für das Kind selbst schädlich wäre, zum Beispiel an einem kalten Tage ohne Mantel auszugehen;
2. wenn die Erfüllung des Wunsches für andere schädlich wäre, z.B. Lärm machen, wenn das Schwesterchen schläft;
3.wenn Sachschaden zu befürchten ist, wie z.B. durch Beschädigen der Wände mit Farbstiften" (1955, 50).

Und selbst das manchmal unumgängliche „Nein" wird so gut wie möglich in einer die Situation und das kindliche Bewußtsein berücksichtigenden Bildersprache vorgebracht: Soll etwa ein bestimmter Platz am Boden frei bleiben, dann wird die Waldorfkindergärtnerin nicht die sachliche Forderung in Form eines Appells an die kindliche Vernunft an das Kind richten, sondern sie wird vielleicht sagen: „Ich möchte gerne mit dem Lokomotivführer sprechen", um ihm dann z.B. die Wünsche seiner Fahrgäste mitzuteilen.

Der anthroposophische Vorbehalt gegen die frühe Konfrontation der Kinder mit Wahlmöglichkeiten ist so wohl eher als Reflex auf die große Unsicherheit heutiger Eltern zu verstehen. Wenn etwa eine junge Mutter ihre 2jährige Tochter fragt, was sie heute anziehen möchte und eine Jahreszeit und aktuelle Witterungsverhältnisse berücksichtigende Entscheidung erwartet. Dagegen geht man in der Waldorfpädagogik davon aus, daß ein selbstbewußt handelnder Erwachsener, der natürlich in seinem Tun die kindlichen Bedürfnisse berücksichtigen muß, für Kinder eine dankbar und freiwillig angenommene Orientierungsfigur darstellt. Die Frage: „Wollen wir heute im Wald spazieren gehen oder lieber ins Schwimmbad?" – eine Frage, die z.B. ein dreijähriges Kind, wegen des noch fehlenden frei verfügbaren Gedächtnisinhalts, oder – wie Piaget es formulieren würde – wegen der fehlenden „kognitiven Repräsentanz" dieser Alternative, vor ein schwieriges Problem stellt (Kinder wissen natürlich trotzdem immer eine Antwort – sie wissen ja auch, was 161 plus 17 ergibt – : nämlich „Tausend") – diese Frage also erübrigt sich, wenn der Erwachsene bei der Realisierung der einen oder anderen Möglichkeit Unternehmungslust und Zielsicherheit verkörpert. Zweitrangig ist dabei, was letzten Endes gemacht wird; wichtiger ist, *wie* es und – nicht zuletzt – *daß* es gemacht wird. Denn wer hätte nicht schon die, nur das Abschieben von Verantwortung bezeugende, resignierte Feststellung aus dem Munde genervter Eltern gehört: „Sie hat sich ja nicht entscheiden können. Erst das ..., dann das ..., dann doch wieder nicht ... Da hat's mir einfach gereicht."

Nachahmung – das „Zauberwort" im ersten Jahrsiebt

Aus der qualitativen Abgrenzung der Gesamtentwicklung in Siebenjahresabschnitte ergeben sich je spezifische Prioritäten für die Erziehung. Eine der Koryphäen unter den Waldorfkindergärtnerinnen – Freya Jaffke – bezeichnet als „die bedeutendsten Gesichtspunkte für die Erziehung in der Zeit bis zur Einschulung ... erstens *Rhythmus* und *Wiederholung* und zweitens *Vorbild* und *Nachahmung*" (1977, 391). Auf die Bedeutung des Rhythmus werde ich später eingehen. Zunächst zur Nachahmung: Man geht mit Rousseau davon aus, daß Kinder mit einem „natürlichen Nachahmungstrieb" ausgestattet sind, der sie unbewußt veranlaßt, alles, was sie in ihrer Umgebung wahrnehmen, nachzuempfinden und nachzumachen. Das kleine Kind ist „ganz Sinnesorgan" (Steiner), d.h. es nimmt, ohne zu bewerten, alles auf, was um es herum geschieht. Und zwar nimmt es nicht nur Sichtbares, nicht nur Bewegungen und Handlungen nachahmend auf, sondern auch Stimmungen, Gefühle, moralische Einstellungen, etc. Das Aufgenommene arbeitet im kindlichen Organismus und prägt sich darin ein. Gemäß der Einheit von Leib und Seele wirken sich körperlich nachgebildete Eindrücke auch auf die Ausprägung des Gehirns und des Gefühls aus, wie umgekehrt seelisch Wahrgenommenes sich auch harmonisierend oder störend auf den physischen Organismus auswirken kann:

„Daher gibt es beim Kinde keine Trennung zwischen Geist, Seele, Körper, sondern alles dasjenige, was von außen wirkt, wird innerlich nachgebildet. Das Kind bildet nachahmend die ganze Umgebung nach" (Steiner nach Grunelius, 1955, 59).

„Strenge sollte daher darauf gesehen werden, daß in der Umgebung des Kindes nichts geschieht, was das Kind nicht nachahmen dürfte. Man sollte nichts tun, wovon man dem Kinde sagen müßte, das darfst du nicht tun . . ." (Steiner, 1978, 26).

Positiv formuliert bedeutet das, daß den Kindern im Kindergarten ein möglichst vielseitiges Angebot an Tätigkeiten gemacht wird. Tätigkeiten, von denen angenommen wird, daß ihre Nachahmung Handfertigkeit, Geschicklichkeit fördern und Kreativität und Hingabefähigkeit bewahren (Nähen, Mahlen, Färben, Weben, Hämmern, Backen, Schrauben, Malen, . . .). Diese Tätigkeiten werden aber nie als Selbstzweck oder Bastelei um der Bastelei willen durchgeführt, sondern sie stehen immer im Zusammenhang mit dem Kindergartenalltag: z.B. werden für ein Puppenspiel Puppen genäht. Webrahmen werden selbst gezimmert, um damit einen kleinen Teppich zu weben. Für die vielen Feste werden Utensilien gebraucht, die die Kinder, soweit sie dazu schon in der Lage sind, nachahmend herstellen: Laternen für den Martinsumzug oder Lebkuchenhäuser für Weihnachten. Der zweite Aspekt von dem die Auswahl der Arbeiten bestimmt wird, ist der Versuch, die in unserer arbeitsteiligen, entfremdeten Welt weitgehend verlorene Anschauung von elementaren menschlichen Arbeiten zu kompensieren. Von der am fernen Arbeitsplatz verrichteten Berufsarbeit der Eltern hat heute ein Kind ja meist keine Ahnung mehr. Handwerker und Bauern, denen Kinder früher bei der Arbeit zuschauen konnten, sind für das Großstadtkind zur Rarität geworden und selbst im Haushalt funktioniert vieles vollautomatisch. Im Waldorfkindergarten soll deshalb

„dem Kind, soziologisch gesprochen, eine Welt vor der Entfremdung angeboten werden, ein Waschzuber mit Wäsche, Seife und Wasser, nicht ein Lehrprogramm über die Bedienung einer Waschmaschine" (Leber, 1973, 83).

Weitere sogenannte Elementartätigkeiten sind etwa Gartenarbeit: Säen, Gießen, Ernten, etc.; Getreide dreschen, Mehl mahlen, Brot backen, Spinnen, Färben, Weben, etc. Im Miterleben und Nachvollzug derartiger überschaubarer Arbeiten, die in einer sinnvollen Abfolge aufeinander folgen und wo jede die Voraussetzung für die nächste bildet, sieht Jaffke „mit die Voraussetzung . . . für ein später notwendiges logisches Denken" (1977, 397). Außerdem gingen

„von Erwachsenen, die für die Aufrechterhaltung des Lebenszusammenhanges einer Familie oder Kindergartengruppe durch ihre tägliche Arbeit eine Art ‚Tätigkeitshülle' schaffen, ... viel mehr Impulse aus, als von denen, die am Boden sitzen und spielen" (1979, 370).

Dabei ist zu betonen, daß die Kinder nicht etwa zur Nachahmung aufgefordert werden oder daß ihnen andere Kinder als Vorbilder angepriesen werden. Die Kindergärterin beginnt vielmehr im stummen Vertrauen auf Neugier und „Nachahmungssucht" (Steiner) der Kinder ihre Arbeit, bei der sie dann selten länger als eine Minute allein bleibt:

„Das Gezielte des methodischen Vorgehens besteht in einem wohldurchdachten, dann auch zeitlich wohldosierten *Bilden von Gelegenheiten*, die aber offenlassen:
a) den individuellen Zugriff des nachahmenden Kindes (was!)
b) die altersspezifisch (von 3-7) gestreute Art des Nachahmenwollens (wie!)
c) den eventuellen ‚Erfolg' einer nur kurzen Nachahmungsbegegnung ohne ‚erwünschte' Folgen (ob!)" (Jaffke, 1977, 399).

In der auf diese Weise auf freilassender Nachahmung aufgebauten Erziehung sieht Steiner die entscheidende Voraussetzung für eine im späteren Leben freie und sozial eingestellte Persönlichkeit:

„Wer als Kind niemals in seiner Umgebung solche Menschen gehabt hat, denen er sich soweit hingeben konnte, daß er in sich selber aufnahm, was sie taten, der wird niemals fähig sein zum Genusse der Freiheit im Leben" (Steiner nach Grunelius, 1955, 58).

Die Betonung der Notwendigkeit der „Selbsterziehung der Erzieher" ist als letzte – deshalb jedoch nicht unwichtigste – Konsequenz aus der nachahmenden, rein aufnehmenden Einstellung des Vorschulkindes zu ziehen:

„Das Kind ist jedoch seinen Eindrücken unmittelbar, einem Sinnesorgan vergleichbar, hingegeben. So ist es ihnen ausgesetzt und steht ihnen offen und schutzlos gegenüber. Ob sie ihm heilsam oder schädlich sind, es vermag sich nicht von ihnen abzuschließen. Ein Kind, das einmal zurechtgewiesen wurde, ... konnte einige Tage später angetroffen werden, wie es mit seinen Puppen spielte und nun seinerseits eine Puppe zurechtwies: derselbe Stimmton, dasselbe leichte Beben der Stimme, dieselben Gesten. Es kann geradezu erschütternd sein, zu beobachten, wie ein Kind einer Situation gegenüber, in der ein Erwachsener spontan eine Defensivstellung eingenommen hätte, noch rein aufnehmend und nachahmend geblieben ist ...

Was wir in der Erziehung des kleinen Kindes erreichen wollen müssen wir stets aus dem Bereiche der Gedanken in den der Handlungen umsetzen. Daraus ergibt sich auch die ganze Methodik zur Führung eines Kindergartens ..." (Grunelius, 1955, 19f.).

Kügelgen – der Leiter der anthroposophischen Erzieherfachschule Stuttgart – sieht dann auch den Waldorfkindergarten an erster Stelle gekennzeichnet durch die Überzeugung, daß der Mensch das Menschsein nur vom Menschen lernt. Deshalb sollen „die Forderungen der Pädagogik . . . nicht an das Kind, sie müssen an den Erzieher gerichtet werden!“ (Kügelgen, 1973, 5). Der Erzieher soll sich deshalb stets so verhalten, daß er immer ein gutes Vorbild für die Kinder darstellt. Nicht durch Worte, moralische Appelle, etc., sondern durch vorbildliches Verhalten sollen die Kinder geführt werden. Der Erzieher sollte sich in Gegenwart eines kleinen Kindes „immer etwas wie auf einer Bühne stehend fühlen, wo es auf jede Geste, jeden Tonfall ankommt.“ (Grunelius, 1955, 51). Dabei beweist Steiner auch schon tiefenpsychologischen Scharfsinn, wenn er betont,

„daß eigentlich das Wichtigste sich abspielt im Erziehen und Unterrichten zwischen der Lehrerseele und der Kinderseele“ (Steiner nach Lindenberg, 1975, 177). „Nicht nur durch dasjenige lenkt und leitet man das Kind, was man selber tut, sondern auch durch dasjenige, was man selber empfindet, was man selber denkt“ (Steiner nach Grunelius, 1955, 58).

Der Erzieher soll sich deshalb bemühen, „kleinliche Gedanken“ in Gegenwart des Kindes zu vermeiden. Überhaupt sind „heitere Mienen der Erzieher, und v.a. redliche, keine erzwungene Liebe“ die Voraussetzungen für eine gelingende Erziehung:

„Solche Liebe, welche die physische Umgebung gleichsam warm durchströmt, brütet im wahren Sinn des Wortes die Formen der physischen Organe aus“ (Steiner, 1978, 26).

Exkurs: „Nachahmung“ in der wissenschaftlichen Diskussion

Mit der Ausrichtung des gesamten pädagogischen Konzepts auf die Nachahmung steht die anthroposophische Kindergartenpraxis – vergleicht man mit den in den letzten Jahren geführten Diskussionen um die Vorschuldidaktik – allein auf weiter Flur. Das Phänomen „Nachahmung“ scheint in der pädagogischen Diskussion für lange Zeit in Vergessenheit geraten zu sein. Erst seit wenigen Jahren findet es unter der modifizierten Bezeichnung „Lernen am Modell“ wieder Eingang in entwicklungspsychologische Lehrbücher. Im Funkkolleg Erziehungswissenschaft (Klafki, 1970) z.B., das beansprucht, einen repräsentativen Überblick über die wissenschaftliche Pädagogik zu geben, ist der Begriff „Nachahmung“ völlig unbekannt. Er taucht dort nicht einmal unter den neuen, aus den USA importierten Namen „Lernen am Modell", „Beobachtungslernen" oder „Imitationslernen" auf. Im zweibändigen „Handbuch der Früh- und Vorschulpädagogik" (Dollase, 1978) ist Nachahmung ebenfalls kein Thema, das eine nähere Erörterung verdiente. Lediglich Banduras „Lernen am Modell" wird dort ganz kurz gestreift. In fast allen neueren pädagogischen Lexika ist das Stichwort „Nachahmung" ebenfalls Fehlanzeige. –

Das war nicht immer so: Blättert man z.B. in der 1858 erschienenen „Encyclopädie des gesamten Erziehungswesens" (Schmid 1858), so finden sich ausführliche Abhandlungen über „Nachahmung. Nachahmungstrieb", sowie über das „Beispiel". Im „Nachahmungstrieb" wird dort „einer der stärksten Triebe, welche der Schöpfer in die menschliche Natur gelegt hat" gesehen und die pädagogische Relevanz des Beispiels und Vorbilds äußerst hoch veranschlagt:

„Das Beispiel ist unter den erziehenden Mächten eine der bedeutendsten", heißt es, da es „mit einer fast magischen Gewalt zur Nachahmung fortreißt".

Sehr eindringlich wird Eltern und Erziehern daher geraten, ihren Kindern kontinuierlich ein gutes Beispiel zu geben, damit „die bösen Beispiele, welche nie ganz zu entfernen sind", ihre Macht verlieren:

„Was Luft und Klima für den physischen, ist dieses beständige Beispiel für den moralischen Menschen . . . ‚Worte sind Zwerge, Beispiele sind Riesen' " (477f.).

Für ein anderes altes „Encyclopädisches Handbuch der Pädagogik" (1903) steht „die Macht des Beispiels" ebenfalls außer Zweifel. Noch unberührt vom empirisch-wissenschaftlichen Legitimationsbedürfnis heutiger pädagogischer Texte wird der stumme Zwang des Beispiels begründet und „bewiesen":

„Wenn es wahr ist, was Aristoteles behauptet, daß der Mensch . . . ein Geschöpf, das die Nachahmung liebt, sei, so ist damit die Macht des Beispiels erwiesen" (Rein, 1903).

Hier, wie auch in einem weiteren „Pädagogischen Lexikon" (Schwartz, 1930), wird die wesentlich stärkere Wirksamkeit von vorbildlichem Handeln, im Vergleich zu verbalen Anweisungen, betont. Der Mensch bilde sich nicht nach Lehren, sondern nach Beispielen:

„Es hängt dies wohl damit zusammen, daß die Anschauung einen stärkeren und unmittelbareren Eindruck hervorruft, als die abstrakte, durch das Wort vermittelte Lehre" (Rein, 1903).

Die Folgerungen, die für die Erziehung daraus gezogen werden, sind uns schon von Steiner her bekannt:

„Für die Eltern erwächst die Pflicht, immer vor Augen zu haben, daß ihr Beispiel ebenso verderblich als hebend und fördernd wirken kann, daß sie deshalb alles im Beisein der Kinder vermeiden sollen, was schädlich auf sie wirkt" (ebd.).

Verblüffend ist die inhaltliche Übereinstimmung und die sogar noch ähnliche Formulierung dieses „Encyclopädischen Handbuches" mit den bei Steiner später zu findenden Sätzen, z.B. den schon zitierten aus seiner „Erziehung des Kindes vom Gesichtspunkte der Geisteswissenschaft" (1907):

„Strenge sollte daher darauf gesehen werden, daß in der Umgebung des Kindes nichts geschieht, was das Kind nicht nachahmen dürfte. Man soll nichts tun, wovon man dem Kinde sagen müßte, das darfst du nicht tun . . ." (26).

Auf alle Fälle zeigt diese Übereinstimmung, daß der heute aus dem Rahmen gängiger erziehungswissenschaftlicher Erörterungen fallende Aufbau der Vorschulerziehung auf dem Nachahmungsprinzip zu Steiners Zeit nicht so sehr spektakulär war.

Anders heute:

„Die jedem unvoreingenommenen Beobachter auffallende nachahmende Aktivität des Kindes blieb lange Zeit außerhalb des Gesichtskreises der Psychologie",

stellt Oerter 1975 (120) fest, und das Gleiche gilt für die Pädagogik. Erst seit Beginn der 70er Jahre wird Nachahmung über die Rezeption der Arbeiten Banduras wieder wissenschaftlich hoffähig: Bandura stellt in der amerikanischen Originalausgabe seines „Lernen am Modell" 1971 fest, was für die europäische Wissenschaft wegen des transatlantischen „time lags" erst heute langsam gilt:

„Nur unglaublich langsam drang die Erkenntnis in unsere Theorien ein, daß der Mensch durch Beobachtung genauso gut wie durch unmittelbare Erfahrung lernen kann . . .

Die rudimentäre Lernweise, die auf unmittelbare Erfahrung beruht, ist erschöpfend untersucht worden, während der wirksamere und mächtigere Lernmodus, dem die Beobachtung zugrunde liegt, weitgehend unbeachtet blieb. Hier tut eine Akzentverschiebung not" (1976, 215).

In der Frage, ob es sich bei der Nachahmungstendenz um einen angeborenen Trieb oder um eine erlernte Technik handelt, nimmt Bandura keine eindeutige Position ein. Am treffendsten läßt sich sein Standpunkt wohl als „interaktionistisch" bezeichnen. Er selbst schreibt:

„Aus dem Blickwinkel der sozial-kognitiven Lerntheorie werden die Menschen weder durch innere Kräfte angetrieben noch von Umweltstimuli vorwärtsgestoßen. Die psychologischen Funktionen werden vielmehr durch die ständige Wechselwirkung von Determinanten seitens der Person und seitens der Umwelt erklärt" (Bandura, 1979, 22).

Das bedeutet für das „Imitationslernen", daß es zwar zunächst als angeborener Instinkt auftritt, aber sofort – gewissermaßen ab seinem ersten Auftreten – modifiziert wird durch die Reaktionen, die in seiner Umwelt dadurch ausgelöst werden bzw. durch die Erfolge und Mißerfolge, die sich aus der Imitation ergeben. Hier kommt Banduras „Paradigmenwechsel" zum Tragen, der ihn 1969 vom strengen Behavioristen in der Tradition Watsons und Skinners, zum stark an kognitive Funktionen interessierten Psychologen werden ließ. Heute wendet er sich entschieden gegen Skinners Satz: „Eine Person wirkt nicht auf die Welt ein, sondern die Welt wirkt auf sie ein," und sieht den Menschen als aktives Subjekt, nicht als passives und vollständig determiniertes Objekt. Sowohl die Frage „ererbtes oder erlerntes Verhalten", als auch die Frage „Umweltdetermination oder Freiheit" beantwortet Bandura also mit dem interaktionistischen Paradigma.

In zahlreichen Experimenten hat Bandura die für frühere Pädagogen noch selbstverständliche Annahme nachgewiesen, daß Einstellungen und Verhaltensweisen von Kindern durch entsprechende Modelldarbietungen geprägt werden können. Seine Experimente haben im Prinzip alle folgenden Aufbau: Einer Gruppe von Versuchspersonen (Kindern) wird ein in einer bestimmten Weise handelndes oder wertendes Modell dargeboten. Z.B. eine Modellperson, die aggressiv mit Puppen umgeht oder eine bestimmte Vorliebe für Süßes oder für bestimmte auszuwählende Bilder hat. Anschließend werden die Versuchspersonen, die das Modell beobachten konnten, in eine entsprechende Situation gebracht, in der sie nun verschiedene Verhaltensoptionen haben: Z.B. werden ihnen die gleichen Puppen gegeben oder die gleichen Bilder vorgelegt, die auch in den vorherigen Modelldarbietungen zu sehen waren. Interessant ist nun, ob die Versuchspersonen Handlungsmustern in der Behandlung der Puppen oder Präferenzen in der Auswahl der Bilder folgen, die auch das Modell zeigte. Die Kinder, die hier als Versuchspersonen genommen werden, wissen natürlich nichts von dieser Erkenntnisabsicht des Versuchs.

Damit das Ganze eine wissenschaftliche Aussage zuläßt, muß natürlich eine Kontrollgruppe von Versuchspersonen in die gleichen Situationen gebracht werden, ohne daß ihnen das Modellverhalten vorher gezeigt worden wäre. Alle Experimente dieser Art ergaben nun die zu erwartenden Resultate, daß die Versuchskinder, die ein bestimmtes Modellverhalten beobachten konnten, dieses Verhalten in den entsprechenden Situationen mit statistisch signifikanter Häufigkeit reproduzierten. Wogegen das Verhalten der Kontrollgruppenkinder zeigte, daß das von den Beobachtungskindern übernommene Verhalten nicht das für Kinder „normale“ oder typische Verhalten war.

Berühmt geworden ist das Experiment Banduras, das die Nachahmung von aggressivem Verhalten betraf, das den Kindern vorher im Fernsehen gezeigt worden war (Bandura, 1976, 115ff.). Dieses Experiment war insofern alarmierend, als es zeigte, daß die Kinder das aggressive Verhalten des Modells vom Bildschirm gelernt hatten, unabhängig davon, ob das Modell dafür belohnt oder bestraft worden war. Lediglich die tatsächliche Ausführung des gelernten Verhaltens war von der stellvertretenden Verstärkung des Modells abhängig. D.h., auch Kinder, denen ein Modell gezeigt wurde, das für seine Aggressivität bestraft wurde, konnten durch Ermutigung und Belohnungen leicht dazu gebracht werden, das Modellverhalten zu imitieren. Sie hatten es gelernt, unabhängig davon, ob sie es im offenen Verhalten reproduzierten oder nicht. Gewaltszenen im Fernsehen prägen sich Kindern also als mögliches Verhaltensrepertoire ein, auch wenn sie als lehrreiche, abschreckende Beispiele inszeniert sind.

Um die Vorgehensweise bei derartigen Imitationsexperimenten zu verdeutlichen, sei noch ein anderer einfacher Versuch von Bandura dargestellt: Es ging dabei um den Erwerb der Fähigkeit zum Belohnungsaufschub. 10- bis 11jährige Kinder konnten nach einer Tätigkeit wählen, ob sie dafür lieber sofort eine etwas kleinere Belohnung oder in ein paar Tagen eine größere erhalten möchten. Kinder, die sich nur für das erste, und solche, die sich nur für das zweite entschieden, wurden 4 Wochen später mit einem Erwachsenen zusammengebracht, dem der Versuchsleiter das Prestige eines erfolgreichen Studenten gab. Dieses Erwachsenen-Vorbild hatte die gleiche Tätigkeit zu erledigen wie vorher die Kinder und auch zwischen unmittelbarer und aufgeschobener Belohnung zu wählen. Er entschied sich aber immer genau anders, als es das jeweilig beobachtende Kind vorher getan hat. In zwei weiteren Versuchen, einer sofort anschließend und der andere nach einem Monat, kam das Kind wieder in die ursprüngliche Wahlsituation, aber ohne Anwesenheit des Erwachsenen-Vorbildes:

„Jetzt zeigten 50-60 % aller Kinder eine völlige Umkehrung ihrer ursprünglichen Wahlbevorzugung, die auch nach einem Monat erhalten blieb. Daran wird wieder deutlich, wie wirksam pures Beobachtungslernen in diesem Alter ist . . ." (Weinert, 1974, 191).

Andere Versuche Banduras haben einen etwas vielschichtigeren Aufbau, so daß damit auch die Abhängigkeit des Ausmaßes an Beobachtungslernen von stellvertretender oder direkter Verstärkung gemessen werden konnte. Andere Faktoren, die Einfluß auf das Ausmaß des Beobachtungslernens haben, sind etwa der Status und das Prestige des Modells, die Art der Beziehung zwischen Modell und Beobachter sowie die Art der Präsentation des Modells: Je wirklichkeitsnaher die Modelldarbietung ist, desto wirksamer ist sie. Das leibhaftig anwesende Modell ist also einflußreicher, als das in bewegten oder unbeweglichen Bildern (Comic, Foto) oder das nur in sprachlicher Form (Geschichten) dargebotene. Bei aufgeschobener Nachahmung sind ferner die kognitiven Funktionen und das Gedächtnis des Beobachters intervenierende Faktoren. Etwa ob Beobachtetes symbolisch kodiert (in Sprache übersetzt) oder in Form von bildlichen Vorstellungen gespeichert wird.

Bandura berichtet auch die Übernahme komplexer Regelsysteme durch Beobachtungslernen, die experimentell nachgewiesen werden konnte. Dabei beobachteten Versuchspersonen Modelle, die in übereinstimmender Weise nach einer festgelegten Regel auf verschiedene Reize reagierten. Später wurde dann die generalisierte Nachahmung getestet:

„Die Ergebnisse brachten zutage, daß Beobachter auch auf neue Situationen, selbst wenn sie niemals gesehen hatten, wie das Modell auf diese besonderen Reize antwortet, in einer Weise reagieren, die den Neigungen des Modells entspricht" (Bandura, 1976, 40).

Besonders deutlich ist diese Fähigkeit beim Sprechenlernen: Mittels einer begrenzten Anzahl grammatikalischer Regeln bilden Kinder selbständig eine unbegrenzte Anzahl neuer Sätze.

Eindrucksvoll bestätigt wurde der Erwerb sprachlicher Regelsysteme in einer Studie, die zeigte, „daß Kinder durch Modellierung auch eine willkürliche, ungrammatische Regel erwerben können, mit deren Hilfe sie dann merkwürdige Sätze erzeugen" (ebd., 42). Als Fazit seiner experimentellen Arbeit entwickelte Bandura seine „sozial-kognitive Lerntheorie", deren Kern die Zerlegung des Gesamtvorganges „Nachahmen" – bei Bandura synonym als „Beobachtungslernen", „Imitationslernen", „Lernen am Modell", „No-Trial-Learning", etc.

bezeichnet – in vier miteinander in Wechselwirkung stehender Subprozesse ist. Er unterscheidet:

1. Aufmerksamkeitsprozesse,
2. Gedächtnisprozesse,
3. Motorische Reproduktionsprozesse,
4. Verstärkungs- und Motivationsprozesse.

Innerhalb jeder dieser Phasen lassen sich fördernde und hemmende Faktoren für erfolgreiches Beobachtungslernen unterscheiden. Die *Aufmerksamkeit* des Beobachters wächst mit der Neuartigkeit und der Komplexität sowie mit dem sozialen Status und der Vertrautheit der Modellperson. Das Behalten eines bestimmten Modellverhaltens hängt mit davon ab, ob dieses bildhaft oder verbal kodiert im *Gedächtnis* gespeichert wird. Ein einfaches Beispiel für verbale Kodierung wäre etwa das Behalten eines Weges in symbolischer Form: Rechts-Rechts-Links-etc. (RRLRLR . . .).

Die tatsächliche Ausführung (*motorische Reproduktion*) kann sofort oder – gesteuert von symbolischer Repräsentation – verzögert geschehen. Nicht unerheblich ist dabei, ob das Imitationsverhalten durch positives feed-back bekräftigt wird (*Verstärkung*). Auch Selbstbekräftigung oder stellvertretende Verstärkung (das *Modell* – nicht der Beobachter – wird belohnt) erhöhen die Bereitschaft zum Beobachtungslernen.

Auch Piaget hat sich ausführlich mit der Nachahmung beschäftigt („Nachahmung, Spiel, Traum"). Er hatte dabei jedoch nicht wie Bandura eine „multiprozessuale Modellierungstheorie" im Auge, sondern er beschrieb die *Entwicklung* der Nachahmung von den ersten nachgeahmten primitiven Bewegungen (z.B. Kopfschütteln) des zweimonatigen Babies bis zur Nachahmung ganzer Handlungsfolgen im symbolischen Spiel des 3-5jährigen Kindes. Wie man es von Piaget nicht anders erwartet, teilt er die Nachahmungsentwicklung dabei in sechs Stadien ein. Während das Kind in den ersten fünf Stadien nur zu mehr und mehr detaillierter Nachahmung von Gesten, Bewegungen und Lauten, die es unmittelbar zuvor wahrnahm, fortschreitet, markiert das 6. Stadium (ab ca. einem Jahr und vier Monaten) einen qualitativen Sprung: Das Kind wird nun zu *aufgeschobener* Nachahmung fähig, d.h., daß die erste Reproduktion des Modells sich nicht notwendigerweise in dessen Gegenwart vollziehen muß, sondern auch in seiner Abwesenheit und nach einer mehr oder weniger langen Zeitspanne erfolgen kann. Das erste von ihm beobachtete Auftreten einer solchen aufgeschobenen Nachahmung bei seiner Tochter Jacqueline berichtet

Piaget (die Altersangaben sind dabei wie folgt zu entschlüsseln: Jahre; Monate (Tage). „1;4 (3)" heißt also: Ein Jahr, vier Monate und drei Tage war seine Tochter zum Zeitpunkt dieser Beobachtung alt):

„Mit 1;4 (3) bekommt J. Besuch, und zwar von einem kleinen Jungen von 1;6, den sie von Zeit zu Zeit sieht und der sich im Verlauf des Nachmittags in eine fürchterliche Wut hineinsteigert: Er heult und versucht, aus seinem Laufställchen herauszukommen und stampft mit den Füßen auf den Boden des Ställchens. J., die noch niemals solche Szenen gesehen hat, betrachtet ihn überrascht und bewegungslos. Doch am folgenden Tag ist sie es, die im Laufställchen schreit und es zu verschieben versucht, wobei sie mehrfach nacheinander leicht mit dem Fuß aufstampft. Die Nachahmung des ganzen Verlaufs ist frappierend; diese Nachahmung hätte natürlich eine Vorstellung nicht impliziert, wenn sie unmittelbar gewesen wäre, aber nach einer Zeitspanne von mehr als 12 Stunden setzt sie zweifellos ein Element der Vorstellung oder Vor-Vorstellung voraus" (Piaget, 1969, 85).

So ist also die innere Vorstellung die notwendige Voraussetzung dafür, daß aufgeschobene Nachahmung möglich wird. Aber Piaget betont, daß das geistige Bild selbst „einfach das Produkt der Interiorisation der Nachahmung ist" (ebd. 94). Die verinnerlichte, spontane Nachahmung geht also dem Vorstellungsbild voraus, das seinerseits von nun an die Bedingung für die aufgeschobene Nachahmung ist.

In der weiteren Entwicklung der Nachahmung ist für Piaget v.a. das Verhältnis von Nachahmung und symbolischem Spiel interessant (vgl. den Abschnitt über das Spiel); ansonsten ist er der Meinung, daß „die Entwicklung der Nachahmung vom 2. bis zum 7., 8. Lebensjahr ... gut bekannt ist" (ebd. 97) – ohne jedoch zu verraten, worauf er diese Behauptung stützt. Die die Nachahmung selbst betreffenden, von Bandura genauer untersuchten Variablen treten bei ihm in den Hintergrund. Er erwähnt lediglich in Übereinstimmung mit Bandura, daß die Bewertung der nachgeahmten Person, ihr Prestige und ihre Vertrautheit über die Stärke der nachahmenden Reaktion entscheiden.

Im Mittelpunkt Piagets Nachahmungstheorie aber steht sein Konzept der kognitiven oder senso-motorischen Schemata. D.h. er nimmt an, daß immer nur solche Handlungen, Laute, etc. nachgeahmt werden, die an bereits konstituierte, verfügbare Schemata angelehnt (assimiliert) werden können:

„Niemals führt ein neues äußeres Element zu einer wahrnehmungsmäßigen motorischen oder intelligenten Adaption, ohne daß es an frühere Aktivitäten angelehnt würde" (ebd., 107).

Das dem Kind verfügbare „Gesamtverhalten“ – ein Terminus, auf den Piaget besonderen Wert legt – erweitert sich also, indem es sich immer neue Elemente einverleibt. Die neuen Elemente werden nicht auf die vorhandenen Schemata „aufgepfropft“, sondern von diesen assimiliert – vorausgesetzt, daß sie zu diesen in einem Verhältnis „gemäßigter Neuartigkeit“ stehen.

Gerade diese fast ausschließliche Ausrichtung auf die kognitiven Funktionen in Piagets Konzept der Nachahmungsentwicklung bemängelt Bandura. Ihm mißfällt die in Piagets Konzept der kognitiven Schemata völlig fehlende Berücksichtigung des Einflusses von Verstärkungsvariablen:

„Unter dem Gesichtspunkt der multiprozessualen Modellierungstheorie können sich Unzulänglichkeiten der Nachahmungsleistungen, die Piaget auf nicht genügend differenzierte Schemata zurückführt, aus einer fehlerhaften Beobachtung der Modellierungsreize, aus motorischen Schwierigkeiten bei der Ausführung der gelernten Verhaltensmuster oder aus falscher Verstärkung ergeben“ (Bandura, 1976, 34).

Daß Bandura die mangelnde Berücksichtigung der Rolle der Verstärkung bei Piaget kritisiert, scheint mir berechtigt. Allerdings scheint er Piagets Konzept der kognitiven *und* senso-motorischen Schemata nicht recht verstanden zu haben, sonst wäre ihm sicher aufgefallen, daß „fehlerhafte Beobachtung“ und „motorische Schwierigkeiten bei der Ausführung“ gerade dasselbe meinen, was Piaget mit seinem Begriff der Denk- und Aktions-Schemata faßt. – Ein zweiter Streitpunkt zwischen Piaget und Bandura ist die Rolle der „Eigenaktivität“: Während Piaget die nachvollziehende Handlung, also die operatorische Aktivität des Kindes als Bedingung für wirkliches Lernen betont, wendet sich Bandura gegen diese Fixierung auf die eigene Aktivität, als einziger Informationsquelle:

„Informationen über neue Reaktionen lassen sich ebenso aus der Beobachtung modellierter Vorbilder wie aus den Konsequenzen des eigenen Verhaltens gewinnen“ (Bandura, 1979, 41).

Hat Bandura Piaget in Bezug auf die Schemata zu wenig verstanden, so scheint ihm hier eine Überinterpretation zu unterlaufen: Denn Piaget bestreitet nicht die Möglichkeit, durch Vorbilder zu lernen – im Gegenteil. Er behauptet nur, daß eigenes Handeln die Verarbeitung der aufgenommenen Information deutlich verbessert:

„Wenn man z.B. das Behalten einer bestimmten Anordnung von Würfeln bei verschiedenen Gruppen von Kindern vergleicht, bei denen diese Anordnung a) einfach betrachtet oder wahrgenommen, b) vom Kind selbst nachgebaut oder c) von einem Erwachsenen unter den Augen des Kindes aufgebaut wurde, stellt man das weitaus beste Erinnerungsvermögen für den Fall b) fest. Die Demonstration durch den Erwachsenen c) erbringt keine besseren Ergebnisse als die schlichte Wahrnehmung a); dies zeigt einmal mehr, daß man den ganzen Informationswert einbüßt, den das eigene Handeln bietet, wenn man dem Kind vorführt, statt es selbst handeln zu lassen" (Piaget, 1974, 36).

Sowohl durch Banduras Versuche mit dem Beobachtungslernen, als auch durch Piagets Beschreibungen der Nachahmungsentwicklung dürfte die in Vergessenheit geratene pädagogische Weisheit von „der Macht des Beispiels" erneut als bekräftigt gelten. Die anthroposophische Maxime für die Vorschulerziehung, sich dem Kind gegenüber ständig „wie auf einer Bühne stehend" zu fühlen, wird durch Banduras Experimente bestätigt. Freilich nimmt sich die waldörfische Nachahmungstheorie im Vergleich mit den exakten Daten und der den verschiedenen Einflußvariablen Rechnung tragenden „multiprozessualen Modellierungstheorie" von Bandura recht grobschlächtig und „vorwissenschaftlich" aus. Falsch jedoch ist die simple Auffassung vom Kind „als Sinnesorgan", das alles, was es sieht, nachahmen will – egal, ob es sich um „törichte oder bedachte Handlungen" handelt – gewiß nicht. Zumal gerade Eltern und Erzieher für das Kind nach Bandura und Piaget diejenigen Personen sind, die wegen ihrer besonderen Beziehung zum Kind einen hohen Modellstatus haben. Auch neuere Untersuchungen über die Entwicklung des Sozialverhaltens stützen die entscheidende Bedeutung des Modellverhaltens der Erzieher:

„Eine wichtige Bedingung der Kompetenzentwicklung bei Kindern ist die soziale Kompetenz der Erzieher. Ihr Modellverhalten kann als die wirkungsvollste pädagogische Förderungsmaßnahme angesehen werden . . . Einige Untersuchungen widmeten sich dem Problem, daß in der Praxis viele Eltern und Erzieher eher geneigt sind, Forderungen verbal zu postulieren und zu vertreten als ein entsprechendes Verhalten vorzuleben ... Als wichtigstes Ergebnis wurde festgestellt, daß vom bloßen Moralpredigen keine Verhaltensänderung erwartet werden darf" (Schmitt-Denter, 1978, 399).

Bei Piaget findet man ferner bestätigt, daß gerade auch affektive Eindrücke das Kind bis ins Innerste beschäftigen. Kinder unterscheiden noch nicht, ob wahrgenommene Stimmungen (Wut, Heiterkeit, . . .) sie „etwas angehen" oder nicht – sie bilden sie innerlich nach, genauso, wie sie motorische Bewegungen äußerlich nachzuahmen versuchen.

Wenn sich z.B. die Eltern eines Kindes streiten, kann es sein, daß das Kind danach hilflos weinend am Boden sitzt, „obwohl ihm doch gar nichts passiert ist" (Lindenberg, 1981, 49). Bei Piaget ist ein ähnlicher Vorgang in folgender Szene beschrieben:

„Tief betroffen durch den Anblick einer gerupften Ente auf dem Küchentisch, legt sich dasselbe Kind am Abend auf ein Bett, so daß man es für krank hält und mit Fragen bestürmt, auf die es zunächst keine Antwort gibt; dann mit tonloser Stimme: ‚Ich bin die tote Ente!'" (Piaget, 1977, 50).

Das Kind kann Wahrgenommenes noch nicht rein gedanklich verarbeiten, es durchlebt mit seinem gesamten Organismus die Eindrücke noch einmal. Dadurch nimmt es sie natürlich wesentlich tiefer und nachhaltiger auf, als ein Erwachsener, der sie distanziert und intellektuell verarbeiten kann, ohne – im Normalfall – innerlich angesteckt zu werden.

Man darf gespannt sein, wie lange es noch dauern wird, bis die Erkenntnis der enormen Bedeutung der Nachahmung – und damit ist natürlich die bewußte „Vorahmung" impliziert – auch in der allgemeinen Vorschuldebatte den zentralen Stellenwert einnimmt, der ihr – nunmehr auch wissenschaftlich untermauert – zusteht. Und zwar nicht in Form partikularisierter „didaktischer Einheiten", sondern als integrales Prinzip des gesamten pädagogischen Alltags, v.a. aber als ständige Mahnung an die wichtigste Aufgabe des Erziehers: Seine Selbsterziehung. Darauf weisen Waldorfpädagogen immer wieder hin, z.B. mit den gerne zitierten Worten des polnischen Reformpädagogen Janusz Korczak:

„Erkenne dich selbst!
Erziehe dich selbst!
Beobachte alles liebevoll und genau!" (nach Kügelgen, 1973, 6).

Erst wenn diese Forderung eingelöst wird, beginnen die Forschungen von Bandura, Piaget u.a. bezüglich der Nachahmung, die abschließend noch einmal mit den Worten von Oerter zusammengefaßt seien, praktische Früchte zu tragen:

„Die Nachahmung stellt im menschlichen Leben nicht eine periphere Erscheinung dar, die etwa nur in der frühen Kindheit auftritt und das Lernen von bestimmten Bewegungen erleichtert, sondern muß als ein zentraler Faktor der psychischen Entwicklung angesehen werden. Die Nachahmung ist wohl die wichtigste – in manchen Kulturen die einzige – Form sozialen Lernens" (1975, 134).

Rhythmus als Lebensprinzip und Orientierungshilfe für die Kinder

Neben „Nachahmung und Vorbild“ bezeichnete Freya Jaffke „Rhythmus und Wiederholung“ als „bedeutendste Gesichtspunkte der Erziehung im Kindergartenalter (s.o.). Die Waldorfkindergärten gehen mit Steiner davon aus, daß Rhythmus „der Träger unserer Gesundheit“, wie überhaupt des gesamten Lebens ist. Dieser Auffassung liegt wieder die Sicht des Menschen als Mikrokosmos zugrunde: Wie sich die Planetenbahnen in gleichbleibendem Takt, das Wachstum der Pflanzen im Jahresrhythmus, Wachen und Schlafen von Mensch und Tier im Tagesrhythmus abspielen, so wird auch das gesamte Leben der Menschen als rhythmisch gegliedert angenommen. Wie sehr Steiner Rhythmus als auch den Menschen durchziehendes Lebensprinzip annimmt, zeigt etwa folgende Illustration:

„Wenn Sie sich gewöhnt haben, z.B. nur eine Woche hindurch täglich um halb elf Uhr morgens ein Butterbrötchen zu essen, dann werden Sie wahrscheinlich schon in der zweiten Woche um diese Stunde auf das Butterbrötchen hungrig sein. So sehr läuft der menschliche Organismus auf einen Rhythmus ein. Aber nicht nur der äußere Organismus, sondern der ganze Mensch ist auf Rhythmus hin veranlagt“ (Steiner nach Carlgren, 1977, 76)[14] .

Eher passives Aufnehmen und eher aktives Gestalten, Heiterkeit und Ernst, motorische und geistige Bewegung, Essen und Verdauen, Gruppenerlebnis und Selbstbeschäftigung sind die Pole, zwischen denen der Mensch im Tageslauf deshalb idealerweise rhythmisch oszillieren soll. Da davon ausgegangen wird, daß kleine Kinder sich einen solchen Rhythmus noch nicht selbständig geben können, das Kind vielmehr als reines „Sinnesorgan“ auch hier vollständig von der Umwelt abhängig ist,

„ist es von großer Wichtigkeit, daß wir Erwachsenen ihnen bewußt zu einem gesunden Rhythmus verhelfen. Je rhythmischer das Leben des kleinen Kindes verläuft, um so gesünder wird es sich entwickeln. Darum pflegen wir im Kindergarten den Tageslauf, Wochenlauf und Jahreslauf ganz rhythmisch gleichbleibend“ (Kretschmann, 1979, 454).

Für die Kinder ist ein geordneter, sich im Großen und Ganzen täglich unverändert wiederholender Verlauf des Vormittags auch wegen der damit verbundenen Überschaubarkeit und Vorhersehbarkeit eine Erleichterung:

„Das Kind gewinnt die Erfahrung von Konstanz und Kontinuität, von Geborgenheit und Schutz; Zukünftiges wird vorhersehbar,“

wie es z.B. der ansonsten sehr emanzipatorische Kindergartenreformer und geheime Lehrplanalytiker Hebenstreit (1980, 115) positiv ausdrückt.

Entgegen der in vielen Kindergärten heute üblichen Praxis haben die Waldorfkindergärten deshalb z.B. am gemeinsamen Frühstück festgehalten, dessen gemeinsame Zubereitung ohnehin wichtiger Bestandteil der am realen Leben orientierten Didaktik (vgl. Nachahmung) ist. Der zeitliche Ablauf eines Vormittags im Waldorfkindergarten unterscheidet sich somit kaum von dem in einem tradtionellen Kindergarten, so daß die von Elisabeth Blochmann für den Fröbel-Kindergarten gegebene Beschreibung auch hier zutrifft:

„Nach dem eindrucksreichen Hinweg, kommt die Pause des Händewaschens, nach dem Freispiel, in dem innre Lebendigkeit abreagiert und zugleich gesteigert wird, die Sammlung durch das Morgenlied, nach der Pause des Frühstücks, währenddessen von selbst nicht viel geredet wird, die neue Anspannung des Bewegungs- und Turnspiels, des Spaziergangs oder der Gartenarbeit und schließlich die körperliche Ruhe, die zugleich doch geistige Aktivität ist, wie das Kneten, Bauen, Malen und Singen. Darauf folgt dann noch die neue Sammlung im Schlußlied" (Blochmann, 1973, 329f.).

Zu ergänzen wäre an dieser Schilderung des äußeren Tagesablaufs im Fröbel-Kindergarten nur die waldorfspezifische Eurythmiestunde, die ein- bis zweimal wöchentlich hinzukommt. Außerdem entfällt das Händewaschen nach dem Hinweg, da die Kinder in Waldorfkindergärten meist von weit her mit dem Auto gebracht werden (vgl. S. 46f.).

Wie der Tag, so ist auch die Woche von vielen regelmäßigen Wiederholungen gekennzeichnet. Z.B. wird vielleicht immer donnerstags gebacken, und auch für die anderen Tage liegt der Speiseplan (natürlich nur Reform- und Demeterkost) im Idealfall fest. Auch die gemeinsamen Tätigkeiten wie Plastizieren (im Alltagsdeutsch: Kneten), Märchenerzählen, Stuhlkreisspiele, Malen, etc., die normalerweise den Abschluß des Vormittags bilden, kehren regelmäßig an ihrer festen Stelle im Wochenverlauf wieder. Genauso etwa das gründlichere Sortieren, Putzen und Aufräumen des Spielzeugs am Freitag zum Abschluß der Woche.

In der Betonung der Regelmäßigkeit des gemeinsamen Alltags im Kindergarten befindet sich die Waldorfpädagogik – wie bereits angedeutet – durchaus im Einklang mit dem traditionellen Kindergarten. E. Blochmann, die die Pädagogik des Fröbel-Kindergartens beschreibt – sieht neben der Sorge um eine Atmosphäre von Behaglichkeit, Wärme und Heiterkeit die zweite Hauptaufgabe einer Kindergärtnerin –

übereinstimmend mit Jaffke – darin, den die Tagesordnung durchziehenden „Rhythmus des Lebens", den natürlichen Wechsel zwischen „Bewegung und Ruhe, Anspannung und Entspannung, Aufnehmen und Schaffen" aufrechtzuerhalten.

Auch durch neuere umweltpsychologische Studien wird bestätigt, daß die Stabilität, Voraussehbarkeit und Regelmäßigkeit der Umgebung positiv mit der kognitiven Entwicklung von Kindern korreliert. Als Beleg für die Wichtigkeit der Stabilität der häuslichen Umwelt verweist Schultz-Gambard (1978, 32) auf eine Untersuchung, nach der sich

> „die Umwelt von entwicklungsgestörten Vorschülern charakterisieren läßt durch erhöhte Unregelmäßigkeit und mangelnde Vorhersagbarkeit."

Auch wenn hier die Umgebung im Elternhaus Gegenstand der Untersuchung war, muß man doch annehmen, daß ein Kind einer chaotischen, unregelmäßigen und unvorhersagbaren Umwelt in einer großen Kindergruppe noch viel ohnmächtiger gegenübersteht und die Folgen somit eher noch gravierender sein werden.

Der Rhythmus des Tages und der Woche wird überwölbt von dem der Jahreszeiten. Das bewußte Erleben der sich in der Natur abspielenden Veränderungen im Laufe eines Jahres soll den Kindern durch vielerlei Aktivitäten wieder möglich gemacht werden. Damit soll der in unserer vollklimatisierten Großstadtkultur oft verlorengegangene Bezug zu natürlichen Lebens- und Wachstumsrhythmen wiederbelebt werden. Auf dem in jedem Gruppenraum stehenden „Jahreszeitentisch" befinden sich deshalb immer die für die Jahreszeit typischen Pflanzen und Früchte. Eine Hyazinthenzwiebel am Ende des Winters z.B., an der deutlich das langsame, aber stetige Wachstum, das jetzt überall unter der Erde wieder beginnt, nachvollziehbar wird. Das Gleiche gilt für die Feuerbohnen, die jedes Kind um die Fastnachtszeit in einen Topf steckt, um dann täglich von der daheim „schon soo groß" gewachsenen Pflanze zu erzählen. Ein anderes Beispiel in diesem Zusammenhang wäre etwa die Zeit des Erntedankfestes, in der eventuell selber gezogene und geschnittene Ähren gedroschen und gemahlen werden und aus dem selbst gewonnenen Mehl dann Brot gebacken wird. Aber auch in vielen kleinen Alltagsbeschäftigungen drückt sich die Jahreszeit aus: In Liedern und Reigen und z.B. im Basteln. In einer Zeit, in der Sommerskifahren und Erdbeeren zu Weihnachten (aus der Tiefkühltruhe) als Glanzpunkte des Fortschritts allgemeine Verbreitung gefunden haben und damit gerade Kindern eine selbständige Orientierung und ein Verständnis „der Welt vor der

Entfremdung" immer schwieriger wird, ist dieser Versuch einer Rückbesinnung m.E. nur allzu berechtigt.

Ebenfalls in dieses Kapitel gehören die Jahresfest und Geburtstagsfeiern, deren Vorbereitung und Gestaltung im Waldorfkindergarten einen breiten Raum einnehmen. Den Jahresfesten, in deren Gestaltung sich die Waldorfpädagogik an den überlieferten, alten Sitten, Traditionen und Ritualen orientiert, werden je spezifische Stimmungen und damit Erziehungsmotive zugeordnet: Die Michaelszeit (Herbst) z.B. ist die Zeit der inneren Stärke und Selbstdisziplin; Weihnachten die Zeit der inneren Besinnung, der Dankbarkeit und des Schenkens; dem Sommerfest werden Fröhlichkeit und Ausgelassenheit als Grundstimmung zugeordnet usw. (vgl. Picht, 1973, 41ff.). Auf diese Weise sollen im Laufe des Jahres alle seelischen Tugenden geübt und gefördert werden, die – nach anthroposophischer Auffassung – den idealen Menschen kennzeichnen – auch wenn es m.E. nicht immer einfach sein dürfte, die jeweils auf dem Programm stehenden Stimmungen auch tatsächlich zu empfinden und glaubhaft zu vermitteln.

Künstlerisch-musische Erziehung

Oben wurde bereits die große Bedeutung erörtert, die in der Waldorfpädagogik allgemein der „Erziehung durch Kunst" beigemessen wird. Auch im Kindergarten soll Kunst ihre heilsamen und bildenden Wirkungen entfalten. Das fängt schon bei der Gestaltung der Umgebung an (Farben, Formen der Zimmer und Häuser, Wandschmuck, Klänge, Spielzeug), die „künstlerischem Qualitätsempfinden" Rechnung tragen soll. Während in den neueren Vorschulprogrammen „die Ganzheitlichkeit der älteren musischen Erziehung sich auflöste in konkret einzuübende Fähigkeiten und Fertigkeiten, in ‚Einzelfächer' " (Kossolapow, 1980, 436), legt man in Waldorfkindergärten weiterhin Wert darauf, Kunst nicht als ästhetischen Zusatz zum „eigentlichen Leben" zu betrachten, sondern „als Vollzug, als immer wieder anzustrebende Übung zur Grundlage für eine menschengemäße Bewältigung des Lebens selber" (Jaffke, 1973, 57). Neben dem allgemein „künstlerisch durchdrungenen Alltag" wird aber doch auch in speziellen Angeboten künstlerisch gearbeitet: Malen mit Aquarellfarben, Plastizieren mit Bienenwachs oder Ton, Musizieren mit der Kinderharfe und Eurythmie stehen regelmäßig auf dem Programm. Beim Malen oder Plastizieren werden den Kindern dabei keine Themen vorgegeben – etwa: „heute malen wir einen Zoo" – sondern die Kinder sollen völlig frei das, was sie bewegt, was sie erlebt oder gesehen haben, zum Ausdruck bringen.

Leider ist das heute für manche Kinder bereits eine Überforderung, weil sie schon im Kindergartenalter daran gewöhnt sind, beschäftigt zu werden, d.h. Ziele und Themen vorgegeben zu bekommen. Mit Geduld und durch einfühlsame Gespräche von seiten der Erzieher können aber auch solche Kinder langsam wieder Zugang zu ihren inneren Phantasiekräften finden, so daß auch sie wieder selbständig malen oder plastizieren können.

Therapeutische Funktion (s.o.: „Erziehen als Heilen") wird auch den zarten Klängen der Kinderharfe zugesprochen. Sie soll ein Gegengewicht gegen die heute allgegenwärtige Reizüberflutung bilden. Mit ihr wird versucht, „die lärmgeplagten Ohren unserer Kinder für die feineren, zarteren Töne einer ihnen gemäßen Musik, und damit auch für die ihnen so heilsame Stille empfänglich zu machen" (Hünig, 1979, 448). Ebenso wie die meisten der bei vielen Gelegenheiten während des ganzen Tages gesungenen Kinderlieder, ist auch die Kinderharfe in der „kindgemäßen" pentatonischen Tonleiter gestimmt. Sie wird auch z.B. bei der Einstimmung zum Märchenerzählen oder als musikalischer Rahmen für Puppenspiele eingesetzt, wo sie die Kinder auf natürlichere Weise zu aufmerksamer Ruhe bringt, als das etwa durch Erklärungen oder Mahnungen der Fall wäre.

In der wöchentlichen Eurythmiestunde[15] sollen die Kinder zu harmonischen feinmotorischen Bewegungen geführt werden. Damit befindet sich die Waldorfpädagogik auch im Einklang mit Forderungen moderner Vorschulpädagogik: Achim Engels resümiert im „Handbuch der Früh- und Vorschulpädagogik" den Konsens verschiedener Konzepte zur Bewegungserziehung so:

> „Neben ungelenkten (Freispiel-) Möglichkeiten, sollten allerdings auch gezielte Maßnahmen eingerichtet werden, um wirklich jedes Kind zu vielfältiger, intensiver Bewegung anzuregen. Vielfältigkeit und Intensität sind nämlich die entscheidenden Kriterien für eine Bewegungserziehung unter gesundheitlichem Gesichtspunkt" (Engels, 1978, 298).

Die eurythmische „Bewegungskunst" will dabei nicht nur motorische Körperbeherrschung üben. Gemäß dem Postulat der Einheit von Leib und Seele – im ersten Jahrsiebt sind beide sogar noch identisch, ungegliedert – will sie darüberhinaus auf die gesamte Entwicklung, also auch auf die geistige und seelische fördernd einwirken. Natürlich hat auch die Eurythmie im Kindergarten ihre Grundlage in der Nachahmung, da von den Kindern ja noch nichts gefordert werden darf:

„Sonst stößt er (der Erwachsene) die geheime Ichtätigkeit zurück, die sich in der Nachahmung als Kraft des Auswählens und Sich-Entschließens unbewußt, aber seinsmächtig übt“ (Kügelgen, 1975, 31).

Auch im Bereich der künstlerischen Betätigung wird wieder der Metamorphosenbegriff wichtig, etwa wenn Steiner behauptet, daß

„Eurythmie . . . einen solchen Willen erzeugen (kann), der einem dann durch das Leben bleibt, während alle andere Willenskultur die Eigentümlichkeit hat, daß sie im Laufe des Lebens durch verschiedene Vorkommnisse und Erfahrungen wiederum abgeschwächt wird“ (Steiner nach Carlgren, 1977, 57).

Auch im künstlerischen Gestalten, wie etwa im Malen mit Aquarellfarben werden nach anthroposophischer Auffassung die Grundlagen für Fähigkeiten gelegt, die sich später in ganz neuer Weise offenbaren:

„Wenn der Erwachsene im Gespräch z.B. mit Sorgfalt und abwägendem Takt seine Argumente vorbringt, dabei in differenzierendem Ertasten seines Gegenübers sowohl sich beeindrucken läßt als auch Wirksamkeit erzielen will, so verdankt er dieses Vermögen u.a. der frühkindlichen bereitwilligen Hingabe an Farbe und Pinsel, die seine unbewußten Erzieher waren“ (Jaffke, 1973, 57).

Das sind natürlich wieder weitreichende Behauptungen, die einer empirischen Überprüfung kaum zugänglich sind. Wegen dieser fehlenden erfahrungswissenschaftlichen Basis haben dann heute auch viele Pädagogen den Begriff der musischen Bildung, der hier zugrunde liegt, als alten Zopf abgeschnitten und durch bescheidenere Theorien der „kategorialen Bildung“ ersetzt. Die Unmöglichkeit, die These der Wechselwirkung zwischen kognitiv-sozialer Entwicklung und musisch-künstlerischer Übung mittels wissenschaftlicher Datenerhebung abzusichern, ist jedoch m.E. nicht notwendig schon mit ihrer Falsifikation gleichzusetzen. Es gibt durchaus Bereiche, wo auf den ersten Blick weithergeholte Interdependenzen sich mittlerweile empirisch erhärten lassen: Z.B. ist für den Spracherwerb nachgewiesen, daß er von der Bewegungsentwicklung, speziell von der Entwicklung der Feinmotorik der Hände abhängig ist (vgl. Lindenberg 1981, 26). Sprechen und Fingerspiele (durch die das Sprechenlernen deshalb gefördert werden kann) haben aber auch nicht viel mehr gemeinsam als soziale Rücksichtnahme und Wasserfarbenmalen.

Spieltheorie im Waldorfkindergarten und anderswo

Neben Rhythmus, Nachahmung und der musisch-künstlerischen Erziehung kann die Förderung eines intensiven und vielseitigen Spiels als viertes zentrales Prinzip des Waldorfkindergartens gelten. Gerade in diesem Punkt zeigt sich sehr deutlich die Anlehnung des Waldorfkindergartens an Fröbel, dessen „letzte, abschließende Erkenntnis" E. Hoffmann – die bedeutendste Vertreterin Fröbelscher Vorschulpädagogik in den letzten Jahrzehnten – darin sieht, „daß die Bildung, die Erziehung zum Menschen, mit einer rechten Spielpflege beginnen müsse" (Hoffmann, 1975, 168).

Die anthroposophische Spielförderung umfaßt dabei drei Bereiche: Erstens soll dem Spiel ein erlebnisreicher Alltag zugrunde liegen, da Kinder im Spiel ja meist das wiederholen, nachspielen, was sie gesehen und erlebt haben (vgl. „Nachahmung"). Schon bei Fröbel heißt es dazu:

> „Die Spiele dieses Zeitpunktes ... setzen also inneres Leben und Lebendigkeit ..., setzen ein wirkliches äußeres Leben voraus; wo dieses mangelt oder früher mangelte, da mangelt dann auch in dieser Zeit echtes Spiel" (Fröbel nach Scheuerl, 1975, 50).

Zweitens müssen die Kinder geeignetes, vielseitig verwendbares Spielmaterial vorfinden, das ihnen die Ausstattung ihrer Phantasiespiele leicht macht. Die Spielzeugfrage ist der einzige Punkt, in dem Steiner von Fröbel abweicht (vgl. den nächsten Abschnitt über das Spielzeug). Die sehr einfachen Spielsachen aus natürlichem Material haben – so Freya Jaffke:

> „eigentlich eine Art Merkmalfunktion: die Kinder werden an etwas erinnert, das sie phantasievoll ergänzen und im Tun und Spiel tätig gebrauchen; oder sie schaffen auch etwas ganz Neues daraus, etwas Zweckentfremdetes, wie es ihr Einfallsreichtum ihnen eingibt" (Jaffke, 1979, 372).

Man wird diesem Phänomen weiter unten bei Piaget unter dem Terminus „ludischer Symbolismus" wieder begegnen. Drittens muß die Kindergärtnerin (oder der mittlerweile auch vereinzelt anzutreffende „Kindergärtner") eine Atmosphäre schaffen, die es den Kindern ermöglicht, sich ganz in ihr jeweiliges Spiel zu vertiefen, ohne von anderen gestört zu werden oder selbst andere zu stören. Dabei soll der Erzieher möglichst wenig eingreifen und das Kind v.a. seinen eigenen Impulsen überlassen; denn nach Steiner beruht „gerade das Wesentliche und das Erzieherische im Spiel" darauf,

„daß wir haltmachen mit unsern Regeln, mit unsern pädagogischen und erzieherischen Künsten, und das Kind seinen eigenen Kräften überlassen. Denn was tut das Kind dann, wenn wir es seinen Kräften überlassen? Dann probiert das Kind im Spiel an den äußeren Gegenständen, ob dies oder jenes durch die eigene Tätigkeit wirkt; es bringt seinen eigenen Willen zur Betätigung, in Bewegung" (Steiner nach Grunelius, 1955, 35).

Daß Kinder, die in dieser Weise sich selbst überlassen und ganz ins Spiel vertieft sind, alles um sie herum vergessen können, ging später als sog. „Montessori-Phänomen" (Phänomen der „Polarisation der Aufmerksamkeit") in die pädagogische Literatur ein. Die völlige Hingabe des Kindes im Spiel wurde jedoch auch schon von Fröbel bemerkt und von ihm ebenso wie von Steiner als wertvolle Fähigkeit geschätzt:

„Ist nicht die schönste Erscheinung des Kinderlebens dieser Zeit das spielende Kind? – das in seinem Spiel ganz aufgehende Kind? – das in seinem völligen Aufgegangensein im Spiel eingeschlafene Kind?" (Fröbel nach Scheuerl, 1975, 46).

Aufgabe des Erziehers sind deshalb lediglich vorsichtige Hilfestellungen:

„Wirkliche Kindergartenkinder kann eine Kindergärtnerin leicht etwa zwanzig betreuen, da die Kinder nur einen Steigbügel benötigen, um sich aufs Roß ihrer galoppierenden Phantasie zu schwingen" (Lievegoed, 1979, 48).

Mit Heinsohn/Knieper läßt sich diese Aufgabe auch als die „Doppelrolle eines Souffleurs und Komparsen" charakterisieren (nach Schmidtchen, 1978, 237): Als Souffleur gibt er die Hilfestellungen, die das Kind benötigt, um spielen zu können. Als Komparse spielt er die Rollen, die ihm das Kind als Spielregisseur zuteilt. Zwar soll die Kindergärtnerin das Spiel der Kinder immer aufmerksam verfolgen, im Idealfall aber gar nicht eingreifen. E. Hoffmann illustriert das so:

„Eine der schönsten beschreibbaren Spielformen im Kindergarten wäre vielleicht die, bei der ein von außen Dazukommender meinen könnte, die Kindergärtnerin täte ja gar nichts" (Hoffmann, 1975, 176).

Soviel zur Spielförderung, die sich – das zeigt ein Blick in die von Schmidtchen zusammengestellten Empfehlungen im „Handbuch der Früh- und Vorschulpädagogik" – durchaus im Einklang mit der „nicht direktiven oder kindzentrierten Spielpädagogik" befindet. Dem Kinderspiel selbst werden in anthroposophischen Veröffentlichungen vier Funktionen zugeschrieben: Einmal dient es der Verarbeitung der äußeren Eindrücke. Alles, was das Kind erlebt, ob Erlebnisse in der Straßenbahn, im Wartezimmer des Arztes oder Szenen aus dem Familienleben oder die Beobachtung einer Eisenbahn . . . alles wird im Spiel wiederholt und damit erst wirklich angeeignet:

„Das Nachahmen ist für das Kind ebenso wichtig, wie das Atmen. Die Sinneseindrücke werden eingeatmet, das Nachahmen folgt wie das Ausatmen" (Carlgren, 1977, 24).

Schon Fröbel sah im Spiel der Kinder deren spezifische Form der Weltaneignung:

„Darum ist das Spiel wichtig für das Kind, es lehrt dasselbe sich selbst, seine Innenwelt in allseitiger Richtung und Beziehung, in Hinsicht seiner Kräfte, Anlagen, Neigung, wie seiner Hoffnungen, Wünsche usw. kennen; es vermittelt ihm die Annäherung und Kenntnis der ihm als getrennt, als fern und fremd gegenüberstehenden Außenwelt. Das Spiel lehrt das Kind in der Außenwelt die Mittel zur Darstellung seiner Innenwelt kennen und sich aneignen, wie es im Spiele seine Anlagen entwickelt und seine Kräfte steigert" (nach Reble, 1971, 389).

Zweitens taucht bei Britz-Crecelius, die ein Buch über die Bedeutung des Kinderspiels aus anthroposophischer Sicht geschrieben hat, auch schon der in der psychoanalytischen Theorie des Spiels bzw. in der Spieltherapie von Zullinger vertiefte Gedanke auf, daß im Kinderspiel unbewußte Konflikte, Aggressionen und traumatische Erlebnisse zur Darstellung und damit auch zur Verarbeitung kommen können. So heißt es bei Britz-Crecelius:

„Wo eine Schwierigkeit auftritt in der Entwicklung eines Kindes oder auch einer Kindergruppe, ist es in sehr vielen Fällen besser, gerade die Karikatur dieses Fehlers in einer Aufführung recht deutlich darstellen zu lassen, als zu versuchen, durch den Verstand mit Zureden einzuwirken. Über die mit Weisheit zugeteilte Rolle kann man unter Umständen Bereiche des kindlichen Wesens erreichen, die keiner anderen Einwirkung zugänglich sind" (1982, 75).

Das Spiel wird somit als Hilfe des Assimilationsprozesses zur Verarbeitung von stark beeindruckenden Erlebnissen begriffen. Wie Erwachsene von schlimmen, traumatischen Erlebnissen immer wieder reden oder träumen, so erscheinen diese beim Kind in der Wiederholung im Spiel:

„Der Bissen ist zu groß, um auf einmal verdaut zu werden, und die unverdaute Mahlzeit lastet jetzt im Magen. Sie muß wiedergekäut werden, um nunmehr verdaut werden zu können" (Waelder, 1973, 86).

In dieses Bild kleidet ein in der Freudschen Tradition stehender psychoanalytischer Spielpädagoge die der anthroposophischen Vorschulpädagogik und der psychoanalytischen Spieltherapie gemeinsame Auffassung von der therapeutischen Funktion des spielerischen Handelns der Kinder. Die Übereinstimmung erstreckt sich sogar auch darauf, daß z.B. Zullinger – der Begründer der Spieltherapie – praktisch „Waldorfspielzeug" empfiehlt:

„ ... je primitiver ein Spielzeug (ist) ... desto dienlicher ist es ... Das Spielzeug soll der schöpferischen Phantasie der Kinder so wenig wie möglich Grenzen setzen. Es sollte fast nur rohes Material oder Werkstoff und Werkzeug sein, das der kindlichen Gestaltungskraft die weitesten Freiheiten und Möglichkeiten offenläßt" (1973, 115).

Damit ist auch schon die dritte Funktion des Spiels aus anthroposophischer Sicht angesprochen – nämlich die, die schöpferische Phantasie der Kinder zu bewahren und zu fördern. Dabei wird der Phantasieübung auch noch weiterreichende Bedeutung beigemessen:

„Was ist eigentlich schöpferische Phantasie? ... Phantasie gibt die Kraft, über alles, was *ist*, hinauszugehen und sich – durch eigene Tätigkeit – mit dem zu verbinden, was im Begriff ist zu *werden*. Sie weist in die Zukunft" (Carlgren, 1977, 30).

Dieser Definition gemäß werden dann auch viertens „phantasiedurchdrungene Spiele (als) Vorläufer eines der wertvollsten Vermögen, des in seiner Lebensarbeit mit Innigkeit und Vollmenschlichkeit Darinnen-Stehen-Könnens" (so Steiner nach Grunelius, 1955, 38) angesehen. Die „eigentlichen Früchte" des Spiels als Vorübung von Lebensbewältigung zeigen sich also erst im Erwachsenenalter, d.h.

„die Menschentypen nach dem zwanzigsten Jahre sind verschieden in Bezug auf ihr Eintreten in selbständiges Urteilen mit Erfahrung, so wie die Kinder beim Spiel bis zum Zahnwechsel verschieden sind" (ebd, 56).

Wiederum stößt man schon bei Fröbel auf die gleichen Spekulationen:

„Die Spiele dieses Alters sind die Herzblätter des ganzen künftigen Lebens; denn der ganze künftige Mensch entwickelt sich und zeigt sich in denselben in seinen feinsten Anlagen, in seinem inneren Sinn' (Fröbel nach Scheuerl, 1975, 46).

Es versteht sich von selbst, daß im Zusammenhang mit dem Kinderspiel in der Waldorfpädagogik der auch bei allen anderen Spieltheoretikern gern zitierte Schiller-Satz immer wieder auftaucht:

„... der Mensch spielt nur, wo er in voller Bedeutung des Worts Mensch ist, und er ist nur da ganz Mensch, wo er spielt" (vgl. z.B. Hahn, 1930, 43; Heydebrand, 1927, 5).

Um zur Spieltheorie Piagets überzuleiten, in der man im wesentlichen die entscheidende Bedeutung des Spiels für die kindliche Entwicklung, wie sie von Fröbel und Steiner behauptet wird, bestätigt findet, eignet sich vorzüglich ein anderer Klassiker, von dem Steiner immer wieder schwärmt – Jean Paul. In seiner „Levana oder Erzieh-Lehre" prophezeit Jean Paul 1807, was über 130 Jahre später im Werk Piagets realisiert wurde:

„Schriebe nun ein Deutscher ein Werkchen über die Kinderspiele, ... so würde er sie sehr scharf und mit Recht – dünkt mich – nur in zwei Klassen teilen: 1. in Spiele oder Anstrengungen der empfangenden, auffassenden, lernenden Kraft, 2. in Spiele der handelnden, gestaltenden Kraft. Die eine Klasse würde die Thätigkeit von außen hinein begreifen, gleich den Sinnes-Nerven, die andere die von innen heraus, gleich den Beweg-Nerven ..." (nach Scheuerl, 1975, 41).

Jean Paul hat sich in seiner Vorhersage nur insofern getäuscht, als Piaget kein Deutscher war – ansonsten aber nimmt er recht genau Piagets Adaptionsmodell vorweg: Piaget unterscheidet bei der Anpassung des Kindes an die Welt zwei gegenläufige, ineinander verschränkte Prozesse: Die Assimilation der Dinge an die individuellen Schemata, und die Akkomodation dieser Schemata an die Umwelt (vgl. die ausführliche Darstellung im Kapitel über Piaget, S. 117ff.). Piaget sieht nun die Nachahmung durch das Primat der Akkomodation gekennzeichnet. Im Gegensatz dazu stellt

„das Spiel der Phantasie in der Tat nur eine symbolische Transposition dar, die die Dinge der eigenen Aktivität unterordnet, und zwar ohne Regel oder Beschränkungen. Das Spiel ist so fast reine Assimilation, d.h. es ist Denken, das ausgerichtet ist durch das vorherrschende Bedürfnis nach individueller Bedürfnisbefriedigung" (Piaget, 1969, 117).

Im Spiel ist es dem Kind also möglich, sich eine eigene Welt zurechtzulegen, die keinen äußeren Anforderungen an Realitätstreue unterworfen ist und die nur dem Ausdruck des Erlebten und der Gefühle dient. Es ist im Spiel vollständiger Souverän über seine Welt; die Dinge und die Puppen folgen ausschließlich seinen Befehlen und Vorstellungen:

„Kurz, das symbolische Spiel ist keine Bemühung zur Unterordnung des Individuums unter das Reale, sondern im Gegenteil eine verzerrende Assimilation des Realen an das Ich ... Als beinahe perfekte Form des egozentrischen Denkens wird es höchstens noch von Träumerei und Traum übertroffen" (Piaget, 1974, 170).

Piaget sieht in dieser im Spiel gegebenen Möglichkeit der Anpassung der Wirklichkeit an das Ich eine notwendige Kompensation für die sonst vom Kind permanent geforderte Akkomodation an die Wirklichkeit. Im für die Kinder wichtigen Spiel mit Puppen sieht er dann im Gegensatz zu anderen Spieltheoretikern keine Einübung in den Mutterinstinkt, sondern die Möglichkeit der symbolischen Bewältigung des ganzen Lebensinhalts: Die Puppe ist für das Kind ein Anlaß, das selbst Erlebte zu wiederholen, einerseits, um es so besser zu assimilieren, andererseits aber auch, „um die täglichen Konflikte zu überwinden und alle unerfüllt gebliebenen Wünsche zu realisieren“:

„Man kann sicher sein, daß alle Ereignisse, fröhliche oder ärgerliche, die im Leben des Kindes vorkommen, an den Puppen wiederholt werden“ (Piaget, 1969, 142).

Einen deutlichen Ausdruck findet die dem Kinderspiel innewohnende verzerrende Assimilation in der oft zu beobachtenden Umdeutung von Gegenständen: Was für uns ein simples Stück Holz ist, wird für ein Kind in kürzester Zeit zum Träger der verschiedensten Bedeutungen: Einmal ist es ein Schiff, im nächsten Moment die Prinzessin, dann ein Telefonhörer, anschließend schon wieder ein Hund, etc. Piaget nennt derartige Umdeutungen, in denen das Kind die Gegenstände zum Material seiner Phantasie macht, „ludischen Symbolismus“.

Auch mit der von Fröbel übernommenen Spielförderung kann sich der Waldorfkindergarten heute also auf ganz „unanthroposophische“ Wissenschaften stützen. Sowohl die psychoanalytische als auch die kognitive Spieltheorie Piagets sehen übereinstimmend im Spiel eine für das Vorschulkind spezifische Form der Weltaneignung, der Kompensation und des Lernens, die nicht zugunsten von zweckgebundenen Lernspielen vernachlässigt werden darf. Lediglich mit der Behauptung, daß sich die im Spiel geübte Hingabefähigkeit beim späteren Erwachsenen in metamorphorisierter Weise in seiner Tatkraft und in seiner Selbständigkeit im Urteilen zeigen wird, betritt die Waldorfpädagogik wieder den nun schon bekannten Boden der nicht falsifizierbaren Spekulation.

Die praktische Verwirklichung der kompensatorischen und entwicklungsfördernden Funktion des Spiels dürfte aber auch im Waldorfkindergarten nicht immer uneingeschränkt gewährleistet sein. Der spielerische Ausdruck bewußten und unbewußten kindlichen Welterlebens wird spätestens dann nicht mehr in der propagierten heiteren und entspannten Atmosphäre stattfinden, wenn er Bereiche thematisiert, die am Unbewußten des Waldorfpädagogen selbst (etwa Sexualität) rühren, oder wenn z.B. der Ausdruck kindlicher Aggressionen (als

Kompensation erlittener Frustrationen) an die Grenze der pädagogischen Verantwortung für andere Kinder oder für die Einrichtung des Kindergartens stößt.

Waldorfspielzeug

In phantasieanregendem einfachem, aber qualitativ wertvollem Spielmaterial sehen die Waldorfkindergärten einen wesentlich wirkungsvolleren Beitrag zur „kognitiven Früherziehung" als in mathematischem und logischem Lernspielspielzeug. Man findet dementsprechend dort nichts speziell für den Kindergarten Ausgedachtes, sondern „Gerätschaften des häuslichen Lebens", wie Bänke, Eimer, Besen, Kochlöffel, Tücher, Decken, Wäscheklammern, aber auch Puppen und Stofftiere in allen Größen und natürlich eine Puppenküche. Außerdem viele Naturprodukte: Kastanien, Tannenzapfen, Holzabfälle, Wurzeln, Stöcke, Wachs, Stroh, Steine, Muscheln, Pelzreste, etc. Plastikspielzeug wird man nicht vorfinden. Und zwar nicht (nur?) aus einem romantischen Spleen heraus (Anthroposophen haben z.B. gegen Gummistiefel oder Ölzeug, wo Plastik sinnvoll zum Einsatz kommt, überhaupt nichts einzuwenden) – sondern weil Plastikspielzeug den Sinnen des Kindes kaum Nahrung gibt: Es hat keinen Klang, es klingt – wenn überhaupt – nur matt und gleichförmig; und es fühlt sich alles gleich steril an: das Auto, wie der Bauklotz, die Puppe, wie die Sandschaufel. Und da die Sinne (Tastsinn, Gehörsinn, Geruchsinn, etc.), wie auch die Muskeln, sich nur gesund entwickeln können, wenn sie möglichst vielseitig angesprochen und gefordert werden, wird Holzspielzeug bevorzugt.

Nicht nur die Sinnesübung soll durch natürliches, wenig bearbeitetes Spielmaterial gewährleistet werden. Ebenso soll die Phantasie, das kreative Immer-wieder-neu-ausprobieren dadurch gefördert werden, daß die Kinder nicht etwa mit Legosteinen o.ä. spielen, wo eins immer 100-prozentig aufs andere paßt. Stattdessen sind die Baumaterialien schräg abgesägte Hölzer in den verschiedensten Formen, bei deren Verwendung die Kinder vor immer neuen Problemen stehen. Innere Beweglichkeit wird dadurch ganz nebenbei ohne in curriculare Lehrstrategien eingezwängt zu sein, bewahrt und gefördert. Einen besonders augenfälligen Ausdruck findet dieses Prinzip in den sogenannten „Waldorfpuppen", deren Gesichtsgestaltung z.B. nur ganz leicht angedeutet ist, um der Phantasie der Kinder ein möglichst großes Betätigungsfeld zu lassen. Anstatt auf das ewig gleiche, meist blöde Grinsen der Plastikpuppen festgelegt zu sein, kann das Kind im nur angedeuteten Gesicht der Waldorfpuppe jede denkbare Gefühlsregung erblicken:

„Erhält das Kind die sog. schöne Puppe, so hat das Gehirn nichts mehr zu tun. Es verkümmert und verdorrt, statt sich aufzuschließen . . ." (Steiner, 1978, 23).

heißt es bei Steiner, der diesen Gedanken von Jean Paul übernimmt. Schon Jean Paul war der Meinung, daß die Phantasie an reicher Wirklichkeit „verwelkt und verarmt":

„Daher komme kein Spielzeug, schon durch Anschauen vollendet, an, sondern jedes tauge zu einem Arbeitszeuge . . ." (nach Scheuerl, 1975, 42).

Weiter spricht sich Steiner gegen Stäbchenlegen, gegen das Weben mit bunten Papierstreifen aus, was nur „aus den intellektualistischen Überlegungen der Erwachsenen heraus" ersonnen wurde. Denn das Kind wolle wirkliche Tätigkeiten der Erwachsenen nachahmen, nicht künstlich ausgedachte:

„Denn das will es noch nicht befolgen, wovon man ihm sagt: Das sollst du tun. Es will nachahmen, was der Erwachsene tut" (Steiner, 1979b, 375).

Die gesamten Fröbelschen Spielgaben, mit Ausnahme des Balls fallen unter dieses Verdikt[16]:

„Man muß sich, ich möchte sagen, ganz entzückt erklären, über die Gescheitheit dessen, was da im Laufe des 19. Jahrhunderts für die Kindergärten ausgedacht worden ist. Die Kinder lernen ja da schon soviel, lernen fast schon lesen . . . Es sieht alles furchtbar gescheit aus, und man kann so leicht versucht sein, zu glauben, daß das etwas ist, was für die Kinder taugt. Nichtsnutz ist es! Gar nichts taugt es in Wirklichkeit. Die ganze Seele des Kindes wird dadurch verdorben. Bis in den Leib hinein, bis in die Gesundheit hinein wird das Kind verdorben" (Steiner, 1979a, 26).

Die Begründung für diese schwer nachzuvollziehende und kaum nachprüfbare Behauptung hat man wieder in der angenommenen Einheit von Leib, Seele und Geist zu suchen:

„Alle Spielzeuge, welche nur aus toten mathematischen Formen bestehen, wirken verödend und ertötend auf die Bildekräfte des Kindes, dagegen wirkt in der richtigen Art alles, was die Vorstellung des Lebendigen erregt" (Steiner, 1978, 24).

Religiöse Erziehung

„Kein Mensch, auch nicht der einfachste Mensch, kann ohne Weltdeutung, sei sie noch so primitiv und pauschal, geistig leben."

Diese hier von H. Roth (nach Buschbech, 1978, 409) formulierte Auffassung bildet die Grundlage für die religiöse Erziehung im Waldorfkindergarten, die – ebenso wie die ästhetische Erziehung – nicht Fach, sondern integrales Prinzip des gesamten Erziehungsgeschehens ist. Religiöse Erziehung darf dabei nicht verwechselt werden mit kirchlicher Erziehung. Die Waldorfpädagogik geht vielmehr davon aus, daß bei Kindern allgemein die Wahrnehmungsfähigkeit für die religiöse Dimension gefördert werden muß. Andernfalls seien sie ausgeliefert an die platte, vulgär-materialistische Weltdeutung, die das Leben in der kapitalistischen Konsumgesellschaft heute weitgehend bestimmt. Carlgren (1977, 68) fordert zur Verdeutlichung dessen zu einem Gedankenexperiment auf: Jemand sei der Meinung, Kinder sollten selber entscheiden, ob sie sich für Musik interessieren wollen oder nicht. Wenn man aus dieser Überlegung heraus nun alle Musik von ihnen fernhalten würde, bis man ihnen eine bewußte Entscheidung zutraut, dann wäre bei diesen Kindern wahrscheinlich das musikalische Empfindungsvermögen verdorrt und sie könnten wohl nie mehr Musik genießen. Auf die Religion übertragen bedeutet das, daß der Erzieher auch kleinen Kindern gegenüber schon Vorbild sein muß in Bezug auf religiöse Grundeinstellungen. Im ersten Jahrsiebt, in dem Steiner dem Kind eine naturhafte Religiosität zuspricht, nennt er Dankbarkeit als „Kardinaltugend" – Dankbarkeit gegenüber der Natur, ihren Geschöpfen und Erscheinungen:

„Dieses universelle Dankbarkeitsgefühl ist die Grundlage für die wahrhafte Religiosität des Menschen" (Steiner nach Oppolzer, 1959, 139).

Ehrfurcht und immer wieder neues Staunen über die wunderbaren Erscheinungen des Lebens sind weitere geistige Haltungen, die der Erzieher als Vorbild verkörpern soll:

„Bevor wir überhaupt unser Denken in Bewegung setzen, müssen wir durchgemacht haben den Zustand des Staunens ... Das Denken muß urständen im Staunen" (Steiner nach Grunelius, 1971, 21).

Auf der im ersten Jahrsiebt gelegten seelischen Grundlage kann dann im 3. Jahrsiebt die intellektuelle, geistige Religiosität des Erwachsenen aufbauen.

Religiöse Rituale werden etwa beim Beten vor den Mahlzeiten und bei den christlichen Jahresfesten gepflegt. Außerdem dürfte jedem Besucher eines Waldorfkindergartens, das in jedem Gruppenraum hängende Bildnis der Sixtinischen Madonna von Raffael auffallen. Als „Sinnbild des ewig Überirdischen im Menschen" (Steiner) erinnert die Madonna mit dem Kind die Erzieher immer neu an ihre Aufgabe „Erwecker, nicht Ausstopfer" (Steiner nach Oppolzer, 1959, 154) der kindlichen Seele zu sein.

Geschlechtsrollenspezifische Erziehung und Sexualpädagogik

Diese beiden Bereiche – in der pädagogischen Diskussion der 70er Jahre beide Bestseller – finden in der Literatur über Waldorfvorschulpädagogik kaum Erwähnung. Bezüglich geschlechtsspezifischer Erziehungspraktiken dürfte sich darin die Tatsache ausdrücken, daß Koedukation, Stricken für Jungen und Schreinern für Mädchen in der Waldorfpädagogik seit jeher selbstverständlich sind. Ausdrücklich Stellung nimmt H. Britz-Crecelius, die beklagt, daß sich Erwachsene oft genieren, einem Jungen eine Puppe zu schenken: "Grad als ob später nur die Mütter Kinder bekämen, die Väter aber Zottelbären!" Sie wendet sich generell gegen alle Unterschiede in der Erziehung von Jungen und Mädchen. Und fast schon feministisch klingt es, wenn sie schreibt:

„Ein Junge weint nicht! – Was soll denn das? Erziehung zur Härte, zur Tapferkeit? – Ach, Tapferkeit braucht eine Frau mehr als ein Mann, wenn sie in dieser Welt ihren Platz behaupten will. Und Härte? Manches stünde besser, wenn Männerherzen weniger hart wären!" (1982, 131).

Trotzdem kann man auch in Waldorfkindergärten beobachten, daß Jungen eine gewisse Vorliebe z.B. für Schiffskapitän, Autofahren, etc. haben und Mädchen eher in der Puppenecke oder der Puppenküche zu finden sind. Dafür ist jedoch m.E. kaum der Waldorfkindergarten verantwortlich zu machen, sondern die von zu Hause, von draußen mitgebrachten Vorbilder.

Etwas weniger fortschrittlich hört sich die Schilderung einer sexualpädagogischen Maßnahme an:

„Ein ... Fall einer besonderen Bestrafung war nötig, als ein Junge sich auf der Toilette unanständig benahm und entblößt zu den Mädchen lief. Er erhielt von mir spontan eine schallende Ohrfeige ... vor allen Kindern" (Beichler, 1976, 121).

Die massive moralische Entrüstung, die hier beifallheischend zum Ausdruck kommt, würde ich aber eher als Ausdruck des vielen Anthroposophen eigenen Un-Verhältnisses zur Sexualität, denn als gezielte pädagogische Intervention deuten. Diese Szene ist dementsprechend auch der einzige Fall in der gesamten Waldorfliteratur für das Vorschulalter, in dem Sexualität überhaupt vorkommt. Die Freudsche Entdeckung der kindlichen Sexualität wird so von S. Leber, der sich in seinem Buch „Geschlechtlichkeit und Erziehungsauftrag" 1981 endlich an das heiße Eisen heranwagt, auch als falsche Überinterpretation des neugierigen Erkundungsinteresses der Kinder gewertet (118). Gezielte sexualpädagogische Maßnahmen im Vorschulalter lehnt er grundsätzlich ab. Fragen der Kinder sollen individuell, am besten von den Eltern, beantwortet werden. Dabei soll eher auf die überlieferten Mythen – etwa das vom Klapperstorch – zurückgegriffen werden, als daß „seelenlose, materialistische" Funktionszusammenhänge vermittelt werden sollen. Auch wenn man darin wegen des kleinen Kindern tatsächlich eigenen mythischen Weltbildes (vgl. Piaget: „Das Weltbild des Kindes", s.u.) eine gewisse Berechtigung finden kann, so wird doch die völlige Aussparung konkreter Körperlichkeit, die deren hierzulande übliche Tabuisierung fortsetzt, kaum geeignet sein, „Erziehungsmaßnahmen", wie die oben beschriebene, aus den Kindergärten zu verbannen[17].

Wäre das in Waldorfkreisen oft anzutreffende Nicht-Verhältnis (auf deutsch: die Verklemmtheit) nur das Ergebnis der eigenen Sozialisation, in der Sexualität lange tabuisiert wurde, so wäre das zwar bedauerlich, aber nicht besonders verwerflich. Weniger entschuldbar ist freilich der Versuch, aus der Not eine Tugend zu machen und Keuschheit, Triebverzicht, Selbstbeherrschung (gegen Onanie) zum pädagogischen Programm für die Jugend zu machen. Wer allerdings angesichts sexueller Regungen „Grauen und Entsetzen", eine „dionysische Nachtseite" und das „Aufbrechen düsterer Geheimnisse", etc. assoziiert und die individuelle, wie die gesellschaftliche kulturelle Entwicklung als von Freudscher Sublimation abhängig begreift (Leber, 1981a, 112ff.), von dem darf man kaum anderes erwarten. Allein – man wird den Eindruck nicht los, daß der Waldorfpädagogik auf diesem Gebiet noch ein längerer Weg ins Licht einer auch Sinnlichkeit und Lust bejahenden Einstellung bevorsteht. Dieser Weg dürfte freilich weniger über die unentwegt geforderte Selbsterziehung, sondern eher über Selbstakzeptierung führen: Denn nur ein Erzieher, der seine eigene Sexualität nicht in einer verbotenen Unterwelt ansiedelt, wird entspannter auf einen entblößten Knaben reagieren können, als das im oben zitierten Beispiel der Fall war!

Umgang mit Aggression und Strafen

Aggression wird in der Waldorfpädagogik nicht als menschliches Grundbedürfnis angesehen, sondern als Folge fehlender Bewegungsmöglichkeiten, falscher Erziehung oder falscher Vorbilder. Zeigen Kinder aggressive Tendenzen, so wird versucht, ihren „Kraftüberschuß“ in ungefährliche, produktive Bahnen zu lenken. Die Kinder sollen also nicht etwa Fernsehszenen mit Schlägereien und Schießereien nachspielen, um dadurch etwa einem angeborenen Trieb Rechnung zu tragen. Das wirke überhaupt nicht entspannend – im Gegenteil. Vielmehr wird versucht, solche Kinder zum Arbeiten zu gewinnen, bei denen sie ihre Kraft positiv einsetzen können: Holzhacken, Löcher graben, schwere Steine tragen, etc. Aber auch der Lust an der Zerstörung, die zumindest H. Britz-Crecelius (1982, 84ff.) nicht leugnet, soll ab und zu harmlose Befriedigung ermöglicht werden: Sie empfiehlt dazu z.B. die Zerstörung von aus Steinen oder Holzklötzen gebauten Burgen und von Türmen usw.

Sogenannte Problemkinder, die trotz dieser Maßnahmen sich oft aggressiv gegenüber anderen Kindern verhalten und die verschiedenen Gruppenaktivitäten (Feiern, Puppenspiel, etc.) durch unkontrolliertes Schreien und Toben stören, sind in der großen Gruppe des Waldorfkindergartens (ca. 25 Kinder) nicht tragbar. Sie müssen an andere Einrichtungen mit individueller Betreuung übergeben werden. Das ist zwar sehr bedauerlich, wird aber verständlicher, wenn man bedenkt, daß Strafen als Erziehungsmittel abgelehnt werden. Bei Steiner heißt es dazu:

> „Es gibt nur drei wirksame Erziehungsmittel: Furcht, Ehrgeiz und Liebe. Wir verzichten auf die beiden ersten“ (nach Kiersch, 1973, 41).

Auch das Verhalten „schwieriger“ Kinder wird ja als Reflex auf das, was das Kind in seiner Umgebung wahrnimmt und übernimmt, interpretiert. Deshalb ist das Kind nicht verantwortlich zu machen für falsche Verhaltensweisen. Schuld hat die Umgebung, die auch, soweit möglich, geändert werden soll. Das ist natürlich, was die häusliche Umgebung des Kindes anbetrifft, nur sehr begrenzt möglich. Um dennoch nicht strafen zu müssen, empfiehlt Gabert (1964, 63ff.) als Reaktion auf unsoziales Verhalten das Erzählen einer Geschichte oder eines Märchens, in dem die abschreckenden Folgen von solchem Verhalten stellvertretend für das Kind erlebbar werden. Ein anderes Mittel, Kindern bestimmte soziale Verhaltensweisen nahe zu bringen, wird in der Vergabe von besonderen Rollen beim Theaterspielen gesehen.

Übergangsprobleme: Familie – Kindergarten, Kindergarten – Schule

Wer sein Kind in einem Waldorfkindergarten unterbringen will, wird bald feststellen müssen, daß das nicht gerade einfach ist. Abgesehen von den – wegen der großen Zahl von Anmeldungen – langen Wartelisten, wird von den Waldorfkindergärten nämlich großer Wert darauf gelegt, daß die Eltern wissen, auf was sie sich da einlassen. Die Eltern sollen wissen, daß Waldorfpädagogik mehr beinhaltet als Holzspielzeug, Naturwolle und künstlerische Übungen. Einzelgespräche, sowie mehrere obligatorische Elternabende (ganz autoritär mit Anwesenheitsliste), bei denen kaum ein Blatt vor den anthroposophischen Mund genommen wird, sind zu absolvieren. Man kann es sich leisten, einen Teil der Eltern auch abzuschrecken, es sind eh viel zu viele Bewerber da. Von denjenigen Eltern, die nach dieser Vorausscheidung noch nicht abgesprungen sind, werden dann die wenigen – informell – ausgewählt, die aufgenommen werden können. Für sie – bzw. für ihre Kinder – wird dann ein halbes Jahr bevor sie in die richtige Gruppe kommen, eine Spielgruppe eingerichet (einmal wöchentlich), damit die Kinder sich langsam akklimatisieren können.

Damit scheinen im Waldorfkindergarten alle Anregungen für einen weichen Übergang Familie – Kindergarten verwirklicht, die H. Stollenwerck (1978, 345) aus der entsprechenden Fachliteratur zusammentrug:

1. Intensiver Informationsaustausch zwischen Erziehern und Eltern.
2. Nicht nur Elternabende, sondern auch Einzelgespräche.
3. Eltern und Kindern sollte schon eine gewisse Zeit vor dem Eintritt das Kennenlernen der personellen und räumlichen Bedingungen der Einrichtung ermöglicht werden.

Auch der Übergang vom Waldorfkindergarten in die Waldorfschule dürfte für „Waldorfkinder“ relativ problemlos sein. Denn die hauptsächlichen in der Literatur genannten Übergangsprobleme fallen weg. Solche Probleme sind etwa (nach Wittmann, 1978, 352):

1. Widersprüchliche Erziehungsziele und -methoden, was zu widersprüchlichen Verhaltensanforderungen an das Kind führt.
2. Interindividuelle Entwicklungsunterschiede werden zu wenig berücksichtigt bei Beginn der Schulpflicht, da meist kein Informationsaustausch zwischen Kindergarten und Schule besteht.
3. Die didaktischen Vermittlungsformen sind nicht aufeinander abgestimmt. So trifft der Übergang vom spielzentrierten zum mehr sach- und lehrerbezogenen Lernen viele Kinder unvorbereitet.

zu 1. Da sowohl dem Kindergarten als auch der Schule eine einheitliche Konzeption zugrunde liegt, sind solche Widersprüche von vornherein ausgeschlossen.

zu 2. Da die Erzieherinnen und Erzieher des Kindergartens u.a. zum Beispiel an den wöchentlichen Lehrerkonferenzen teilnehmen, bei denen abwechselnd jedes einzelne Kind besprochen wird, ist ein institutionalisierter Informationsfluß über die Vorgeschichte der Schulkinder gewährleistet.

zu 3. Es ergibt sich hier das Paradox, daß die Waldorfpädagogik zwar sehr stark den qualitativen Einschnitt im Alter von sieben Jahren betont, trotzdem aber im Überleiten vom vorschulischen Spiel zu schulischem Lernen sehr behutsam vorgeht: Im noch stark auf Nachahmung aufgebauten Anfangsunterricht wird immer noch viel gespielt und gesungen und die Kinder werden so oft wie möglich in körperliche Bewegung gebracht. Die Empfehlung, zu der der Auswertungsbericht über 50 Modellversuche im Vorschulbereich der Bund-Länder-Kommission für Bildungsplanung kam, daß „der Übergang vom spielenden zum lehrgangsbezogenen Lernen . . . stärker in den Grundschulbereich verlagert werden“ (1976, 76) sollte[18], wird in der Waldorfpädagogik seit langem praktiziert.

Die Einrichtung von Vorschulklassen oder auch von speziellen Vermittlungsgruppen – wie sie etwa E. Hoffmann (1973, 360) vorschlug – wird vom Waldorfkindergarten abgelehnt (vgl. Kügelgen, 1973, 86ff.). Man geht davon aus, daß die älteren Kinder auch in der altersgemischten Gruppe genügend besondere, ihrer größeren Reife angemessene Aufgaben finden – z.B. in der Hilfestellung für die Kleineren. Nur wenige „Extras“ sind den großen, fünf- und sechsjährigen Kindern vorbehalten. So bauen die angehenden Schulkinder einen Webrahmen, und zum Abschied vom Kindergarten führen sie gemeinsam ein Theaterstück auf.

Elternmitarbeit

Ein wesentlicher Bestandteil der Arbeit einer Waldorfkindergärtnerin ist die Elternarbeit. In regelmäßigen Elternbesuchen soll sie die häusliche Umgebung ihrer Kinder kennenlernen, um so auch ein tieferes Verständnis für die Besonderheiten und für die Schwierigkeiten des einzelnen Kindes zu bekommen. Genauso wichtig sind die sehr häufigen Elternabende, die sich in drei Gruppen gliedern lassen:

a) Allgemeine Gruppenelternabende, auf denen meist neben aktuellen Angelegenheiten auch ein thematischer Schwerpunkt gesetzt wird (Märchen, Spielzeug . . .).

b) Bastelabende: Einmal wird hier den Eltern die Möglichkeit geboten, handwerkliche Fähigkeiten zu erlernen (Holzspielzeug selber herstellen, Puppen nähen, Puppentheater aufbauen und spielen). Zum anderen werden Dinge hergestellt, die für die Ausstattung des Kindergartens gebraucht werden oder auf dem Weihnachts- oder Sommerbasar verkauft werden können. Genauso wichtig sind jedoch die sich dabei ergebenden Gelegenheiten zu zwanglosem Gespräch und Erfahrungsaustausch.

c) Vortragsabende: Sie werden entweder von den Kindergärtnerinnen selbst gestaltet oder von anthroposophischen „Fachleuten" und haben sehr weitgestreute Themen. Gemäß Steiners Auffassung, daß seine Geisteswissenschaft „nicht eine leere Abstraktion, sondern eine Summe lebensvoller Tatsachen, welche Leitlinien für die Wirklichkeit abzugeben vermögen" (1978, 24), ist, werden Ernährungsfragen, Bekleidungsratschläge und die Gestaltung der häuslichen Umgebung erörtert. Die aus der Geisteswissenschaft abgeleiteten „Leitlinien für die Wirklichkeit" gehen dabei bis ins Aufspüren der seelischen Rückwirkungen etwa der Farbe der Zimmerwände oder der Gewürzdosierung im Essen. Religion, Gesundheit, (Kinder-)Krankheiten, Moral und Selbsterziehung sowie anthroposophische Entwicklungspsychologie sind weitere Themen.

Diese intensive Elternarbeit trägt der folgenden Einschätzung von Lindenberg Rechnung:

„Insofern ist die Erziehung und pädagogische Aufklärung der Eltern heute der vielleicht produktivste und positivste Eingriff in den Faktor ‚Umwelt des Kindes' oder ‚Klassenlage', die materielle, soziale Lage spielt eine nachgeordnete Rolle" (Lindenberg, 1975, 27).

Wenn sich nach dieser Schilderung der Eindruck aufdrängt, es handle sich bei der Zusammenarbeit von Eltern und Erziehern um eine kommunikative Einbahnstraße, so wird das nur schwer zu widerlegen sein. Kiersch (1973, 39) beklagt zwar die passive Konsumentenhaltung der Eltern, die diese durch ihre Erfahrungen mit Staatsschulen mitbrächten. Aber in im engeren Sinn pädagogischen Fragen haben Eltern auch in Waldorfinstitutionen kein Mitbestimmungsrecht. Dieses beschränkt sich auf die Mitgestaltung von Veranstaltungen und auf die allerdings existentiellen Fragen im Bauausschuß oder Wirtschaftsausschuß (Beitragsfestlegung, Subventionen, Einstellung von Personal). Da Waldorfeinrichtungen Elterninitiativgründungen sind, ist die Elternbeteiligung in diesen Bereichen sogar ein konstitutives Moment. Die pädagogische Konzeption allerdings ist durch Steiners schriftlichen Nachlaß ein für alle Mal festgelegt und entzieht sich der Mitbestimmung. Vielleicht ist das auch gar nicht ganz schlecht: Andernfalls würde es die Waldorfkindergärten als Waldorfkindergärten heute sicher nicht mehr geben. Stattdessen wären sie wahrscheinlich eine zeitlang auf einer der modischen „Wogen der Vorschulpädagogik" mitgeschwommen, um mit ihnen unterzugehen, nachdem die Mode wieder abgeflaut ist.

Insgeheim auf Fröbels Spuren?

So sehr die Waldorfkindergärten den Eindruck erwecken (und erwecken wollen), es handle sich bei ihrem Konzept um eine völlig andere, originelle Methode, so sehr verblüfft dann doch bei näherer Betrachtung die Tatsache, daß eigentlich alle wesentlichen Momente sich schon in der Fröbelschen Konzeption finden, bzw. in der seiner Schülerinnen (v.a. Henriette Schrader) und bei Erika Hoffmann, der in den letzten Jahrzehnten bedeutendsten Verfechterin Fröbelscher Ideen. Verblüffend sind diese teilweise bis in den gleichen Gebrauch der Metaphern gehenden Übereinstimmungen um so mehr, als Steiner sich in seinen ganzen pädagogischen Vorträgen nur dann auf Fröbel bezieht, wenn es ihm darum geht, dessen Spielgaben als Ausfluß der „intellektualistischen Erwachsenenkultur" abzulehnen (vgl. S. 92). Eine positive Würdigung oder auch nur Erwähnung findet Fröbels Kindergarten bei Steiner nirgends.

Folgende Parallelen sind es, die den Eindruck entstehen lassen, Steiner habe seine Ratschläge für die ersten sieben Jahre zu einem großen Teil von Fröbel übernommen, ohne jedoch über die Herkunft dieser Gedanken Rechenschaft zu geben.

1. Beiden gemeinsam ist die entwicklungspsychologische Grundlegung der Kindergartenpädagogik als Schonraumpädagogik, als „Abschirmen der beschleunigenden Einwirkungen der Umwelt" (Hoffmann, 1973, 363). Die menschliche Entwicklung wird als Phasenabfolge verstanden, wobei jede Phase ihr Eigenrecht hat und vollständig und intensiv durchlebt werden muß, um als Basis für die folgende zu dienen.

„Das Kind, der Knabe, der Mensch überhaupt, soll kein anderes Streben haben, als auf jeder Stufe ganz das zu sein, was diese Stufe fordert ... denn nur die genügende Entwicklung des Menschen in und auf jeder vorhergehenden früheren bewirkt, erzeugt eine genügende vollendete Entwickelung jeder folgenden spätern Stufe ..." (Fröbel nach Reble, 1971, 383),

heißt es bei Fröbel, und ebenso fordert die Waldorfpädagogik unermüdlich immer wieder den Schutz vor Verfrühungen:

„Nur die Eltern haben es heute in der Hand, um die kleinen Kinder herum einen Schutzwall zu legen, hinter dem ihre Welt intakt bleiben kann, bis sie in sich gefestigt genug ist, ins Leben hinauszutreten, wodurch menschliche Werte erhalten bleiben können, die heute allgemein bedroht sind" (Grunelius, 1955, 43).

Die so begründete Erfordernis eines „natürlichen, ungezwungenen Retardandums" (Hoffmann nach Hebenstreit, 1980, 11), in dem „die eigentümlichen Fähigkeiten der früheren Stufe *vor* der Schulzeit ... zu pflegen" (Hoffmann, 1960, 267) sind, und nicht schulische Fertigkeiten vorgeübt werden sollen, wird von beiden Konzeptionen immer wieder mit Vergleichen zu pflanzlichem Wachstum unterstrichen:

„Wesentlich ist aber, wie wir uns an dieser Stelle verhalten; ob wir die Entwicklung mit erziehenden Mitteln vorantreiben oder uns behütend, alle Beschleunigung abwehrend, daneben stellen. Wir können die Entwicklung eines keimenden Pflanzenkeims auch beschleunigen; wir tun das aber nicht, wenn wir starke, gesunde Bäume ziehen wollen" (Hoffmann, 1975, 171).

Nur geringfügig anders als die eben zitierte Fröbel-Pädagogin formuliert E. Grunelius (1955, 21), die erste Waldorfkindergärtnerin:

„Wenn wir eine Pflanze ihrer Blüte wegen aufziehen, so pflegen wir zunächst ihre Blätter. Damit tun wir gleichzeitig auch schon das richtige für die Blüten, die dann später nachkommen werden."

Auch der Metamorphosengedanke findet sich bereits bei Fröbel, wenn er z.B. schreibt:

„... aus dem in dem Säugling geweckten Gemeingefühl entwickelt sich in dem Kinde der Trieb, die Neigung; sie führen zur Gemüts- und Herzensbildung, und aus ihr geht in dem Knaben Geistes- und Willenstätigkeit hervor" (nach Reble, 1971, 387).

Selbst die hier von Fröbel den verschiedenen Altersstufen zugeordneten Charakteristika weisen schon auf die bei Steiner mit der „Geburt“ der vier Leiber sukzessive erwachenden Fähigkeiten des Kindes, bzw. Jugendlichen hin – wenn sie auch bei Fröbel etwas anders bezeichnet werden.

2. Steiners Auffassung vom kleinen Kind als „noch ganz Sinnesorgan“, auf die die ganze Waldorfkindergartenpädagogik abgestimmt ist (vgl. Nachahmung), weist ebenfalls auf Fröbel zurück. Fröbel benutzt hier sogar fast das gleiche Bild:

> „Der Mensch auf dieser Stufe nimmt nur die Mannigfaltigkeit von außen auf und in sich ein; er, der Mensch saugt: sein ganzes Wesen ist hier nur aneignendes Auge ...“ (Fröbel, ebd., 382).

Ob die Mutation des Kindes vom „nur aneignenden Auge“ bei Fröbel in das etwas allgemeinere „Sinnesorgan“ bei Steiner zufälliger oder (weil Steiner Fröbel wahrscheinlich gelesen hatte) notwendiger Natur ist, kann hier nicht entschieden werden.

Weiter ist der Gedanke der Vorbildhaftigkeit des Erziehers bei Fröbel schon ausgesprochen, wie ja überhaupt die Idee seines Kindergartens in erster Linie die Erziehung der Erwachsenen zum Ziel hatte:

> „Denn nur der kann für Erfüllung der Lebensforderungen erziehen, welcher dieselben durch sich und sein Leben zu erfüllen strebt“ (Fröbel nach Meiers, 1973, 10).

3. Schon oben wurde darauf hingewiesen, daß der gleichbleibende, rhythmische Tagesablauf gemeinsames Charakteristikum von Fröbel- und Waldorfkindergarten ist (s. S. 80f.).

4. Auch die folgenden Hauptaufgaben, die E. Hoffmann (1973, 348) für die Kindergärtnerin benennt, könnten sich genauso in einer waldorfpädagogischen Abhandlung finden:

> „a) Sie muß ermöglichen, daß die Kinder zu freiem und schaffendem Spiele kommen mit elementarem Material.
> b) Sie muß ihnen spielend Elementarerfahrungen zuwenden, für die sie im freien Umgang nicht mehr ausreichend Gelegenheit finden.“

Auf die erste Aufgabe wurde ebenfalls schon eingegangen (s. S. 85ff.) und dabei gezeigt, wie eng gerade in puncto Spielpflege Waldorfpädagogik und Fröbelscher Kindergarten sich zumindest theoretisch nahestehen. Die zweite Aufgabe, die sich auf die soziologisch-historische Begründung für den Kindergarten bezieht[19], wurde oben im Abschnitt über die Nachahmung schon als tragender Bestandteil der Waldorfpädagogik für das erste Jahrsiebt dargestellt. Auch Rudolf Steiners „Zauberwort" für das erste Jahrsiebt scheint Fröbel schon geläufig gewesen zu sein, wenn er über die Spiele der Kindheit schreibt, sie seien „nur Nachahmung des häuslichen Lebens" und ein „wirkliches äußeres Leben" als Voraussetzung für „echtes Spiel" im Knabenalter bezeichnet (nach Scheuerl, 1975, 47ff.).

5 Die anthroposophischen Jahrsiebte im Lichte der wissenschaftlichen Entwicklungspsychologie unter besonderer Berücksichtigung von Jean Piaget

Die verschiedenen Ausgangspunkte

Die Waldorfpädagogik tritt mit Steiner für eine Pädagogik ein, „die das Kind der Psychologie ist" (nach Oppolzer, 1959, 23). Die von Steiner dabei gemeinte Psychologie unterscheidet sich allerdings stark von der an den Universitäten betriebenen experimentellen Psychologie, die zu Steiners Lebzeiten gerade aufkam. Diese lehnte er scharf ab. Er wollte eine „wirkliche Psychologie, welche herausgeholt ist aus anthroposophischer Welterkenntnis" (ebd. 38). Dennoch weist die so aus „meditativer Bewußtseinserweiterung" hervorgegangene Entwicklungspsychologie grundlegende Übereinstimmungen auf mit Ergebnissen der empirischen entwicklungspsychologischen Forschung. Gerade der heute vielleicht berühmteste Kinderpsychologe, Jean Piaget (1896-1980) kam durch Beobachtungen an seinen eigenen Kindern, durch Beobachtungen im Kindergarten des „Maison des Petits" in Genf und durch unzählige Interviews mit Kindern zu einer ähnlichen Stadienlehre. Ähnlich sowohl hinsichtlich der Stadiengrenzen (Einschnitte beim 7. und beim 12.-14. Lebensjahr) als auch in der inhaltlichen Charakterisierung der einzelnen Phasen.

Trotz dieser im Folgenden aufzuzeigenden Übereinstimmungen muß die unterschiedliche Fragestellung noch einmal betont werden: Piaget betont ausdrücklich, daß es ihm darum geht, mittels nachprüfbarer, wissenschaftlicher Erkenntnis die „Wahrheit" zu ergründen. Philosophische „Reflexion" und „Spekulation" könnten lediglich zu „Weisheit" führen, die für ihn somit einen geringeren Stellenwert hat als wissenschaftliche Wahrheit (vgl. Fatke, 1979, 298). Ganz anders die Anthroposophie: Schon in ihrer Namensgebung wird Weisheit („Sophia") im Gegensatz zur Wissenschaft („-logie") zum Programm erhoben und man ist darauf bedacht, pragmatische Richtlinien für den pädagogischen Alltag zu gewinnen.

Die Zahl 7 als ordnendes Prinzip

Um den Lebenslauf des Menschen übersichtlich zu gliedern, hat man von jeher auf „die Zahl als ordnendes Prinzip" zurückgegriffen. In Antike und Mittelalter gab es 3- und 4-Jahreseinteilungen. Die geläufigste jedoch war die 7-Jahreseinteilung, wie F. Boll („Die Lebensalter", 1913, nach Lehr, 1959, 213) an Hand von Darstellungen in Literatur und Kunst nachwies.

Der große barocke Theologe und Pädagoge Comenius nahm ebenfalls an, daß sich „die ganze Jugendzeit . . . von der Kindheit bis zum Mannesalter, das sind 24 Jahre", ohne Schwierigkeit der Mathematik unterordnen lasse. Er teilte sie in vier Perioden à 6 Jahre ein – Kindheit, Knabenalter, Jünglingszeit, beginnendes Mannesalter – und wies jeder Stufe eine besondere Schule zu (nach Reble, 1971, 130f.). Der Unterschied von einem Jahr beim Übergang vom ersten zum zweiten Stadium, der sich durch die 6er- oder 7er-Systematik ergibt, scheint vernachlässigbar, zumal diese Angaben immer als ungefähre Orientierungsmarken und nicht als absolute Werte gemeint waren. Wichtiger scheint mir die Tatsache, daß sowohl die auf die Griechen zurückgehende 7er Einteilung, als auch Comenius die Kinder während der ersten Periode übereinstimmend in der Obhut der Mutter belassen wollen.

Rudolf Steiner griff nun die alte Jahrsiebteinteilung auf – vielleicht weil sie klassischer (weil griechisch) war als Comenius' Sechsjahresrhythmus, vor allem wohl aber deshalb, weil sich die Zahl 6 neben der magischen Primzahl 7 sehr blaß ausnimmt. Die spezifisch Steinersche Ausfüllung der Jahrsiebteinteilung durch die „Geburten" der verschiedenen „Leiber" wurde bereits im Kapitel über die pädagogische Anthropologie dargestellt. Bedeutsam waren drei Thesen:

1. Mit dem Übergang von einem Jahrsiebt zum anderen „erwachen" im Kind bzw. im Jugendlichen jeweils neue geistige Fähigkeiten. So z.B. das frei verfügbare Gedächtnis und die Möglichkeit zu freier Vorstellungsbildung um das 7. Jahr herum, die freie Urteilskraft und das abstrakte Denken um das 14. Jahr. Diese Daten werden als anthropologische Konstanten betrachtet. Wird versucht diese Fähigkeiten schon früher anzutrainieren, ist eine Schädigung der Kinder der unvermeidliche Preis.

2. Es wird davon ausgegangen, daß sich frühere Erfahrungen und Betätigungen später auf ganz neue Weise in verwandelter Gestalt auswirken (Metamorphosengedanke): Durch intensive Nachahmung in der

Kindheit wird die Freiheit des Erwachsenen vorbereitet; die Hingabefähigkeit ans Aquarellmalen verwandelt sich später in die Fähigkeit zum „herrschaftsfreien Diskurs“ (s.o. S. 84).

3. Körperliche und geistige Entwicklung werden als untrennbare Einheit aufgefaßt: Der Zahnwechsel markiert den ersten und die Pubertät (Stimmbruch bzw. erste Monatsblutung) den zweiten Einschnitt in der Entwicklung.

Kontinuität versus Diskontinuität in der Entwicklung

Die Frage, ob sich die menschliche Entwicklung berechtigterweise in Stadien einteilen läßt, bewegt seit langem die Entwicklungspsychologen. Auf der einen Seite haben Anhänger von Phasenlehren Dutzende von verschiedenen Einteilungen hervorgebracht, so daß es kaum noch ein Lebensalter zwischen 1 und 20 gibt, das nicht von irgend einem Forscher als entscheidender Einschnitt bezeichnet worden wäre. Auf der anderen Seite bestreiten viele, vor allem amerikanische Psychologen, grundsätzlich die Möglichkeit und Notwendigkeit einer Phasenabgrenzung. Offenbar handelt es sich hier um die gleichen grundsätzlichen Unterschiede in der Wissenschaftsauffassung, die auch dem Streit um die Charakterologie zugrunde liegen (vgl. S. 38f.).

Mit Oerter (1975, 53) lassen sich die den Stufenlehren zugrunde liegenden Annahmen wie folgt zusammenfassen:

„a) Ein bestimmter seelischer Entwicklungs- und Reifezustand ist für längere Zeit beim Kind oder Jugendlichen bestimmend. Während dieser Zeit vollzieht sich keine wesentliche Veränderung. Das Erreichte wird lediglich ausgebaut und gefestigt . . .

b) Zwischen zwei Stufen liegt ein deutlich erkennbarer Einschnitt, der als rascher Übergang, als Veränderung sichtbar wird . . .

c) Die Stufen oder Phasen folgen in einer bestimmten Reihenfolge aufeinander. Diese Sequenz kann nicht umgekehrt ablaufen. Jede Stufe basiert auf der Vorausgegangenen und wird erst durch diese ermöglicht . . .

d) Die schubweise Entwicklung beruht auf einer naturgegebenen inneren Gesetzmäßigkeit und ist weitgehend unabhängig von den jeweiligen sozialen Einflüssen, sofern diese nicht hemmend oder störend wirken . . .“

Nach Elfriede Höhn (1959, 28) ist die Auffassung der Entwicklung als einer Abfolge von Phasen der typisch deutsche Beitrag zur Entwicklungspsychologie:

„Sie setzt die über Fröbel, die Romantik und Goethes Metamorphorsenlehre bis zum jungen Herder zurückzuverfolgende Überzeugung vom Eigenwert einer jeden Stufe voraus, also ein völlig anderes Vorstellungsmodell als das eines kontinuierlichen Fortschreitens hin zum Endziel des Erwachsenen".

Als Grund dafür, daß außer in Deutschland nur in der französischsprachigen Psychologie Phasenlehren entstanden sind, vermutet Heckhausen (1974, 85), daß die englischsprachige Forschung offenbar schon zu viele Befunde gesammelt hatte, die zu sehr für einen ununterbrochenen Entwicklungsverlauf sprachen, als daß sich Phasenlehren noch hätten etablieren können. Aber auch ein Vergleich der verschiedenen Stufenlehren ergibt, daß über die Zahl, die Charakterisierung und die Abgrenzung der Stufen keineswegs Übereinstimmung herrscht: Bergius (1959, 112), der 15 verschiedene Autoren, die Stufenkonzepte erarbeitet haben, verglich, kam zu 44 verschiedenen Zeitpunkten, die als bedeutende Einschnitte bewertet werden. Bei vielen Einschnitten stimmen die bekannteren Einteilungen überein, hinsichtlich anderer jedoch weichen sie wieder erheblich voneinander ab:

„Wo einige Autoren eine deutliche Abgrenzung eines Abschnitts beobachtet zu haben glauben, sehen andere nur geringfügige Modifikationen innerhalb einer im ganzen einheitlichen Stufe oder Phase."

Zurecht werden den Phasenlehren deshalb folgende Einwände entgegengehalten (nach Trautner, 1978, 251ff.; Oerter, 1975, 58ff.; Klafki, 1970c, 40ff.);

1. Sie stammen aus dem vorwissenschaftlichen Überzeugungswissen und nicht aus empirischer Induktion.
2. Die Entwicklung wird weit einheitlicher dargestellt, als sie in Wirklichkeit ist. Die Annahme einer „Gesamtentwicklung" läßt sich angesichts der vielen z.T. asynchronen Entwicklungsmomente nur halten, wenn bestimmte Momente herausgegriffen und verabsolutiert werden.
3. Die soziokulturelle Bedingtheit bestimmter Entwicklungsverläufe wird nicht berücksichtigt. Als Beleg wird u.a. auf die sog. „säkulare Akzeleration" verwiesen. Damit ist die Beschleunigung des Entwicklungstempos gemeint, die sich z.B. an der Vorverlegung der ersten Monatsblutung in Westeuropa von 17 auf 13 Jahre von 1830 bis 1960 zeigt (Heckhausen, 1974, 89). Ebenfalls unberücksichtigt bleiben interindividuelle Unterschiede.
4. Die Stufenlehren werden somit als künstliche Produkte der jeweils angewandten Forschungsmethode (z.B. Weglassen widersprechender Tatsachen) betrachtet. Die Annahme der Diskontinuität der Entwicklung wird als Merkmal der Theoriebildung, das empirisch nicht aufweisbar ist, bezeichnet.
5. Der wohl gravierendste Einwand gegen die Stufenlehren aber betrifft ihre pädagogisch-praktischen Konsequenzen. Stellvertretend für viele andere sei Ban-

dura zitiert. Er meint, Stadientheorien könnten „auch als willkommene Entschuldigung für schlechte Programme zur Förderung der intellektuellen Entwicklung herhalten. Bleibt kognitives Lernen aus, läßt sich dieser Mangel leicht auf den Mangel an ‚kognitiver Bereitschaft' zurückführen. Statt geeignete Lernumwelten zu schaffen, neigen die Anhänger der Stadientheorien dazu, zu warten, bis die Kinder zum Lernen bereit sind. Für viele wird es eine lange Wartezeit" (Bandura, 1979, 183).

Diesen Kritikpunkten kann man m.E. die Plausibilität nicht insgesamt absprechen. Die Wandlung z.B. des typischen „Kindergartenkindes" zur Schulreife vollzieht sich nun einmal nicht so spektakulär wie die der Puppe zum Schmetterling. Damit läßt sie sich zeitlich auch nicht so exakt fixieren. Man kann deshalb die Berechtigung z.B. von „Schulreife" zu sprechen, völlig bestreiten und feststellen, „daß die Kinder ‚schulreif' werden, weil man sie für ‚schulreif' hält und mit Lesen und Schreiben beschäftigt" (Heckhausen, 1974, 89). Auf der anderen Seite läßt sich aber dennoch nicht leugnen, daß zwischen dem 3-5jährigen und dem 8-10jährigen Kind ein qualitativer Unterschied besteht: Konzentrationsfähigkeit, Ausdauer, Auffassungsvermögen, Denken und kognitive Schemata sind wesentlich verändert. Deshalb ist es m.E. doch berechtigt, einzelne Entwicklungsabschnitte sozusagen idealtypisch als Ganzheiten aufzufassen und zu beschreiben, auch wenn man über den Zeitpunkt des Übergangs keine eindeutigen, empirisch haltbaren Aussagen machen kann.

An einem analogen Problem läßt sich die Berechtigung einer solchen sinnvollen und doch nicht letztgültig empirisch dingfest zu machenden Klassifikation erläutern: Man unterscheidet zwischen belebter und unbelebter Materie. Diese Unterscheidung hat für weite Bereiche ihre Gültigkeit und ist im alltäglichen wie im wissenschaftlichen Denken nützlich. Es gibt aber Objekte, die sich im Übergang vom einen zum anderen Zustand, im Grenzbereich zwischen beiden Zuständen befinden[20]. Diese lassen sich jeder der beiden Klassen zuordnen und belegen so unzweifelhaft die Kontinuität der Entwicklung von unbelebter zu belebter Materie. Es gelten in beiden Bereichen die gleichen Gesetze und die alte Vorstellung, daß hier ein qualitativer Unterschied besteht, dergestalt, daß ein außerirdisches Wesen erst das Leben einhauchen mußte, ist seit der Evolutionstheorie obsolet. Trotzdem wird es niemand einfallen, grundsätzlich die Berechtigung der ganzheitlichen Zuordnung „belebt" oder „unbelebt" abschaffen zu wollen.

Auf die Gefahr, vor lauter empirischer, spezialisierter Datensammlung das „strukturelle Ganze" nicht mehr zu sehen, wies E. Spranger schon 1924 in seiner „Psychologie des Jugendalters" hin:

„Es nützt wenig, nach und nach immer mehr Einzelheiten über Vorstellungsleben, Denkprozesse, Gefühlsbewegungen und Willensakte des Kindes kennenzulernen, wenn diese Erscheinungen nicht im Hinblick auf das strukturelle Ganze, nicht in ihrer Stellung zum totalen Lebensvollzug des jungen Wesens gesehen worden sind" (nach Höhn, 1959, 30f.).

Außerdem ist in Bezug auf die Kritik an Phaseneinteilungen Zazzo (nach Bergius, 1959, 125) zuzustimmen, der feststellt, daß aus der Tatsache, daß Entwicklungsstufen durch die Werkzeuge der Forschung als bloße Kunstprodukte entstehen können, noch nicht zu schließen ist, daß alle Stufen Artefakte sein müssen.

Der Haupteinwand schließlich, der die pädagogischen Konsequenzen betrifft, scheint etwas am Ziel vorbei zu schießen. Hier werden wieder (wie schon oben bei Lückert, s. S. 59) Stufenlehre und „Zuschauerpädagogik" über einen Leisten geschlagen. Daß Entwicklung als natürliche Phasenabfolge, mit anthropologisch vorgegebenem zeitlichen Verlauf verstanden wird, heißt keineswegs notwendig, daß anstatt zu erziehen, nur noch abgewartet zu werden bräuchte. Im Gegenteil können frühe Phasen sogar als hochsensible Lernphasen beschrieben werden (z.B. bei Piaget und Steiner), in denen einem Kind eine möglichst vielseitige, anregungsreiche Umwelt und vielfältige Beschäftigungsmöglichkeiten angeboten werden müssen. Man kann sehr wohl der Auffassung sein, daß mit Lesenlernen, Rechnen, wissenschaftlichem Denken (und was sonst noch alles schon in die Krabbelstube vorverlegt werden sollte) gewartet werden soll, bis eine gewisse „Reife" der Kinder eingetreten ist, ohne daß man diese „Reife" als bloßes Produkt endogener, genetisch programmierter Entfaltung anzusehen braucht. Bei Steiner und Piaget etwa wird unablässig die Notwendigkeit der Erfahrungen, die Bedeutung der Umwelteinflüsse betont, um in einem Kind die nötige „Reife" heranzubilden. Mit untätigem Abwarten, das Bandura polemisch unterstellt, hat das nichts zu tun. Korrigiert man diese Verfälschungen, dann lassen sich die pädagogischen Konsequenzen von Stufenlehren auch durchaus positiv bewerten, wie es z.B. das Funkkolleg „Pädagogische Psychologie" tut:

„Phasenlehren ... haben durchaus ihre Verdienste. Abgesehen davon, daß sie die Erscheinungsfülle des Entwicklungsverlaufs etwas übersichtlicher machen, befriedigen sie praktische Interessen. Sie haben vor allem dazu beigetragen, dem Lehrer ein besseres Verständnis zu geben für die Kinder verschiedener Altersstufen, ihrer Art zu erleben, zu denken, die Welt aufzufassen. Das alles ist wichtig für die Gestaltung des Unterrichtsangebots und angemessene erzieherische Erwartungen" (Heckhausen, 1974, 85).

Sicher ist es kein Zufall, daß noch das Funkkolleg „Erziehungswissenschaft" von 1970 die negativen Aspekte der Phasenlehren hervorhebt, während sich im 1974 erschienenen Funkkolleg „Pädagogische Psychologie" die hier zitierte positive Bewertung findet: Dazwischen lag die sog. „kognitive Wende" der Entwicklungspsychologie. Nachdem Piaget in den USA schon in den 60er Jahren „entdeckt" worden war, fand er mit dem in der Psychologie üblichen „time lag" dann auch in seiner europäischen Heimat größere Beachtung und Anerkennung. Damit war natürlich eine gewisse Renaissance der Stadientheorien verbunden, die sich dann auch im Funkkolleg niederschlug.

Freuds Phaseneinteilung der Libidoentwicklung – ebenfalls eine klassische Stadientheorie – bleibt hier unberücksichtigt. Was er zur Begründung seines Phasenmodells sagt, läßt sich aber auch auf Steiners und Piagets Modell übertragen. Man muß lediglich das Wort „Psychoanalyse" durch „Pädagogik" ersetzen:

„Es sind dies gewiß nichts anderes als Konstruktionen, aber wenn Sie die Psychoanalyse praktisch betreiben, werden Sie finden, daß es notwendige und nutzbringende Konstruktionen sind" (Freud nach Bergius, 1959, 107).

Von Freud stammt auch das Bild von den Besatzungstruppen, die in einem noch nicht befriedeten Gebiet (gemeint ist eine nicht bewältigte Entwicklungsstufe) zurückgelassen werden müssen, wodurch der Vormarsch zu neuen Zielen aufgehalten wird (nach Ewert, 1978, 74). Dieses von Freud auf die emotionale Entwicklung gemünzte Bild beschreibt sehr eindrucksvoll – wenn auch etwas drastisch – was auch für Piagets Stufen der kognitiven Entwicklung und für Steiners Gesamtentwicklungskonzept gilt: Die einzelnen Etappen müssen intensiv durchlebt werden, damit sie wirklich überwunden werden können und ein stabiles Fundament für die folgenden abgeben.

Zusammenfassend kann man feststellen, daß die Anthroposophen mit ihrer Jahrsiebteinteilung einer ganzheitlichen Betrachtungsweise verpflichtet bleiben, die sie mit Piaget teilen, der ebenfalls davon ausgeht, daß sich die Entwicklung des Denkens in „*Ganzheitsstrukturen*" vollzieht, die aufeinander aufbauen, sich als Gesamtheiten qualitativ von ihren Teilen unterscheiden und diesen ihre Organisation aufzwingen (vgl. Fatke, 1979, 292ff.). Eine Organisation, die in den verschiedenen Entwicklungsabschnitten je spezifisch ausgebildet ist.

Reifen und Lernen

Die anthroposophische Entwicklungspsychologie kann wegen ihrer Behauptung des spontanen „Erwachens" bestimmter Fähigkeiten an den Siebenjahresgrenzen leicht als rein biologische Reifungstheorie mißverstanden werden. Diese Interpretation wird begünstigt durch die häufigen Analogien zu pflanzlichem Wachstum, z.B. wenn Carlgren (1977, 28) Arnold Gesell zitiert:

„Die Psyche kann einer Pflanze verglichen werden, aber nicht einem Lehmklumpen. Denn der Lehmklumpen kann nicht wachsen – er wird ganz und gar von außen geformt. Eine Pflanze erhält dagegen ihre Form von innen her, nämlich von ihren inneren Wachstumskräften."

Dennoch würde man Steiner und der Waldorfpädagogik unrecht tun, wenn man sie als bloße Reifungstheorie auffassen würde. Lindenberg bemerkt deshalb, daß Steiner gerade nicht von einem chronologisch ablaufenden Phasenschema spricht, das sich mit innerer Automatik abspult:

„Er schildert vielmehr typische Dispositionen des Kindes zum Lernen, macht auf Lernformen des Kindes aufmerksam und zeigt dann, welches Verhalten der Erwachsenen diesen Dispositionen und Lernformen am besten entgegenkommt. Es geht also nicht um einen einseitigen Biologismus der Entwicklung, sondern um das *Zusammenspiel* von kindlichen Lernmöglichkeiten und dem Verhalten und Lehren der Erwachsenen" (Lindenberg, 1979, 176f.).

Auch ein anderer Waldorfpädagoge – M. Kranich (1971, 44f.) – betont die entscheidende Wichtigkeit der Umwelteinflüsse:

„Diese Entwicklung ist bekanntlich ganz auf die von außen kommenden Anregungen angewiesen, besonders auf menschliche Begegnung, den sogenannten Sozialkontakt . . . Die kindliche Entwicklung ist eben kein somatischer Reifungsprozeß."

Die sich nach dem inneren 7-Jahresrhythmus vollziehende Heranreifung bestimmter Fähigkeiten, von der Steiner ausgeht, ist also in keinem Fall so zu verstehen, daß der Erzieher die Hände in den Schoß legen und zusehen sollte, wie der „Sprößling" sich entfaltet. Vielmehr betonen die Anthroposophen wie auch Piaget immer wieder die Notwendigkeit, daß Kinder genügend Gelegenheiten zu phantasievollem Spiel, zu Experimenten, Erkundungen und zum Nachahmen sinnvoller Tätigkeiten brauchen. Durch reichhaltige Erfahrungen wird die Entwicklung zwar nicht beschleunigt, aber sie wird erfüllter. Das Fundament, auf dem spätere Entwicklungsstufen aufbauen, wird stabiler.

Das entwicklungspsychologische Basisproblem „Reifen oder Lernen?" wird von der Waldorfpädagogik also mit einem Wechselwirkungsmodell beantwortet, das sich von Piagets „strukturalistischer Interaktionstheorie" nicht unterscheidet. Auch für Piaget gehören Reifen und Üben untrennbar zusammen:

> „Tatsächlich ist der Reifeprozeß des Nervensystems erst mit 15 oder 16 Jahren abgeschlossen, und es scheint also klar, daß er eine notwendige Rolle in der Ausbildung der geistigen Strukturen spielt, obwohl man über diese Rolle kaum etwas weiß ... Das Reifen des Nervensystems beschränkt sich darauf, Möglichkeiten zu eröffnen, die bis zu bestimmten Altersstufen verschlossen sind, die jedoch ebenfalls genützt werden müssen – und dies setzt weitere Bedingungen voraus, von denen die unmittelbarste die mit dem Handeln verknüpfte funktionelle Übung ist" (Piaget, 1974, 37).

Piaget (ebd., 140) empfiehlt daher, für die erzieherische Praxis einen „goldenen Mittelweg" einzuschlagen, der beidem: Faktoren der Reifung, wie auch der Erfahrung und Umweltstimulation Rechnung trägt.

Da die sogenannte „Reifung" allgemein nur durch ein Zusammenspiel endogener und exogener Faktoren zustande kommt, schlägt Trautner (1978, 67) vor, den Begriff der „Reife" durch „Bereitschaft" zu ersetzen. Ein Beispiel wäre der Erwerb der Sprache, der erst möglich wird, wenn die Koordination sensorischer und motorischer Fähigkeiten weit genug „gereift" ist und der dennoch nur durch „Lernen" vollzogen werden kann.

Diese Auffassung scheint sich heute allgemein durchzusetzen. Auch Aebli (1972, 164) ist der Meinung, daß es „ein unglückliches Auseinanderreißen eng verwandter Prozesse ist", wenn man Reifung und Lernen getrennt betrachten will. Ähnlich wie schon oben bei Lindenberg heißt es daher bei ihm, daß Anlage- und Reifungsfaktoren nur die Funktion zukommt, Verhaltensmöglichkeiten zu eröffnen, die durch Lernen und Erfahrung erst verwirklicht werden müssen:

> „Damit ist eine multiplikative Beziehung gemeint, bei der das Ausfallen jedes einzelnen Faktors ein Produkt von Null entstehen läßt" (Aebli, 1972, 182).

Das erste Jahrsiebt: Das Kind ist „ganz Sinnesorgan“

Zu Steiners Lebzeiten war noch kein Waldorfkindergarten eingerichtet. Deshalb findet man bei Steiner nur sehr pauschale Hinweise auf die Besonderheiten gerade des ersten Jahrsiebts. Die Durchsicht der anthroposophischen Veröffentlichungen zum ersten Jahrsiebt ergibt, daß die Waldorfkindergärten an den wenigen grundsätzlichen Aussagen dennoch ihre gesamte Praxis ausrichten. Die zentralen Thesen für die ersten sieben Jahre sind:

1. Das Kind wird als ganz an die Sinneswahrnehmungen hingegeben beschrieben. Es kann sich noch nicht intellektuell von der Wahrnehmung distanzieren:

„Das Kind ist aber mit fünf Jahren in seiner Welterfahrung ganz von den unmittelbaren Eindrücken bestimmt. So ist es auf einem Spaziergang, wo es die Kirche hinter den Häusern sieht, unter dem unmittelbaren Eindruck der Überzeugung: ‚Die Kirche läuft ja auch!‘ Und wenn es stehen bleibt: ‚Jetzt steht sie!‘ “ (Kranich, 1973, 10).

Wie das Kind einerseits sich von den von außen wirkenden Sinneseindrücken noch nicht distanzieren kann, so kann es umgekehrt noch nicht Vorstellungen und Erinnerungen aus seinem Innern willentlich abrufen. Erinnern und Vorstellen sind der Willkür noch entzogen.

2. Leib und Seele werden als noch ungeschieden bezeichnet. Die Sinneseindrücke, die das Kind aus seiner Umgebung aufnimmt, wirken deshalb unmittelbar in den physischen Organismus und prägen dessen Aufbau. Das Kind ist, wie Steiner immer wieder sagt, „ganz Sinnesorgan“. Es ist ganz an seine Sinneswahrnehmungen hingegeben, ihnen aber auch preisgegeben: „alle Sinneswahrnehmungen rufen in ihm gleichzeitig feinste vegetativ-organische Prozesse hervor, Prozesse, welche die weitere Bildung oder Mißbildung der Organsysteme . . . bestimmen“ (Aeppli, 1973, 63).

3. Das Kind soll als „Ganzes“ lernen. D.h., es sollen ihm nicht intellektuelle Erklärungen gegeben werden, sondern eigene Erfahrungen und eigenes Erleben sollen die Grundlagen des Lernens bilden:

„Erst tun, dann begreifen! Lernen durch Tun, durch Spiel und Erleben“ (Kügelgen, 1978, 78).

„Es steht eben in diesem Lebensalter obenan *das Tun* und in einem späteren das mit dem Verstand Begreifen. Alles Sprechen über eine Sache in extra ausgesparten Zeiten, jedes Abstrahieren und Reflektieren einer vorher ausgeführten Tätigkeit bleibt dem Schulalter vorbehalten" (Jaffke, 1977, 398).

4. Das *Wollen* ist die vorherrschende seelische Aktivität des Kindes. Denken und Fühlen sind noch wenig ausgeprägt, weil mit den erst später frei werdenden Leibern (Fühlen mit dem Ätherleib im 7. Jahr, freies Denken mit dem Astralleib im 14. Jahr) verknüpft:

„Der Wille ist beim Kleinkind völlig leibgebunden, er hat sich noch nicht so weit emanzipiert, daß er frei gebraucht werden könnte im Sinne willkürlich vorgestellter Handlungsziele" (Leber, 1973, 82).

„Das Leben vor dem Zahnwechsel ist an den innerlich sich entfaltenden Willen geknüpft, der für dieses Lebensalter noch nicht unter Gedanken steht, sondern unter Nachahmung des dem Kinde körperhaft Entgegentretenden" (Steiner nach Kügelgen, 1973, 53).

Die Dominanz des unbewußten Wollens illustriert E. Grunelius (1955, 11ff.) mit folgendem Beispiel: Wenn man etwa einen Erwachsenen zur Unterstützung einer wohltätigen Aktion gewinnen will, wird man ihn zuerst informieren, dann an sein Mitgefühl appellieren und ihn schließlich zur Mitarbeit auffordern. Die Reihenfolge der Schritte – zuerst Denken, dann Fühlen, dann Wollen (Handeln) – ist die für Erwachsene typische. Diese Reihenfolge ist beim Vorschulkind aber umgekehrt: Schaut es z.B. einem Handwerker bei der Arbeit zu, so wird es unter Umständen im Spiel dessen Tätigkeit bis in feinste Detail getreu wiederholen, ohne jedoch sein Tun mit Worten beschreiben zu können. Die Beobachtung ging also direkt ins Handeln, ins Wollen über. Erst im Nachvollzug der Handlung verbindet sich das Kind gefühlsmäßig mit ihr. Und erst zuletzt wird sich das Kind auch geistig mit ihr beschäftigen, Fragen stellen und schließlich eine Vorstellung oder einen Begriff davon entwickeln. Die für das Kind geltende Reihenfolge ist also: Wollen-Fühlen-Denken.

5. Dieser Vorrangigkeit des Wollens, als Bedürfnis danach, das gleiche wie der Erwachsene zu tun, trägt die Maxime „Erziehen durch Nachahmen" – anstelle von „Erziehung durch Diskussion und Erklärung" – Rechnung. Sie wurde oben bereits als Kerngedanke des Waldorfkindergartens dargestellt.

Mit dem vierten hier genannten Punkt, mit der Betonung der Willensbetätigung und Willensübung steht die Waldorfpädagogik heute allein auf weiter Flur – zumindest im Bereich der Psychologie: „Vom Vermögen des ‚Willens‘ hält die moderne Psychologie nicht viel ...“ heißt es z.B. bei Aebli (1972, 158). Man spricht heute lieber von „Motivation“ und glaubt, damit einen weniger dunklen und unbestimmten Terminus gefunden zu haben. Allenfalls in Piagets These, daß die Nachahmung dem Vorstellungsbild (also dem Denken) voraus geht (vgl. S. 75), ließe sich eine Bestätigung für die Vorrangigkeit des sich im Handeln verwirklichenden, unbewußten Willens finden.

Alle anderen Punkte werden aber durch die Theorie der kognitiven Entwicklung von Piaget bestätigt. Wie Steiner sieht auch er beim

„Alter von sieben Jahren ... eine entscheidende Wende in der geistigen Entwicklung. Bei jedem der komplexen Aspekte des psychischen Lebens, ob es sich nun um Intelligenz oder Gefühl, um soziale Beziehungen oder um rein individuelle Aktivität handelt, beobachtet man das Auftreten neuer Organisationsformen, die die im Verlauf der vorigen Periode angedeuteten Errungenschaften vollenden und ihnen ein stabileres Gleichgewicht verleihen, wobei sie gleichzeitig den Grundstein zu einer ununterbrochenen Reihe neuer Konstruktionen legen“ (Piaget, 1974, 183).

Piaget erforschte in der Hauptsache die *kognitive* Entwicklung von Kindern. Zur seelischen und körperlichen Entwicklung findet man bei ihm nur kurze Bemerkungen, die aber durchaus im Einklang stehen mit der anthroposophischen Lehre: Auch Piaget geht grundsätzlich von einer Einheit von Körper, Seele und Geist aus (Punkt 2); er wehrt sich dagegen, das Geistesleben in zwei getrennte Teile zu scheiden, „wie es der sogenannte Hausverstand zu tun geneigt ist ...: in jenen der Gefühle und in jenen des Denkens. Nichts ist falscher und oberflächlicher“ (Piaget, 1974, 163). Da er einerseits jedes Verhalten von Gefühlen als treibender Kraft geleitet sieht, andererseits aber jedes Verhalten Instrumente oder eine Technik (die durch die Intelligenz bereitgestellt werden) voraussetzt, schließt er:

„Gefühlsleben und Intelligenz sind also untrennbar verbunden“ (1974, 163).

„Es versteht sich von selbst, daß die affektive und soziale Entwicklung des Kindes den gleichen Gesetzen des gleichen allgemeinen Prozesses folgt, da die affektiven, sozialen und kognitiven Aspekte des Verhaltens in Wirklichkeit nicht voneinander getrennt werden können“ (Piaget, 1977, 85).

Wie kaum ein anderer hat Piaget auf die Bedeutung des „learning by doing“ (Punkt 3) aufmerksam gemacht. Heißt es schon bei Rousseau (nach Scheuerl, 1975, 21f.), daß „unsere ersten Lehrer der Philosophie . . . unsere Füße, unsere Hände, unsere Augen“ sind, daß ein Kind „um so urteilsfähiger wird, je mehr es handelt“, so hat Piaget diesen Gedanken in seiner Beschreibung der sensomotorischen Intelligenzentwicklung radikal zu Ende gedacht, und mit akribischer Empirie untermauert. Aber auch in seiner Beschreibung späterer Entwicklungsstadien bleibt Erkenntnisfortschritt immer an Handeln gebunden:

„Einen Gegenstand erkennen heißt, in Bezug auf ihn handeln und ihn transformieren, um die Mechanismen dieser Transformation in Verbindung mit den transformierenden Handlungen selbst zu erfassen“ (Piaget, 1974, 31).

Es ist deshalb nur folgerichtig, wenn er – in Übereinstimmung mit den Waldorfpädagogen – für den Vorschulunterricht empfiehlt, er solle „sich auf eine sensomotorische Erziehung beschränken“ und man möge „das systematische Erlernen von Lesen, Schreiben und Rechnen“ der Volksschule vorbehalten. Und er präzisiert, „daß diese sensomotorischen Aktionen bei Verwendung eines adäquaten Materials und hinlänglicher Betonung des spontanen Handels zum Erfassen von numerischen Begriffen und Formen führen“ (Piaget, 1974, 85). Es wurde schon gezeigt, daß Piaget in der Frage „Reifen oder Lernen“ eine vermittelnde interaktionistische Position vertritt. Es ist deshalb ein großes Mißverständnis, daß viele Vorschulprogramme Piaget so „umgesetzt“ haben, als müsse man die Experimentalreihen des Forschers (die Versuche zur Ermittlung des kognitiven Niveaus der Kinder) als Trainingsprogramme für die Kinder verwenden, damit diese die Piagetschen Stadien beschleunigt durchlaufen. Dabei wird außer Acht gelassen, daß zum optimalen Aufbau kognitiver Strukturen eine hinreichende Zeitspanne und genügend Möglichkeiten zum Festigen und Ausbauen des jeweils Erreichten unerläßlich sind. Piaget selbst

„lächelt nur über das Drängen amerikanischer Erzieher, die sich beständig bemühen, die kognitive Entwicklung zu beschleunigen. Man hat ihn so oft gefragt, ob das möglich sei, daß er dies ‚die amerikanische Frage‘ nennt“ (nach Pulaski, 1978, 36).

Zwar haben kulturvergleichende Studien ergeben, daß die Stadiengrenzen flexibel sind und u.U. – etwa bei Kindern auf Martinique – erst vier Jahre später erreicht werden können (ebd.). Doch konnten die für hochindustrialisierte Kulturen typischen und konstanten Altersgrenzen (gleiche Werte beispielsweise in der Schweiz, Kanada und USA) auch durch aufwendige Trainingsprogramme bisher nicht wirklich vorverlegt werden. Schmalohr (1971, 92) resümiert die Ergebnisse solcher gezielter Denktrainingsprogramme:

„Aus der verschlechterten Leistung bei einer geringfügigen Änderung in der Aufgabenstruktur – Übergang von diskreten zu kontinuierlichen Mengen – folgt als wichtigstes Ergebnis, daß die Kinder nicht eine logische Operation, sondern nur ein aufgabenspezifisches Lösungskonzept gelernt hatten. Die mangelnde Konvergenz logisch verwandter, aber konkret verschiedener kognitiver Leistungen nach Trainingsprogrammen läßt darauf schließen, daß sich eine wirklich generelle Denkstruktur auf diesem Wege nicht erzeugen läßt".

Am eindrucksvollsten bestätigt aber wird die in Punkt 1 dargestellte These der anthroposophischen Vorschulpädagogik, daß Kinder vor dem 7. Lebensjahr den von außen kommenden Wahrnehmungen noch kein bewußtes inneres Vorstellungsbild entgegenzusetzen vermögen. In einem großen Teil seines Werkes beschäftigt sich Piaget damit, die Unterschiede zwischen Denken und Weltbild des Kindes und dem Denken des Erwachsenen heraus zu arbeiten, die sich aus dieser fehlenden inneren Vorstellung ergeben. Es soll deshalb im Folgenden der Versuch gemacht werden, die wichtigsten von Piaget vorgenommenen Charakterisierungen des Kindes im Kindergartenalter zusammenzufassen.

Das präoperationale Stadium bei Piaget

Anpassung: Die Grundlage der Entwicklung

Die grundlegende Kategorie in Piagets Theorie der kognitiven Entwicklung ist der Begriff der Adaption (Anpassung). Der Prozeß der Anpassung des Kindes an die Welt wird dabei nicht als bloßes passives Informationsaufnehmen, sondern als *aktives* Informationsverarbeiten verstanden. Das Kind hat bestimmte Handlungs- – später kognitive – Schemata, an die es seine Umgebung anpaßt. Z.B. hat der Säugling zunächst nur das Saugschema, das er auf seine Umwelt anwendet. Zunächst ist „die Welt für ihn hauptsächliche eine Wirklichkeit zum Saugen" (Piaget, 1974, 158). Erst wenn der Säugling die Erfahrung macht, daß z.B. der Brei, den er mit dem Löffel gefüttert bekommt, sich nicht durch Saugen, sondern nur durch Lecken und Lutschen einverleiben läßt, erweitert er sein Schema des Saugens. Den Vorgang des Anpassens der Welt an die subjektiven Schemata nennt Piaget Assimilation. Der umgekehrte Vorgang – wenn das Kind seine Schemata erweitern muß, um neue Erfahrungen verarbeiten zu können – heißt bei

Piaget Akkomodation. Ein anderes Beispiel wäre das 2jährige Kind, das zunächst spontan jedes vierbeinige Lebewesen (egal, ob Katze, Schaf oder Hund) als „Wau-Wau“ bezeichnet oder jeden Mann als „Papa“. Erst allmählich wird dann das grobe Assimilationsschema, an das das Kind zur Erheiterung der Erwachsenen seine Wahrnehmungen verzerrend anpaßt, durch ein feineres Schema – das neben „Hund“ auch die Begriffe „Katze“ und „Schaf“ kennt – ersetzt. Durch solche Akkomodation wird die Repräsentation der Welt im Denken des Kindes immer vollständiger und realistischer. Die Intelligenz ist bei Piaget die Kraft, die dafür sorgt, daß sich Assimilation und Akkomodation immer wieder die Waage halten. Ein gestörtes Gleichgewicht wird durch die Tendenz der Intelligenz zu *Äquilibration*, d.h. durch ein verbessertes kognitives Schema auf höherer Ebene, wieder hergestellt.

Piagets Stadienkonzept

„So wie die Kaulquappe bereits atmet, jedoch mit anderen Organen als der fertige Frosch, so handelt das Kind wie der Erwachsene, jedoch mit einer Mentalität, deren Struktur je nach Entwicklungsstadium variiert“ (Piaget, 1974, 126).

Piaget hat nun verschiedene kognitive Regelstrukturen, Ganzheitsstrukturen ausgemacht, die während bestimmter Stadien die Assimilationsprozesse (d.h. die inneren kognitiven Schemata) von Kindern vorherrschend kennzeichnen. Am Anfang und Ende jedes dieser Stadien steht ein relatives Ungleichgewicht, eine Unsicherheit der gedanklichen Bewältigung der Realität, während in ihrem Mittelpunkt das diesem Abschnitt entsprechende Gleichgewicht relativ stabil ist. In Umbruchphasen überwiegt daher eher die Akkomodation (d.h. die Veränderung der subjektiven Schemata), in den stabilen Kernphasen eher die Assimilation, d.h. die vorbehaltlose „Einverleibung“ der Objekte in die eigenen Denk- und Handlungsmuster.

Folgende Kriterien nennt Piaget (1977, 113f.) für seine Stadieneinteilung:

„1. Ihre Reihenfolge ist konstant, obwohl sich das durchschnittliche Alter von einem Individuum zum anderen ändern kann ...
2. Jedes Stadium ist durch eine Gesamtstruktur gekennzeichnet, durch die man die wichtigsten einzelnen Reaktionen erklären kann ...
3. Diese Gesamtstrukturen sind integrativ und lösen einander nicht ab: jede geht aus der vorhergehenden hervor, indem sie sie als untergeordnete Struktur integriert ...“

Die Zahl der Stadien, die Piaget unterscheidet, ist bei ihm nicht durchgängig gleich. Zunächst unterscheidet er drei große Stadien:
1. Die Stufe der sensomotorischen Intelligenz (0-2 Jahre).
2. Die Stufe der konkreten Operationen (ca. 2-11 Jahre).
3. Die Stufe der formalen Operationen (ca. 12-14 Jahre).

Die weitere Unterteilung dieser Hauptstadien ist dann nicht mehr einheitlich. In der „Psychologie der Intelligenz" unterteilt er die sensomotorische Periode in 6 Abschnitte; die Stufe der konkreten Operationen unterteilt er in

a symbolisch-vorbegriffliches Denken (2-4 Jahre).
b anschauliches, intuitives Stadium (4-7 Jahre).
c Stufe der eigentlichen konkreten Operationen (7-12 Jahre).

In „Theorien und Methoden der modernen Erziehung" dagegen unterteilt er die *gesamte* Entwicklung in 6 Stadien: Stadium 1-3 fallen in die sensomotorische Periode.

„4. das Stadium der ‚intuitiven' Intelligenz, der spontanen interindividuellen Gefühle und der sozialen Beziehungen einer Unterwerfung unter den Erwachsenen (2-7 Jahre . . .);
5. das Stadium der konkreten intellektuellen Operationen (Beginn des logischen Denkens) und der moralischen und sozialen Empfindungen der Kooperation (7-11 oder 12 Jahre);
6. das Stadium der abstrakten intellektuellen Operationen, der Persönlichkeitsbildung und der gefühlsmäßigen und intellektuellen Eingliederung in die Erwachsenengesellschaft (Adoleszenz)" (1974, 155).

Das in unserem Zusammenhang interessierende Stadium wäre hier also das 4., das der „intuitiven" Intelligenz oder das präoperationale Stadium, wie Piaget es meist bezeichnet. Ich möchte die Charakterisierung dieses Stadiums anhand der von Piaget geprägten Schlüsselbegriffe vornehmen:

Präoperationales Denken

Piaget verwendet den Ausdruck Operationen für verinnerlichte Aktionen des Geistes im Gegensatz zu physischen, körperlichen (äußerlichen) Aktionen. Von operationalem Denken spricht Piaget erst dann, wenn es einem Kind möglich ist, in Gedanken Handlungen vorzunehmen, bzw. Handlungen in Gedanken zurückzuverfolgen. Dazu ist das Kind erst in der Lage, wenn es auf einer „inneren Bühne“ *operieren* kann, die bewußt von der unmittelbaren Wahrnehmung distanziert ist. Um die Fähigkeit zu operatorischem Denken nachzuprüfen, hat Piaget vielfältige Experimente entwickelt. Das einfachste besteht darin, eine Flüssigkeit von einem schmalen, hohen in ein breites, niedriges Glas umzuschütten. Ein Kind im präoperatorischen Stadium wird sagen, daß die Flüssigkeit weniger wurde, weil sie im zweiten Glas niedriger steht (Piaget, 1977, 74f.). In einem weiteren Versuch werden Kindern zwei Reihen mit Knöpfen vorgelegt. In beiden Reihen liegt die gleiche Anzahl Knöpfe, z.B. je 6, nur der Abstand zwischen ihnen ist in der zweiten Reihe größer. Alle Kinder im präoperatorischen Stadium sind überzeugt, daß die längere Reihe auch mehr Knöpfe enthalte – selbst wenn sie schon zählen können („Zählen können“ heißt dann natürlich nur, die Zahlen z.B. bis 10 in der richtigen Reihenfolge auswendig aufsagen können – mit einem „Begriff“ der Zahl hat das noch nichts zu tun). Ein anderes ähnliches Experiment besteht darin, von zwei gleich großen Tonkugeln eine zu einer Wurst zu verformen. Kinder im präoperationalen Stadium sind nicht davon abzubringen, daß die verformte Tonkugel jetzt weniger Ton enthält. Das präoperationale Kind kann also zwar geistige Bilder hervorbringen, wie man an seinen Zeichnungen und am Phantasiespiel sehen kann:

„Doch ist seine Tätigkeit nicht logisch, sondern intuitiv; sie hängt ab von unmittelbarer Wahrnehmung und direkter Erfahrung. Beim Experiment mit den Tonkugeln z.B. ist der Gedankengang des präoperationalen Kindes: Ich sehe, daß sie verschieden sind, also müssen sie verschieden sein. Das logisch operierende Kind dagegen denkt: Anfangs waren sie gleich, also müssen sie es jetzt auch sein, selbst wenn sie verschieden aussehen“ (Pulaski, 1978, 51).

Die geistigen Fähigkeiten, die das operative Denken grundlegend vom präoperativen unterscheiden, sind also erstens: zwei verschiedene Wahrnehmungen in Gedanken zu verknüpfen (z.B. die geringere Höhe des Wasserstandes im zweiten Glas mit dessen gleichzeitig größerer Breite). Das präoperative Denken ist vollständig auf eine Dimension festgelegt. Die zweite neue geistige Fähigkeit geht mit der ersten einher und betrifft die Umkehrbarkeit (*Reversibilität*) der Operationen: Erst durch diese Fähigkeiten kommen Kinder zum Begriff der Substanz-, Gewichts- und Volumenerhaltung. Der Erwerb der Erhaltungskonstanz wiederholt dabei „im Großen, auf der Stufe des Denkens, das . . . was man schon verkürzt auf der sensomotorischen Stufe . . . feststellt“ (Piaget, 1977, 95): Das Kind ist jetzt nämlich

„zum Verständnis der Konstanz von Eigenschaften sich verändernder Objekte gelangt, ebenso wie es in der sensomotorischen Periode zum Verständnis der Konstanz von Objekten bei veränderter Anordnung gekommen war“ (Pulaski, 1978, 34).

Die wichtigste Eigenschaft der geistigen Operationen im Gegensatz zu den intuitiven Denkakten des kleinen Kindes ist also die Reversibilität:

„ Der Fladen wiegt ebensoviel wie der Klumpen, . . . , weil man aus dem Fladen wieder einen Klumpen machen kann“ (Piaget, 1974, 190).

Ein eindrucksvolles Beispiel illustriert die Konsequenz der Umkehrbarkeit bzw. ihres Fehlens:

„Ein vier- oder fünfjähriger . . . hat einen Bruder, Stefan: Fragen wir ihn, ob sein Bruder Stefan seinerseits einen Bruder habe, und wir werden hören, daß der Kleine es verneint! Der häufig vorgebrachte Grund lautet: ‚Wir sind nur zwei in der Familie, und Stefan hat keinen Bruder!‘ “ (ebd., 194f.).

Piaget hat noch sehr viele andere Versuche durchgeführt, die auf verschiedensten Ebenen (z.B. Längenerhaltung, Geschwindigkeitsvergleich, . . .) die Zentrierung der Reaktionen des präoperationalen Kindes auf die wahrnehmungsmäßigen oder bildhaften Darstellungen zeigen. Auch der Transitivitätsschluß ($a < b$, $b < c \Rightarrow a < c$) wird erst im Alter von ca. 6-7 Jahren möglich. Vor Klassifizierungsaufgaben, z.B. Schlüsselblumen als Teilmenge der Gesamtmenge Blumen zu identifizieren, versagen präoperatorische Kinder ebenfalls.

Symbolisch-vorbegriffliches und intuitives Denken

Die gesamte präoperationale Phase (2-6 bzw. 7 Jahre) unterteilt Piaget noch einmal in die des symbolisch-vorbegrifflichen (2-4 Jahre) und in die des anschaulich-intuitiven Denkens (4-6 bzw. 7 Jahre). Die symbolisch-vorbegriffliche Periode ist dadurch gekennzeichnet, daß das Kind die Symbolfunktion erwirbt. Damit ist gemeint, daß es „gleichzeitig die Differenzierung und Koordinierung zwischen dem Zeichen (signifiant) und dem Bezeichneten (signifié) oder der Bedeutung“ (Piaget, 1969, 16) vornehmen kann. Am sichtbarsten wird die Fähigkeit, Zeichen als Repräsentanten für Dinge zu nehmen (Dinge, die mit dem Zeichen selbst keine direkte Beziehung haben), im Erwerb der Sprache. Das Kind, das zunächst private, egozentrische *Hinweis*-Zeichen (Signale) verwendet („tsch, tsch“ für Zug etc.), übernimmt nach und nach die allgemein akzeptierten, kollektiven Symbole. Die Symbolfunktion bildet die Voraussetzung für die weitere Entwicklung des Kindes.

Die für das Kind mit einem Symbol verknüpfte Bedeutung entspricht aber im „vorbegrifflichen" Stadium noch nicht genau den „erwachsenen Begriffen". Das Kind, das z.B. eine Stunde, nachdem es auf einem Spaziergang eine Schnecke gesehen hat, auf eine zweite trifft, sagt: „Da ist die Schnecke wieder". Das vorbegriffliche Denken unterscheidet also noch nicht zwischen der allgemeinen Klasse („die Schnecken") und den individuellen Elementen dieser Klasse. Umgekehrt kann es Eigenschaften einer speziellen Klasse von denen anderer spezieller Klassen nicht unterscheiden: Wie es beim „Auto" den Plural gebildet hat, so spricht es ganz selbstverständlich auch vom „Mond" und den „Monden". Piaget gibt ein hervorragendes Beispiel für die naiven radikalen Analogien des kleinen Kindes:

„Mit 2;10(8) hat J. Fieber und verlangt Orangen, aber die neue Ernte ist noch nicht zu haben, und man versucht, ihr klarzumachen, daß die Orangen noch nicht reif seien: ‚Sie sind noch grün, man kann sie noch nicht essen. Sie haben noch nicht diese schöne gelbe Farbe!' ... J. scheint zunächst zu resignieren, aber einen Augenblick später, während sie Kamillentee trinkt, sagt sie: ‚Die Kamillen sind nicht grün, sie sind schon gelb, gib mir Orangen!' Man sieht, worin hier der Schluß besteht: Wenn die Kamillen schon gelb sind, können die Orangen es auch sein; das ist die Analogie oder symbolische Partizipation" (Piaget, 1969, 293f.).

Diese Art von Analogieschlüssen nennt Piaget *Transduktion*:

„Die ersten Urteile des Kindes werden weder vom Einzelfall zum allgemeinen noch vom allgemeinen zum Einzelfall, sondern vom Einzelfall zum Einzelfall gezogen" (ebd., 297).

Wir werden sehen, daß die Transduktion in Verbindung mit dem kindlichen Egozentrismus die Grundlage für das „Weltbild des Kindes" bildet, das durch Animismus, Realismus, Finalismus und Artifizialismus, sowie eine merkwürdige Vorstellung von Kausalität (Partizipation) gekennzeichnet ist.

Im intuitiv-anschaulichen Stadium (4-6 oder 7 Jahre) bleibt das Denken noch „bildhaft und anschaulich, d.h. das Gleichgewicht zwischen Assimilation und Akkomodation ist noch nicht dauerhaft" (ebd., 339):

„Lucienne mit 4;10: ‚Ich hab nicht geschlafen, also ist nicht Nachmittag.' " (nach Pulaski, 1978, 108).

Sie versucht also schon, das Denken umzukehren, schafft es aber noch nicht richtig, da Nachmittag mehr ein privates Symbol als ein sozialisierter Begriff für sie ist. Piaget spricht deshalb von „semi-reversiblem Denken", das sich im Übergang zwischen Vorbegriffen und den Begriffen befindet. Ein schönes Experiment zeigt die noch starke Abhängigkeit der intuitiven Interpretationen von den unmittelbaren Wahrnehmungen:

„Drei verschiedenfarbige Kugeln A, B, C, rollen in eine Röhre; die Kleinkinder, die sie in der Reihenfolge ABC verschwinden sehen, erwarten, sie am anderen Ende der Röhre in der gleichen Reihenfolge ABC herauskommen zu sehen. Die Intuition stimmt also. Aber was ist, wenn man die Röhre anders herum neigt? Die Kleinsten sehen die Reihenfolge CBA nicht voraus und sind überrascht, wenn sie eintritt. Sobald sie durch eine fundiertere Vorstellung imstande sind, sie vorauszusehen, dreht man die Röhre um 180 Grad – und jetzt geht es darum, zu verstehen, daß die Kugeln zunächst in der Reihenfolge CBA, in der anderen ABC herauskommen werden: Nun sie verstehen es nicht nur nicht, sondern erwarten auf Grund der Feststellung, daß einmal A, dann wieder C als erste herausrollen, als nächste die mittlere Kugel B an der Spitze erscheinen zu sehen" (Piaget, 1974, 177).

Die intuitive „Schlußfolgerung", daß, wenn einmal A, dann C als erste herausrollen, auch B einmal an der Spitze erscheinen müßte, zeigt sehr deutlich den noch prälogischen Charakter dieses Denkens, das sich sozusagen „auf halbem Weg zwischen der tatsächlichen Erfahrung und der ‚geistigen Erfahrung' " befindet (ebd.).

Egozentrismus

Egozentrismus (= Ich-Bezogenheit; im Gegensatz zu Egoismus = Selbstsucht) ist Piagets Schlüsselbegriff zur Kennzeichnung des Kindes vor dem 6. bis 7. Lebensjahr. Das Kind kennt als Bezugssystem zur Verarbeitung von Wahrnehmungen, Empfindungen und Problemen nur seine momentane, persönliche Perspektive. Es ist nicht fähig, sich in eine andere Zeit, in eine andere Person, oder in eine andere Situation hinein zu versetzen. Es ist somit im sozialen, wie im physischen Bereich egozentrisch.

„Beispiele: es kann seine rechte Hand zeigen, wird jedoch diese Beziehung beim Partner, der vor ihm steht, verwechseln, weil es sich weder sozial noch geometrisch auf den anderen Standpunkt stellen kann; wir haben ferner festgestellt, wie es bei den Fragen der Perspektive dem anderen Menschen seine eigene Sicht der Dinge zuschreibt. In Bezug auf die Zeit kommt es ebenfalls vor, daß ein kleines Kind, obwohl es zugibt, daß sein Vater älter ist, als es selbst, ihn für ‚später' geboren hält, da es sich an das, was er vorher machte, ‚nicht erinnern' kann" (Piaget, 1971, 181).

Das Kind ist sich seiner Subjektivität aber nicht bewußt. Ein Ich-Bewußtsein fehlt ihm noch. Es hat die Grenze zwischen innerer und äußerer Welt noch nicht errichtet (Adualismus):

„Später hat Freud von Narzißmus gesprochen, ohne sich aber genügend Rechenschaft zu geben, daß es sich um einen Narzißmus ohne Narziß handelte" (Piaget, 1977, 25).

Ganz kleine Kinder sind sich z.B. oft noch nicht bewußt, daß sie allein einen Schmerz empfinden. Der fehlenden Trennung zwischen Innen- und Außen-Welt entspricht allgemein die Indifferenziertheit zwischen Psychischem und Physischem. Das bedeutet in der Konsequenz, daß die gesamte Natur als belebt (Animismus), als mit moralischen Zwekken durchsetzt (Finalismus) und als von den und für die Menschen geschaffen (Artifizialismus) angesehen wird. Auch die Kausalität trägt die Merkmale der Indifferenziertheit zwischen Psychischem und Physischem: Die dem Kind zugänglichen Naturgesetze werden mit den Moralgesetzen verquickt, ebenso wie Determinismus mit Pflicht: Die Schiffe schwimmen, weil sie es müssen, und der Mond scheint nur deshalb in der Nacht, „weil nicht er zu befehlen hat". Allen diesen Äußerungsformen des kindlichen Denkens ist eine verzerrende Assimilation an die eigene Aktivität eigen:

„Die Bewegungen werden durch einen Zweck bestimmt, weil die eigenen derart orientiert sind; ... die Realität ist beseelt und lebendig; die Naturgesetze sind einem Gehorsam unterworfen – kurz, alles ist dem Modell des Ich nachgebildet" (Piaget, 1974, 174f.).

Sozialer Egozentrismus

Die Zentrierung des Kindes auf seine eigene Perspektive läßt sich in mehreren Bereichen feststellen:
Räumlicher Egozentrismus: Schon oben war davon die Rede, daß Kinder die rechte Hand einer ihnen gegenüberstehenden Person nicht richtig zeigen können. Eine verfeinerte Versuchsanordnung von Piaget dazu sieht so aus, daß man einem Kind eine aus Karton geformte Berglandschaft auf einem Tisch vorlegt und es dann unter mehreren Zeichnungen diejenige auswählen läßt, die seiner Meinung nach der Ansicht

entspricht, die eine auf der anderen Seite (oder an der Längsseite) des Tisches stehende Person hat. Es zeigt sich, daß Kinder vor der operatorischen Phase immer von der Ansicht beherrscht bleiben, die ihnen im Augenblick ihrer Wahl selber entspricht, und zwar auch dann, wenn sie vorher selbst von der einen zur anderen Seite des Tisches gegangen waren (Piaget, 1971, 152f.)

Sprachlicher Egozentrismus: Besonders deutlich wird der sprachliche Egozentrismus des Kindes in den „kollektiven Monologen" kleiner Kinder. Piaget will mit dieser Bezeichnung ausdrücken, daß kleine Kinder oft z.B. beim Spielen reden, ihr Tun kommentieren, Fragen stellen, ohne sich dabei jedoch an eine andere Person zu richten. Verschiedene Kinder können so nebeneinander her monologisieren, ohne aufeinander einzugehen. Weiterhin zeigt sich der sprachliche Egozentrismus in der Schwierigkeit, eine Geschichte einem Zuhörer zu erzählen, so daß dieser wirklich folgen kann. Z.B. sprechen Kinder einfach von einem „er" oder einer „sie", ohne den Zuhörer über die Identität der damit gemeinten Person aufzuklären. Sie haben systematische Schwierigkeiten, sich auf den Standpunkt des Partners zu stellen:

„Erst durch lange Übung gelingt es dem Kind (auf der operativen Stufe), nicht mehr nur für sich selbst, sondern im Blick auf den anderen zu sprechen" (Piaget, 1977, 90).

Sozialer Egozentrismus: Zusammenfassend läßt sich feststellen, daß Kinder auf der präoperativen Stufe große Schwierigkeiten haben, sich in die Rolle eines anderen zu versetzen. Piagets Forschungen zum sozialen Egozentrismus wurden von Flavell (1973) und Selman (1971) aufgegriffen und durch neue Versuchsreihen bestätigt. Flavell kam z.B. aufgrund mehrerer Untersuchungen zu dem Ergebnis, daß „die mittlere Kindheit *die* Entwicklungsepoche der grundlegenden Rollenübernahme – und damit verwandter Fähigkeiten ist" (1973, 217f.). Er fand zwar bei Vorschulkindern schon Ansätze, die *Existenz* verschiedener Perspektiven zu begreifen, aber erst ältere Schulkinder waren in der Lage, diesen unterschiedlichen Perspektiven entsprechend ihr Handeln zu gestalten. Das Bewußtsein der Subjektivität der eigenen Wahrnehmungen bzw. als Konsequenz daraus, der Relativität des eigenen Standpunktes kann somit erst bei Kindern ab dem ca. 7.-8. Lebensjahr vorausgesetzt werden. Bei jüngeren Kindern fehlt noch die dazu notwendige Fähigkeit des Operierens auf der „inneren, geistigen Bühne".

Finalismus

Die finalistische Vorstellung von Kausalität kommt besonders deutlich in der berühmten Frage „Warum?“ zum Ausdruck, die Kinder ab ca. drei Jahren beständig stellen. Beim Erwachsenen kann die Frage „Warum?“ zwei verschiedene Bedeutungen haben. Erstens kann damit nach dem Zweck gefragt sein: „Warum gehen Sie dorthin?“. Zweitens nach dem wirksamen Grund: „Warum fallen Körper zu Boden?“.

„Dagegen sieht es ganz so aus, als hätte das ‚Warum?‘ der Kleinkinder eine undifferenzierte Bedeutung in der Mitte zwischen Zweck und Grund, jedoch beide zugleich einschließend. ‚Warum rollt sie?‘ fragt beispielsweise ein 6jähriger die Person, die sich mit ihm beschäftigt; dabei zeigt er auf eine Kugel, die sich auf einer leicht abschüssigen Terrasse auf diese unten sitzende Person zubewegt. Man antwortet: ‚Weil es hierher abwärts geht‘, was eine bloß kausale Antwort ist; aber das Kind, von dieser Erklärung nicht befriedigt, kommt mit einer zweiten Frage: „Weiß sie, daß du hier herunten bist?“ (Piaget, 1974, 171).

Die Vermischung von Ursache und Zweck, die ihren Grund darin hat, daß das Kind allen Objekten seine eigenen Motive und Intentionen zuschreibt, kommt auch darin zum Ausdruck, daß auch Zufälle bei ihm das Bedürfnis nach einer finalistischen Erklärung wecken:

„Warum gibt es zwei Salève (Berge bei Genf), einen großen und einen kleinen?‘ fragt z.B. ein sechsjähriger Knabe. Auf diese Frage haben fast alle Gleichaltrigen geantwortet: ‚Weil es einen für die großen Spaziergänge und einen für die kleinen braucht.‘“ (Piaget, 1977, 82).

Animismus

Schon Jean Paul war die Neigung des Kindes aufgefallen, alle Dinge als lebendig und absichtsvoll aufzufassen:

„Diesem begegnet nur Leben – keines begreift überhaupt einen Tod oder etwas Totes –; und daher umringt sich das frohe Wesen belebend nur mit Leben und sagt z.B.: ‚Die Lichter haben sich zugedeckt und sind zu Bette gegangen – der Frühling hat sich angezogen – das Wasser kriecht am Glase herab – da wohnt sein Haus – der Wind tanzt! . . .“ (nach Reble, 1971, 297).

Piaget bezeichnet diese Tendenz auch den Dingen ein Bewußtsein zuzuschreiben als Animismus und unterscheidet vier verschiedene Stadien:

Bei den Kindern des ersten Stadiums hat alles, was irgend eine Aktivität aufweist, Bewußtsein, sogar, wenn es unbeweglich ist (z. B. der Stuhl ist ungezogen, an den man gestoßen ist). Die Kinder des zweiten Stadiums behalten das Bewußtsein den bewegten Körpern vor (z.B. die Sonne und ein Fahrrad sind mit Bewußtsein ausgestattet, ein Tisch und ein Stein nicht). Im dritten Stadium haben nur noch die Objekte mit Eigenbewegung Bewußtsein, etwa die Gestirne und der Wind, während Gegenstände, die ihre Bewegung von außen erhalten (Fahrrad), nicht mehr als bewußt gelten. Im vierten Stadium schließlich wird nur noch den Tieren ein Bewußtsein zugesprochen (Piaget, 1980, 147ff.).

Der Animismus zeigt wiederum die starke Tendenz des Kindes, Dinge und Bewegung an die eigene Aktivität zu assimilieren: Weil die eigenen Handlungen und Bewegungen des Kindes voller Absichten und Zwecke sind, müssen es auch die Dinge der übrigen Welt sein. Aber Piaget weist zurecht darauf hin, daß auch Animismus und Finalismus eine „Verwirrung oder Nichttrennung von innerer oder subjektiver Welt und physischem Universum aus(drücken) und nicht einen Primat der inneren, psychischen Realität ..." (Piaget, 1974, 173).

Artifizialismus

Der kindliche Artifizialismus besteht darin

„... jedes Ding als das Produkt einer Kunstfertigkeit, einer zur menschlichen Technik analogen Kunstfertigkeit, zu betrachten..." (Piaget, 1980, 205).

So erklärt sich das Kind die Entstehung der Berge etwa so, daß Menschen Kieselsteine gepflanzt haben, die sie obendrein eventuell erst selbst hergestellt haben. Ein anderes Beispiel: Die Entstehung des Himmelsgewölbes:

„Fran (9 Jahre, retardiert): Der Himmer ist ‚eine Art Wolke'. – ‚Wie hat der Himmel angefangen?' – ‚Sie (= Männer) haben den Himmel gemacht.' – ‚Wie denn?' – ‚Sie haben viele Wolken gefunden, und dann haben die Männer sie genommen und sie stark zusammengedrückt, dann haben sie gesagt: ‚wir werden sehen, ob das hält!'" (ebda., 230).

Auch im Ausmaß des Artifizialismus ergaben sich für Piaget durch seine klinischen Interviews verschiedene Stadien: Den Ursprung der Gestirne z.B. führt ein Kind im ersten Stadium normalerweise auf eine menschliche Fabrikation zurück (bis ca. 7 oder 8 Jahre). Im zweiten Stadium (bis ca. 10 oder 11 Jahre) ist die Herkunft der Gestirne halbnatürlich, halb-künstlich: Sie sind z.B. durch Kondensation von Wolken entstanden, aber die Wolken selbst sind aus Rauch von den Kaminen oder aus durch Menschen fabrizierten Rauch hervorgegangen. Im dritten Stadium erst (ab 10 oder 11 Jahre) werden sie auf einen natürlichen Ursprung (Kondensation der Luft usw.) zurückgeführt oder die Antwort wird als zu schwierig abgelehnt.

Als Ursache für den spontanen Artifizialismus des Kindes sieht Piaget die Tendenz des Kindes, alle Gegenstände als „gemacht für" („das ist zum ...") aufzufassen:

„Der Übergang von ‚gemacht für' zum ‚gemacht vom' läßt sich leicht erklären, wenn man sich vor Augen hält, daß das Kind, dessen Existenz ganz von seinen Eltern organisiert wird, alles, was ‚für' es ‚gemacht' ist, als ‚von' seinem Vater oder seiner Mutter ‚gemacht' betrachtet" (ebd., 282).

Wichtig scheint mir, daß Piaget betont, daß der Artifizialismus (wie auch der Animismus) des Kindes *spontanes* und universelles (d.h. bei allen Kindern zu findendes) Erklärungsschema ist. Er braucht nicht von Erwachsenen oder anderen Kindern übernommen zu werden. Ebenso spontan und unabhängig von äußeren Belehrungen verschwindet er allmählich:

„Die 10 bis 11 Jahre alten Kinder kommen von selbst auf die Idee, daß der Ursprung der Gestirne natürlich sei" (ebd., 219).

Verantwortlich für das Verschwinden von Artifizialismus und Animismus ist nach Piaget 1. der allgemeine Abbau der Egozentrizität, d.h., daß das Kind den Dingen gegenüber eine objektivere Haltung einnehmen kann und sich realistischer an die Welt akkommodieren kann; 2. spielt die Krise des Kindes eine Rolle,

„in der das Kind bemerkt, daß seine Eltern nicht allmächtig sind und nicht die Welt lenken. . . . Diese Krise wirkt sich offensichtlich auch auf den Animismus aus, denn das Kind beginnt einzusehen, daß sich die Dinge viel weniger um uns kümmern, als es zunächst schien" (ebd., 304).

Realismus

Als Realismus bezeichnet Piaget die Tendenz des Kindes geistige Dinge (Träume, Denken, Namen) als materiell und äußerlich (also als real) existierend anzusehen. Er beruht ebenfalls auf der Nichtunterscheidung zwischen Physischem und Psychischem:

„Die Namen werden materiell den Dingen zugeordnet, die Träume sind kleine materielle Bilder, die man im Zimmer betrachtet, das Denken ist eine Art Stimme (‚der Mund, der hinter meinem Kopf ist und zu meinem vorderen Mund spricht‘)“ (Piaget, 1977, 82).

Piaget (1980, 43-140) hat auch hierzu umfangreiches empirisches Material gesammelt und daraus seine obligatorischen Stadien abgeleitet, die zeigen, wie Kinder schrittweise ihren „kindlichen Realismus“ durch eine „realistische Weltsicht“ ersetzen.

Bilanz: Piaget und der Waldorfkindergarten

Die von mir dargestellten Charakterisierungen des Kindes vor dem 7. Lebensjahr, wie Piaget sie aus seiner empirischen Forschungsarbeit entwickelt hat, lassen sich durchaus als Bestätigungen für das von den Anthroposophen vertretene Konzept des qualitativen Neubeginns um das 7. Jahr herum lesen. Wenn sich auch die Terminologie kraß unterscheidet – Piaget entlehnt seine Begrifflichkeit eher der Mathematik, während Steiners Vokabular in der mystischen Tradition wurzelt –, in der Sache selbst findet man große Übereinstimmungen: Beide Konzepte gehen davon aus, daß das Kind erst um das 7. Lebensjahr herum die Fähigkeit erwirbt, sich willentlich ein inneres Vorstellungsbild zu bilden und es gedanklich zu verändern. Operieren auf der „inneren Bühne“, heißt es bei Piaget; vom „Freiwerden der Gedankenbildekräfte“ sprechen die Anthroposophen. Piaget hat diese beim jüngeren Kind noch nicht entwickelte Fähigkeit in zahlreichen Experimenten bestätigt, während die Anthroposophie sich mit der „intuitiven Wesensschau“ begnügt. Piaget beschreibt die „Zentrierung“ des Kindes auf seine unmittelbaren Wahrnehmungen als Ursache für die fehlende innere Distanzierung und für den räumlichen, sprachlichen und sozialen Egozentrismus. Steiner spricht vom Kind als „ganzem Sinnesorgan“, bei dem die „ätherischen Kräfte“, die eine Bewußtmachung von Gedächtnisinhalten ermöglichten, noch an den Aufbau des Leibes gebunden sind. Piaget (ebenso auch Flavell und Selman) beschreiben die Unfähigkeit des Kindes sich aufgrund seines Egozentrismus in die Rolle eines anderen zu versetzen. In Waldorfkindergärten werden als praktische Konsequenz dieser kindlichen Egozentrizität Konflikte zwischen kleineren Kindern (etwa um ein Spielzeug) nicht durch Aufforderungen zu Verhandlung und Rollenspiel beantwortet, sondern den Kindern wird einfach eine andere Möglichkeit zum Spielen, oder ein zweites ähnlich attraktives Spielzeug angeboten.

Piaget prägte für die Eigentümlichkeiten des kindlichen Weltbildes die Begriffe Realismus, Animismus, Finalismus und Artifizialismus und zeigte, daß die Kinder nicht in mehr oder weniger gut übernommenen Kategorien der Erwachsenen denken, sondern *qualitativ andere* Erklärungen und Zusammenhänge sehen, die an das mythische Weltbild unserer Ahnen erinnern. In Waldorfkindergärten wird als Konsequenz dieses Weltbildes das Erzählen von Märchen, die an dieses Weltbild leicht assimiliert werden können, sehr intensiv gepflegt[21]. Und es wird immer wieder betont, den Kindergartenkindern nicht rationale, naturwissenschaftliche Erklärungen zu geben, die – da sie aus einer anderen Welt stammen – dem Kind noch nichts sagen. Stattdessen sollen „bildhafte Gleichnisse" als Erklärungen gesucht werden. Lindenberg berichtet ein schönes Beispiel, in dem der Kindermund selbst dieses, dem kindlichen Egozentrismus entspringende und für Erwachsene doch oft so schwer zu befriedigende Bedürfnis nach einfachen Erklärungen kundtut:

„Michaela fragt ihren Vater, dessen VW mühsam den Berg hinaufschnauft: ‚Warum überholt der Mann uns da? Warum fährt der so schnell?' Während der Vater noch überlegt, wie er PS, Auto als Statussymbol und Geschwindigkeitswahn erklären soll, gibt Michaela schon die Antwort: ‚Ich weiß, der hat Hunger!" (Lindenberg, 1975, 26).

Nur dem Gedanken der Metamorphose von Fähigkeiten des Kindes in ganz neue beim Erwachsenen bleibt – vorerst zumindest – die Bestätigung durch die „seriöse" Entwicklungspsychologie versagt. Diese Idee wird wohl auch solange nicht in die Entwicklungspsychologie zurückkehren, solange man nicht entweder ein weit komplexeres und gleichzeitig differenzierteres Forschungsinstrumentarium sozusagen zur „Pfadanalyse" weitgestreuter Persönlichkeitsmerkmale zur Verfügung hat. Oder solange man nicht die Maxime „Wahr ist, was gemessen werden kann" (Max Planck) aufgibt. Keine der beiden Veränderungen ist aber meines Wissens in Sicht, so daß die Waldorfpädagogik weiterhin auf wissenschaftliche Legitimation eines ihrer zentralen „Alternativ"-Gedanken verzichten muß.

Nun ist Piaget zwar nach übereinstimmender Einschätzung von Autoren entwicklungspsychologischer Lehrbücher der „größte Kinderpsychologe" (Oerter, 1975, 486; Trautner, 1978, 317) – doch damit sind seine Ergebnisse – auch wenn sie sich mit Steiners Metaphysik decken – nicht kanonisiert. Er ist auch schon vehement kritisiert worden: Die Kritik reicht von profaner Methodenkritik (z.B. seien seine Stichproben zu klein) bis dahin, Piaget sei dem Fetischcharakter der

Ware aufgesessen, und habe weder die gesellschaftlich- geschichtliche Bedingtheit der von ihm untersuchten Phänomene, noch die der Selbstverwertung des Kapitals subsummierte Funktionalität des Wissenschaftsbetriebs, dem er angehört, reflektiert (Grubitzsch, 1976, 173ff.). Seine Theorie wird damit auf „bürgerliche Ideologie“ reduziert und vom Tisch gewischt.

Zwischen der profanen und der radikalen, vom konkreten Gehalt abstrahierenden Kritik finden sich bedenkenswerte Kritikpunkte: Sie sind uns schon im Abschnitt „Kontinuität oder Diskontinuität in der Entwicklung“ (s.S. 106ff.) begegnet und betreffen die Frage, ob sich – wie Piaget behauptet – der Übergang vom präoperativen zum konkret – operationalen Denken tatsächlich in einer begrenzten Zeitspanne und mit genereller Gültigkeit für das gesamte Denken vollzieht. Durch verschiedene, Piaget nachempfundene Versuchsreihen mit Kindern konnte nämlich gezeigt werden, daß der Übergang vom einen zum anderen Stadium wesentlich kontinuierlicher verläuft, als das die scharfen Stadiengrenzen Piagets nahelegen. D.h., daß dasselbe Kind, das eine einfache Aufgabe, deren richtige Lösung ein bestimmtes Denkschema zur Voraussetzung hat, schon lösen kann, bei einer anderen, weniger anschaulichen Aufgabe, die zwar dasselbe Denkschema voraussetzt (Zeitbegriff, Zahlbegriff, Perspektivenwechsel, . . .), versagt (vgl. Oerter, 1975, 479).

Das würde bedeuten, daß man ein Kind nicht eindeutig einem kognitiven Niveau zuordnen kann. Solche zeitlichen „Verschiebungen“ hat Piaget aber durchaus nicht geleugnet. Wesentlich erschien ihm nur das *vorherrschende* Lösungsmuster, das Kinder spontan bei der Mehrzahl durchschnittlich schwieriger Aufgaben anwenden.

Man kann Piagets Vorstellung hierzu vielleicht mit einem Vergleich zu Hegels Umschlagen von Quantität in Qualität veranschaulichen: Die „kritische Masse“ in der Atomphysik, bei deren Erreichen eine Atombombe explodiert oder das „Umkippen“ eines Sees wären Beispiele dafür, wie eine Quantität (Uranatome, oder chemische Abfälle im See) solange kontinuierlich anwachsen kann, bis bei einem bestimmten Schwellwert eine neue Qualität erreicht wird (die Bombe explodiert; der See kann sich nicht mehr regenerieren und stirbt).

Insofern Piaget aber keine eindeutigen Kriterien für die Zuordnung eines Kindes zum einen oder anderen Stadium angeben kann, d.h. seine Stadienabgrenzung auf die willkürliche Festlegung „vorherrschender Denkschemata“ angewiesen bleibt, muß man auch ihm Reste von spekulativer „Wesenschau“ attestieren, die es zumindest verständlich erscheinen lassen, daß er zu einer Phasenlehre kam, die der anthroposophisch-spekulativen Jahrsiebteinteilung nahekommt.

6 Zusammenfassung: Die unerwartete Rehabilitierung eines „ver-Steiner-ten Fossils" durch die moderne Entwicklungspsychologie

Zunächst wurde der Frage nach der Originalität der Waldorfpädagogik nachgegangen und die bekannte These, daß man es dabei kaum mit genuin Neuem zu tun habe, erneut in zwei Richtungen bestätigt. Der Vergleich von Steiners Erziehungsgrundsätzen mit wichtigen reformpädagogischen Anliegen ergab grundlegende Übereinstimmungen: Wie die gesamte „reformpädagogische Bewegung" zu Anfang unseres Jahrhunderts, war auch Steiner beseelt von einem starken gesellschaftskritischen Sendungsbewußtsein. Dieses wollte die Bezüge zur äußeren Natur und zu inneren menschlichen Werten wiederbeleben, die während der raschen Industrialisierung und Verstädterung in der Zeit der Gründerjahre verloren gegangen waren. Den Hebel zur Veränderung sahen die progressiven Pädagogen dabei in einer Erneuerung des Erziehungswesens, das 1. von seiner ausschließlichen Fixierung auf Wissenschaftlichkeit und „tote Stoffhuberei" befreit und 2. durch künstlerische, den Menschen in seiner „Ganzheit" berücksichtigende Impulse erneuert werden sollte. Gemeinsame Leitlinie der neuen Methoden in der Pädagogik war 3. die Rousseausche Überzeugung, daß „Kinder Kinder sein sollen", bevor sie erwachsen werden – also die normative Hervorhebung des Eigenwerts und der Eigengesetzlichkeiten der Kindheit, an deren spezifischen Lern- und Lebensformen sich das Erziehungsgeschehen orientieren sollte. In der anthroposophischen Pädagogik, von Steiner in der Blütezeit der Reformpädagogik begründet, finden die genannten reformpädagogischen Gemeinsamkeiten, die sich heute mit den Schlagworten „musische Bildung" und „Pädagogik vom Kinde aus" zusammenfassen lassen, bis heute praktische Anwendung. Trotz der Dementis überzeugter Anthroposophen kann die heutige Waldorfpädagogik daher mit Recht als eines der ganz wenigen Überbleibsel dieser an Reformprojekten sehr reichen Epoche der Pädagogik angesehen werden.

Für den Vorschulbereich ließ sich eine zweite geistige Wurzel der anthroposophischen Pädagogik freilegen: In Fröbels Kindergartenkonzept findet man über weite Strecken die gleichen Beschreibungen des

Kindes vor dem Schulalter: 1. Das Kind als „aufnehmendes Auge" bei Fröbel, als noch „ganz Sinnesorgan" bei Steiner. 2. Welterleben in Gestalten, noch nicht in Begriffen bei Fröbel und Steiner. Beide kommen daher auch zu den gleichen Folgerungen für die Erziehung:

1. In einem „Schonraum" sollen die Kinder vor „Verfrühungen" und schädlichen Einflüssen bewahrt werden. Wichtigste Erziehungsprinzipien sind 2. die Eigentätigkeit des Kindes, 3. das anregungsreiche und moralisch gute Vorbild der Erwachsenen, 4. die Gestaltung eines rhythmisch gleichförmigen Tages-, Wochen- und Jahresablaufs und 5. die Ermöglichung eines freien, phantasievollen Spiels (in dem Fröbel und auch Steiner eine Vorübung für Arbeit und Charakter des späteren Erwachsenen sehen).

Einzig der Schlüsselbegriff des Waldorfkindergartens: „Nachahmung" wird von Steiner ins Zentrum gerückt. Zwar findet man ihn schon bei Fröbel, und auch in der allgemeinen pädagogischen Diskussion um die Jahrhundertwende war die schon Aristoteles bekannte „Macht des Beispiels" noch geläufig. Doch zum „Zauberwort" für die ersten sieben Jahre wurde der Nachahmungsbegriff erst durch Steiner gemacht. Die einzige echte Differenz zu Fröbel scheint Steiners Ablehnung von dessen Spielgaben zu sein. Für den größten Teil des Waldorfkindergartenkonzepts jedoch kann Fröbel als „geheimer" – weil von Steiner verleugneter – Vater gelten.

Die Skizzierung des der Pädagogik zugrunde liegenden anthroposophischen Menschenbildes ergab, daß sich dieses – obwohl es doch aus esoterischen, dem normalen Sterblichen unzugänglichen, geistigen Sphären stammt – doch auf ein überraschend einfaches Schema zurückführen läßt. Steiners dabei sichtbar werdender Systematisierungseifer sowie seine Behauptung der Erfahrbarkeit dieser „höheren Ordnung" mittels meditativer Sinneserweiterung, wurden als Zeichen seiner geistigen Nähe zu den von ihm eigentlich bekämpften Wissenschaftsauffassungen des Positivismus und des Empirismus gewertet.

Trotz der sehr anfechtbaren, spekulativen Basis der Steinerschen pädagogischen Anthropologie erbrachte die Überprüfung der daraus für das erste Jahrsiebt gezogenen Konsequenzen, daß diese sich durchaus im Einklang mit Ergebnissen der empirischen Lern- bzw. Entwicklungspsychologie befinden: In Banduras „sozial-kognitiver Lerntheorie" wurde eine eindrucksvolle Bestätigung für die enorme Bedeutung des Nachahmungs- bzw. Beobachtungslernens gefunden. Auch durch Piagets Beschreibungen der Entwicklung der Nachahmung wurde die entscheidende Relevanz des „Vorahmens" erneut bekräftigt. Einigermaßen verwunderlich und erklärungsbedürftig ist deshalb der

Umstand, daß der Nachahmungsbegriff in aktuellen pädagogischen Diskussionen ein Mauerblümchendasein fristet: Es kann seit Bandura nämlich als erwiesen gelten, daß Kinder auch komplexe Regelsysteme (z.B. Moral, Grammatik) durch Nachahmung von Vorbildern mit hohem Modellstatus erwerben. Das Modellverhalten erwies sich darüberhinaus als wirkungsvolleres Mittel der Verhaltensbeeinflussung als verbale Belehrungen. Das anthroposophische „Zauberwort Nachahmung" kann somit heute auch auf wissenschaftliche Legitimation verweisen.

Schließlich wurde dem anthroposophischen Jahrsiebtschema das Piagetsche Modell der kognitiven Entwicklung gegenübergestellt und beide im Hinblick auf die Charakterisierung der Vorschulzeit verglichen. In Bezug auf die entwicklungspsychologische Grundfrage „Kontinuität oder Diskontinuität?" sind beide Konzepte als Stufenmodelle zu verstehen, bei denen die jeweiligen Stufen als „Ganzheiten", mit je spezifischen Denk- oder allgemeiner: Welterlebensmustern idealtypisch beschrieben werden, ohne daß Unschärfen beim Übergang von einem zum anderen Stadium geleugnet werden. In der zweiten Grundsatzfrage „Reifen oder Lernen?" vertreten Piaget und die Waldorfpädagogik ebenfalls einhellig ein „interaktionistisches Modell", bei dem Reifungsfaktoren die Eröffnung von Lern*möglichkeiten* zugeschrieben wird, die aber erst durch selbsttätige Übung und Erfahrung tatsächlich ausgeschöpft werden müssen. Piaget und Steiner sehen im Alter von ungefähr sieben Jahren den Übergang vom „präoperativen" (Piaget) oder „ganz an die Sinneseindrücke hingegebenen" (Steiner) Stadium in eine neue Entwicklungsperiode, die gekennzeichnet ist durch die Fähigkeit zu „konkret-operativem Denken" (Piaget) bzw. durch das „Freiwerden von Gedächtnis- und Vorstellungskräften" (Steiner) – was in unterschiedlicher Terminologie den gleichen Sachverhalt beschreibt. Das von Piaget beschriebene „Weltbild des Kindes" – eine auf transduktive Schlüsse aufbauende egozentrische Weltdeutung (Animismus, Artifizialismus, Realismus) – läßt die These der „Kindangemessenheit" von Märchen- und Bildersprache, die der Waldorfkindergarten einer früh einsetzenden naturwissenschaftlich- bzw. soziologisch-kausalen Aufklärung entgegensetzt, plausibel erscheinen. Ferner untermauern die von Piaget, Selman und Flavell aufgrund empirischer Untersuchungen angenommenen Stadien der Rollenübernahmefähigkeit (vor dem 7. Lebensjahr ist ein Kind kaum zur Übernahme einer fremden Perspektive fähig) die Skepsis der Waldorfkindergärten gegen soziale Rollenspiele, da diese eine Überforderung für Kindergartenkinder darstellen.

Der Waldorfkindergarten befindet sich mit dieser Theorie der stufenweisen, diskontinuierlichen Entwicklung, die zusätzlich noch die spekulative Annahme einer Verwandlung von früh erworbenen Fähigkeiten in ganz neue auf einer späteren Stufe einschließt (Metamorphosenbegriff), im Gegensatz zur Flut moderner Vorschulkonzepte, die allesamt von einer kontinuierlichen Entwicklung ausgehen. Aufgrund der Setzung eines spezifischen „*Vor*schulstadiums" dominieren im Waldorfkindergarten Spielpflege, Phantasieanregung („Waldorfspielzeug"), musische Gesamterziehung sowie „Rhythmus und Nachahmung".

Insofern der Waldorfkindergarten sich also in wesentlichen Punkten seiner Theorie auf anerkannte Wissenschaftler berufen kann, ist nicht das „notwendige Scheitern" der von ihm vertretenen Schonraumpädagogik festzustellen, das Lückert 1968 (29) herbeizitieren wollte, sondern er kann als durchaus zukunftsträchtiges Modell gelten. Ein Modell, das leider in seiner gesellschaftlichen Relevanz durch die Beschränkung seiner Anziehungskraft auf bildungsinteressierte Schichten des mittleren bis gehobenen Bürgertums begrenzt wird. Mit diesem Problem sind allerdings alle Alternativschul- und Elterninitiativkindergartenprojekte konfrontiert: Auch deren „Kundschaft" kommt in der Hauptsache aus dem (angehenden) Akademikerstand. Eine zweite Grenze der gesellschaftlichen Breitenwirkung der Waldorfpädagogik liegt darin, daß eine Übertragung auf städtische, konfessionelle oder unabhängige Kindergärten die Tatsache berücksichtigen muß, daß persönliches Engagement der Erziehenden sich nicht bildungspolitisch dekretieren läßt: Auch in der Waldorfpädagogik kommt es nämlich weniger auf's Programm als vielmehr auf das Engagement und die soziale Kompetenz der in der Praxis stehenden Menschen an. Als erste Voraussetzung für die Entfaltung persönlicher Initiative wäre aber die von Steiner propagierte und verwirklichte Unabhängigkeit, Selbstverwaltung und Selbstverantwortung der einzelnen Bildungsinstitutionen (vgl. S. 41f.) für alle Erziehungseinrichtungen zu fordern.

Bilden also die gesellschaftlichen Rahmenbedingungen für jedes pädagogische Modell eine nicht kurzfristig zu überwindende Grenze, so findet jede erzieherische Handlung eine zweite natürliche Grenze in der Person und der Ideologie des Erziehenden. In der Waldorfpädagogik scheint mir diese Grenze durch die ausschließliche Betonung der Forderung nach Selbsterziehung, die oft an Selbstkasteiung erinnert, markiert:

„Die allergrößte Selbstverleugnung ist Aufgabe des Erziehers" (Steiner nach Carlgren, 1977, 71).

schreibt Steiner im Zusammenhang der Erörterung der Vorbildfunktion des Erziehers. Über dieser rigorosen Forderung sollte nicht vergessen werden – was Steiner auch schon wußte (s. S. 68) – daß man auch durch Gefühle, die nicht offen zum Ausdruck kommen, auf die Kinder wirkt.

Zwar sollte man sich immer wieder vergegenwärtigen, daß das Verhalten von Kindergartenkindern immer auch ein Spiegel des eigenen Verhaltens ist, und daß man sein eigenes Verhalten folglich auch immer daran ausrichten sollte, ob man sich solches Verhalten von den Kindern reproduziert wünscht. Das fängt beim Umgang mit Gefahren – rote Ampel, Messer, Steine werfen etc. an und geht bis zum sozialen Umgang oder zum Umgang mit sich selbst. Auf der anderen Seite aber ist jeder von uns auch ein laster- und fehlerhaftes Wesen, das sich nicht von jetzt auf nachher in einen Engel oder in einen Idealmenschen verwandeln läßt. Es ist sogar gefährlich, der Illusion absolut idealer Vorbildlichkeit nachzuhängen. Die vielen unerwünschten Affekte (Unlust, Ärger, Wut) eines Kindergartentages lassen sich ja nicht abschalten. Sie wirken als „geheime Erzieher" vom Unterbewußtsein aus auf jeden Fall weiter.

Auch der Erziehende sollte sich daher als Ganzheit – bestehend aus Geist, Seele *und* Leib – begreifen und akzeptieren. Damit ist gemeint, daß die Vernunft sich nicht zum Alleinherrscher über die eigenen Gefühle und Bedürfnisse erheben sollte – wie man angesichts „durchgeistigter", „heiliger" Anthroposophen manchmal den Eindruck hat.

Die Forderung nach Selbstverleugnung sollte deshalb nicht zum alleinigen Prinzip erhoben werden. Jeder Erziehende sollte vielmehr individuell entscheiden, wie weit er sich, ohne sich Gewalt anzutun und ohne sich aufzugeben, „zurücknehmen" kann. Steiner war nämlich durchaus kein dogmatischer Perfektionist:

> „Kompromisse sind notwendig, denn wir sind noch nicht soweit, um eine wirklich freie Tat zu vollbringen" (Steiner nach Lindenberg, 1981, 171).

Relativiert man die Selbsterziehungsidee nicht in dieser Weise, besteht die Gefahr, daß die Erziehenden, die sich „beständig als auf einer Bühne stehend" fühlen, nur noch schauspielern und dabei den Kontakt zu sich selbst verlieren. Überhaupt scheint mir als Gegengewicht zur Selbsterziehungs-Maxime wichtig, daß auch der Gedanke der Selbstakzeptierung in die Anthroposophie Eingang findet. Damit ist die Akzeptierung auch körperlicher Bedürfnisse gemeint, die in der Anthroposophie flugs als dem Menschen unwürdig, dem Kampf des „Wahren, Guten und Schönen" gegen „entfesselte Körperlichkeit" zum Opfer fallen. Wer nämlich selbst in einen andauernden Kampf gegen seine „animalischen Triebe" verwickelt ist, wird kaum geneigt sein, bei anderen Menschen, auch bei Kindern, das Ausleben körperlicher Bedürfnisse zu tolerieren oder gar zu fördern (vgl. die rigide Behandlung der Sexualität S. 94f.).

Die beständig geforderte Berücksichtigung des Menschen als „Ganzheit", als Einheit aus Leib, Seele und Geist, scheint hier zu der paradoxen Konsequenz geführt zu haben, daß die Vorherrschaft des Geistes als überall gegenwärtiger Kontrollinstanz nur um so vehementer reklamiert wird: Die Verdammung sexueller Regungen Jugendlicher als „dionysischer Nachtseite" (s. S. 95) des Menschen[22] und z.B. die Ablehnung der „schreienden Rhythmen einer Musik, die nicht bändigt und veredelt, sondern entfesselt und das Bewußtsein lähmt" (Kügelgen, 1979, 362) – gemeint sind Jazz und Pop-Musik – weisen in diese körperfeindliche Richtung. In dieser Frage sollte die Waldorfpädagogik ihr Bündnis mit pietistischen Moralaposteln (z.B. Christa Meves) aufkündigen und sich neu orientieren.

Ansonsten aber zeigte sich, daß die praktischen Erziehungsvorstellungen der Waldorfpädagogik trotz ihrer spekulativen Grundlagen einer wissenschaftlichen Überprüfung über weite Strecken standhalten. Es stellt sich daher die Frage, ob es berechtigt ist, die Praxis der Waldorfpädagogik von ihrem ideologischen Überbau abzukoppeln und als nützliche, praktisch brauchbare Erziehungstechnologie zu interpretieren, wie z.B. Schrey (1968, 38ff., 76ff., 103) es für den Bereich der Schule macht. Diese entideologisierende Interpretation liegt nahe, wenn man vom wohltuenden Gegensatz, den die Waldorfpraxis zu staatlichen Erziehungsinstitutionen bildet, beeindruckt ist, und trotzdem mit der okkulten Ideologie nichts anfangen kann. Eine solche Haltung mag, angesichts der von Anthroposophen behaupteten unauflöslichen Verbindung von anthroposophischer Menschenerkenntnis und Waldorfpädagogik, inkonsequent erscheinen. Sie vermeidet aber andererseits Merkwürdigkeiten wie die folgende, die sich zwangsläufig ergeben, wenn die Bemühung um theoretische Stringenz im Widerspruch zum eigenen Erleben steht: So glaubte Karl Hövels schon 1926 (67) den Lesern seiner Inauguraldissertation „eine hoffentlich letzte befriedigende Aufklärung" über „die Unhaltbarkeit des anthroposophischen Gedankengebäudes" und über dessen „wirklichkeitsfremde" Auswirkungen in der pädagogischen Praxis gegeben zu haben. – Und dennoch rutschte ihm das folgende disparate Eingeständnis heraus, das seine theoretisch konsequente Ablehnung stark in Frage stellt – ohne daß ihm dies anscheinend zu Bewußtsein kommt:

„Es mag sein, daß der freie anthroposophische Unterrichtsbetrieb einigermaßen wohltuend auf den Verfasser gewirkt hat, welcher als Zögling der alten, ohne Zweifel etwas bürokratisch und mechanistisch eingestellten Schule so viel Liebe, Vertrauen und väterliche Führung im Unterricht sehr selten erlebt hat ..." (66).

Um derartige Ungereimtheiten zu vermeiden, wurde in der vorliegenden Arbeit von vornherein die wissenschaftliche Blasphemie einer „klammheimlichen Sympathie" begangen: Auch ich empfand während eines halbjährigen Praktikums in einem Waldorfkindergarten die praktische Arbeit und die Atmosphäre zum größten Teil als wohltuend und den Kindern angemessen. Insofern schon Engels wußte, daß die Probe auf den Pudding sein Verzehr ist, gestehe ich die damit gesetzten außer- und vorwissenschaftlichen Prämissen gerne ein. Wobei ich mir durchaus über die Relativität des Kriteriums „man merkt, daß die Kinder sich wohlfühlen" im Klaren bin:

„Ob traditionelle oder reformierte Kindergartenerziehung, ob kognitive Frühförderprogramme oder Kinderläden, ob Montessori Kinderhäuser oder Waldorfkindergärten, alle Modelle können darauf verweisen, daß in ihrem System die kindlichen Bedürfnisse berücksichtigt werden, was sich in der konfliktlosen Anpassung der Kinder in den jeweils gesetzten Rahmen zeige" (Hebenstreit, 1980, 155).

Und noch drastischer illustriert ein von Kossolapow (1980, 437) berichtetes Beispiel die Anpassungsbereitschaft kleiner Kinder:

„... so möchte z.B. ein zu Hause, in einer Studentenfamilie ‚progressiv' erzogenes Kind, das vormittags den Kindergarten des Quartiers besucht, sauber gewaschen, im Kleidchen und mit Haarschleife, die Rituale, Spiele, Spaziergänge als ‚artiges', angepaßtes Kind mitmachen, während dasselbe Mädchen nachmittags in einer antiautoritär geführten Kindergruppe in Jeans mit ‚Gassenjungenmanieren' und immer neuen, ausgefallenen Einfällen sich produziert ..."

Doch zurück zur Frage des Verhältnisses von Okkultismus und praktischer Pädagogik: Obwohl der Grund für die gute Praxis nicht in der spezifisch anthroposophischen Weltanschauung zu suchen sein dürfte (es zeigte sich ja, daß erstens kaum Steinersche Original-Ideen dabei waren und zweitens, daß sich fast alles auch ohne ätherischen Hokuspokus wissenschaftlich begründen ließ), so muß doch erklärt werden, warum gerade die Waldorfkindergärten und -schulen bis heute erfolgreich[23], zumindest aber mit expansiver Tendenz arbeiten. Und hier liegt m.E. dann doch die Bedeutung der Anthroposophie als kontinuitätsstiftender Glaubensgemeinschaft. Mit einer alten orientalischen Parabel läßt sich meine These veranschaulichen:

Zu einem alten Derwisch kamen drei Brüder, deren Vater gestorben war und sie mit seinem Testament vor ein schier unlösbares Problem gestellt hatte: Der älteste Sohn sollte die Hälfte, der zweite Sohn ein Drittel und der Jüngste ein Neuntel der insgesamt 17 Kamele erben. Der um Rat gefragte Derwisch schenkte ihnen sein einziges Kamel und sagte: „Nehmt und teilt und bringt mir nur, was übrig bleibt!" Und tatsächlich war die Teilung jetzt möglich: Der Älteste erhielt 9, der zweite 6 und der Jüngste 2 Kamele. Und zur großen Verwunderung der Brüder blieb das Kamel des Derwischs wieder übrig (nach Brecht, 1972, 43f.).

Diese Parabel liefert das Modell für das Verständnis der Waldorfpädagogik. Die okkulten Elemente in ihr spielen eine diesem 18. Kamel vergleichbare Rolle: Ohne sie wären Entfaltung, Überwintern (während der Zeit des nationalsozialistischen Verbots) und Ausbau der Waldorfpädagogik nicht möglich gewesen – und trotzdem läßt sich ihre Praxis auch unabhängig davon verstehen und begründen.

Statt eines Nachwortes: Briefwechsel eines Sympathisanten mit einem Vertreter der Waldorfpädagogik

Erste Reaktionen auf die vorliegende Arbeit bestätigen die eingangs geäußerte Befürchtung, daß sich meine Position zwischen den bequemen Stühlen geschlossener Weltbilder wiederfindet: Von wissenschaftsoptimistischen Akademikern, denen der großangelegte theoretische Zugriff oft den Blick auf den Gegenstand versperrt, wird mir „Kritiklosigkeit" gegenüber dem „weltfremden Harmoniegesäusel" der Waldorfpädagogik vorgeworfen. Und die andere Seite äußert sich nicht weniger drastisch: Vom „völligen vorbei-Urteilen" spricht der Anthroposoph Helmut von Kügelgen, der mich in einer Reihe mit „giftigen Geist- und Anthroposophie-Hassern" sieht. Der Briefwechsel, den ich mit ihm, dem Leiter der „Privaten Fachschule für Sozialpädagogik" („Waldorfkindergartenseminar Stuttgart") im Herbst 1983 führte, dokumentiert erneut die Schwierigkeit, über ideologische Grenzen hinweg auf Argumente einzugehen.

Herrn von Kügelgens Stellungnahmen möchte ich dem Leser dennoch nicht vorenthalten. Spiegelt sich in seiner vernichtenden Kritik doch das Selbstverständnis der offiziellen Waldorfpädagogik – ein Selbstverständnis, demgegenüber meine „wissenschaftliche Argumentationshilfe" offenbar ins Leere läuft und das stattdessen auf den erkenntnistheoretischen Grundlagen insistiert. Diese „geisteswissenschaftlichen" Grundlagen schimmern in der bisherigen Darstellung zwar durch, werden aber von mir weder ausführlich dargestellt noch unbesehen übernommen. Die folgenden Briefe ergänzen also die vorliegende Arbeit insofern sie die „Innenausstattung" anthroposopischer Erziehungstheorie erhellen.

Für seine Bereitschaft, den Abdruck der Briefe in einem Buch zu tolerieren, obwohl ihm dessen „ganze Richtung" mißfällt, möchte ich Herrn von Kügelgen an dieser Stelle herzlich danken!

Heidelberg, 5.9.1983

Sehr geehrter Herr von Kügelgen,

wie ich es Ihnen gerade telefonisch versprochen habe, sende ich Ihnen beiliegend ein Exemplar meiner Arbeit über den Waldorfkindergarten [. . .].

Mit Herrn G. vom Beltz-Verlag (ich weiß – ein Verlag, der in seinem sonstigen Programm waldorfpädagogischen Einsichten eher entgegenläuft, vgl. sein Renner: „Janosch") habe ich über die Möglichkeit eines Vorwortes von Ihrer Seite bereits gesprochen. – Wenn Sie Interesse hätten, lassen Sie mich bitte Ihre Einschätzung meiner Arbeit sowie den möglichen Inhalt eines Vorwortes wissen.

Man müßte dann sehen, wie sich die Standpunkte vereinbaren lassen. Ich selbst hatte auf jeden Fall das Bedürfnis, die Stellungnahme eines kompetenten Waldorfpädagogen abzuwarten, bevor das Buch in Druck geht.

Haben Sie zunächst also herzlichen Dank für Ihr grundsätzliches Interesse.

Ich wünsche Ihnen viel Spaß bei der Lektüre.

Heiner Barz

Stuttgart, 12.9.83

Sehr geehrter Herr Barz!

Ihre Sendung habe ich empfangen, vielen Dank. Ihrer Aufforderung, viel Spaß beim Lesen zu haben, konnte ich leider nicht folgen. Was Sie einleitend Ihren erkenntnistheoretischen Teil nennen, kann ich nicht auf der Höhe erkenntnistheoretischer Bemühungen sehen und erkenne darin weder Rudolf Steiner noch die Anthroposophie. Das Aussuchen von Aussprüchen, die das Unoriginelle Rudolf Steiners charakterisieren sollen, ist nicht schwer, wenn vom Menschen und der Deklamierung von Erziehungszielen gesprochen wird. Sie geben selbst das Beispiel Pestalozzis. Wenn man ein größtes Beispiel auf einem anderen Felde aufsuchen will, so wissen Sie, daß diese Art von Wissenschaftlichkeit nachgewiesen hat, daß an dem Jesus Christus auch gar nicht Originelles dran gewesen ist. Die Methode zieht das betrachtete Objekt auf ihr Niveau herunter. Schade! Sie haben so viel Material zusammengetragen.

Als ich eben anfangen wollte, nun Stichproben aus dem weiteren Hauptteil zu lesen, stieß ich auf eine Stelle S. 30, Kap. 3,5: Sie hämmern Ihren Lesern ein: „dunkel, spiritistisch und auf Imagination und

Intuition gegründete Erkenntnismethode.“ Die beiden letztgenannten Begriffe sind das Gegenteil von den beiden ersten, oft beschrieben, auch wie sie zu erreichen und wie mit ihnen umzugehen ist. Dann der „positivistische Glaube“ Steiners und „beharrliche Geißelung der Naturwissenschaften“. Steiner ist schärfster Gegner des Spiritismus – er wird nicht müde, die Naturwissenschaften zu rühmen, anzuerkennen – allerdings auch zu charakterisieren, Wesen und Wirkung zu beschreiben, wo sie an die Rätsel des Menschen herangeht. Seine Geisteswissenschaft fügt er hinzu, um der Wirklichkeit, die wir alle erleben, auf einem Gebiete Begriffe zu leihen, die sich Ihrer wissenschaftlichen Methode nicht erschließen.

Das Kapitel schließt mit Ihrer eigenen Erkenntnis: „Ist es doch Wahnsinn, hat es doch Methode.“

Wenn ich mich nach dem bisher Gelesenen äußern soll, so muß ich Ihnen offen sagen: Wenn Sie Leisegang (1922) und anderen wütigen Gegnern der Anthroposophie und ihrer Arbeitsfrüchte ein an ihrem Wesen vorbeiargumentierendes weiteres Gegnerbuch an die Seite stellen wollen, dann verstehe ich nicht, wie Sie dafür mich um ein Vorwort bitten können. Ich würde Sie gern einladen, mit ein paar Freunden, die auch Arbeiten in allgemeinen wissenschaftlichen Zeitschriften veröffentlichen – der Dialog ist mit denen in Gang gekommen, die zu echter Auseinandersetzung bereit sind, ein Gespräch zu haben. Darin würden wir Ihnen sagen: Veröffentlichen Sie das lieber nicht – um der schlichten Wahrheit willen. Anthroposophie ist „in“, Beltz wird mit Ihrem Taschenbuch ein Geschäft machen, das auf der Woge der Neigung der Menschen, ihre Kinder einer menschlichen Erziehung anzuvertrauen, schwimmt, auf dem, was wir leisten. Was soll der Nachweis, daß der Baum morsch und wahnsinnig ist, an dem gesunde Früchte reifen? Vielleicht ist der Baum doch nicht richtig angeschaut worden.

Ziehen Sie das Manuskript zurück – oder geben Sie ihm das Vorwort eines giftigen Geist- und Anthroposophie-Hassers. Das würde besser passen. Sie und der Verlag werden auch dann Ihr Geschäft machen. Freies Geistesleben!

Wollen Sie die Kopie aus „Kindergarten heute“ haben mit einem Aufsatz, den ich dort geschrieben habe? Er ist gewiß nicht gut genug, Ihnen wesentlich weiterzuhelfen. Aber einige Aussagen über das Leben im Waldorfkindergarten sind drin. Ich schreibe diesen Brief sehr betrübt. Das Gespräch ist ein echtes Angebot. Ich will auch noch etwas weiter lesen – aber die Absage, daß ein Vorwort nicht in Frage kommen kann, wollte ich Ihnen – bei Ihren drängenden Terminen – gleich sagen.

Mit freundlichen Grüßen

Ihr Helmut von Kügelgen

Heidelberg, 14.9.1983

Sehr geehrter Herr von Kügelgen,

eben erhalte ich Ihren Brief. Zunächst herzlichen Dank für die wirklich umgehende Reaktion! Schade nur, daß Sie unter dem zugegebenermaßen etwas ärgerlichen Zeitdruck einige anthroposophie-kritische Teilstücke meiner Arbeit vorschnell für das Ganze genommen haben. Jedenfalls habe ich überhaupt nicht den Eindruck, daß mir der Schuh paßt, den Sie mir da anziehen wollen! Ich finde mich in eine Ecke gestellt mit einem – wie Sie ihn zurecht bezeichnen – „wütigen Gegner der Anthroposophie" (Leisegang). Dahin gehöre ich aber gewiß nicht. Im Gegenteil: z.B. auf Seite 113 meiner Arbeit reklamiere ich ausdrücklich die Perspektive einer „klammheimlichen Sympathie" mit der anthroposophischen Pädagogik für mich. Wie überhaupt fast die ganze Arbeit darauf hinausläuft, wissenschaftliche Argumente für das im Waldorfkindergarten praktizierte Erziehungsmodell zusammenzutragen.

Auch mein Aufweis der Parallelen von Steiner und der Reformpädagogik insgesamt ist nicht – wie etwa bei Heiner Ullrich in der „Neuen Sammlung 6/82" (S. 539-564) – dazu gedacht, Steiner „schlecht zu machen"; mir war daran gelegen, Steiner geistesgeschichtlich zu verorten. Keineswegs schließe ich mich dem eben genannten H. Ullrich an, der Modernität und Originalität zum Hauptkriterium der Beurteilung praktischer Erziehungstheorie machen will. Da verstehen Sie mich wirklich falsch mit Ihrem Beispiel von Jesus Christus!

Es muß doch aber möglich und erlaubt sein, auch Gegner der Anthroposophie zu zitieren: Es muß doch möglich sein, auch Zweifel zu formulieren! Es muß doch möglich sein, ein differenziertes Verhältnis zur Pädagogik Rudolf Steiners zu haben!

Sie werden sicher bei der weiteren Lektüre feststellen, daß es darum vor allem geht. Ich wehre mich einfach dagegen, mich einer Weltanschauung ganz und gar zu verschreiben (Sie werden jetzt sicher sagen, die Anthroposophie sei keine Weltanschauung ... aber lassen wir das). Der wichtigste Maßstab für mich ist meine *eigene* (natürlich unvollkommene) Einsichtsfähigkeit. Deshalb finden Sie in meiner Arbeit weder apologetische noch „wütige" Töne – höchstens ironische, dort wo meine eigenen beschränkten Erkenntnisorgane (noch?) nicht ausreichen, die gewaltigen Ansprüche anthroposophischer Geisteswissenschaft nachzuvollziehen. Aber auch genauso dort, wo ich etwa zustimmend auf Goethes Kritik am wissenschaftlich beschränkten Weltbild zurückgreife!

Ich finde es einfach ungerecht, wenn Sie meinen skeptischen Standpunkt in Haß und Niveaulosigkeit umdeuten. Sollte in Ihrem Weltbild wirklich nur schwarz und weiß, sprich: bedingungslose Identifikation mit der Anthroposophie oder wütiger Haß gegen sie Platz haben ...?

Im übrigen sind diese Passagen ja wirklich nur sehr oberflächlich und kurz gehalten – einfach, weil der Schwerpunkt im Bereich der Entwicklungs- und Pädagogischen Psychologie gesetzt wurde. Über die Grundlagen im Bereich der Erkenntnistheorie und Anthropologie gibt es ja genügend einschlägige Werke.

Daß Sie die Parole „Freies Geistesleben" als zynischen Kampfruf gebrauchen, erschreckt mich zugegebenermaßen etwas.* Ich halte nämlich viel davon! Auch vom Gespräch (auch vom öffentlichen, bzw. veröffentlichten Dialog) zwischen Leuten mit konträren Auffassungen – wobei ich gar nicht der Meinung bin, daß meine Haltung zur Waldorfpädagogik der Ihrigen *entgegen*gesetzt ist!

Daß Sie kein Vorwort schreiben wollen, muß ich akzeptieren, wenn ich mir durchaus auch ein kritisches hätte vorstellen können. An einem Gespräch mit Ihnen habe ich Interesse. Allerdings werde ich kaum vor Anfang Oktober Zeit für eine Fahrt nach Stuttgart finden. Wegen eines Termins sollten wir nochmals Kontakt aufnehmen. Herzlichen Dank aber jetzt schon für das Angebot.

Eine Kopie Ihres Aufsatzes in „Kindergarten heute" interessiert mich auf alle Fälle.

Mit freundlichen Grüßen
Heiner Barz

* Wenn ich selber Verständnis (nicht volle Zustimmung) für das von Leisegang ironisch gebrauchte Hamletwort vom „Wahnsinn mit Methode" äußere, sollte ich allerdings möglicherweise auch Ihrer Form von Humor etwas gelassener gegenüberstehen ...

Stuttgart, 16.9.1983

Sehr geehrter Herr Barz!

Haben Sie herzlichen Dank für Ihren Brief. Sehen Sie, ich bin nicht wütig, ich schrieb es, sondern traurig. Ich zog Ihnen nur diesen Schuh an, weil ich weiß, wie Ihr Buch gelesen und ausgeschlachtet wird. Und da paßt der Schuh. Ich habe Ihre Klammheimliche Sympathie wohl gelesen und bemerkt. Sie haben eben Steiner nicht „verortet". Oder eben auf ein Örtchen gestellt, in dem er – meiner Meinung nach – gar nicht zu Hause ist.

Sie sollen Gegner zitieren und sich auseinandersetzen, gewiß! Aber Sie kommen zu klaren Beurteilungen, geben aus ihnen heraus den Waldorfpädagogen einen guten Rat am Schluß Ihres Buches – und raten und urteilen selbstverständlich aus der Weltanschauung heraus, die Sie haben oder der Sie sich „verschrieben haben".

Gewiß kann man auch von einer anthroposophischen Weltanschauung sprechen. Sie besteht unter anderem darin, daß man Materialismus und Spiritualismus, Idealismus und Realismus usw. in ihrer Bedeutung, ihren Leistungen und auch ihren Einseitigkeiten erkennt und zusieht, wie man sie einsetzt, je nach Forschungsobjekt. Wenn man die Seele materialistisch erforscht, kommt eben eine Psychologie ohne Seele heraus – und wenn man Anthropologie ohne differenzierte Begriffe im Geistigen betreibt, kommt der nackte Affe oder noch Schlimmeres heraus. Das meinte ich damit, wenn ich sagte, die Methode zieht den Gegenstand der Forschung auf ihr Niveau herunter.

Kurz: Wenn Sie zu Beurteilungen kommen, wird die Methode oder Weltanschauung sichtbar, die Sie vertreten. Wenn Sie sich keiner verschreiben wollen, verfallen Sie einer allgemein geübten Praxis der nach naturwissenschaftlich-materialistischer Methode denkenden und urteilenden Wissenschaftler: weil sie viele und vergangenheitsbezogen sind, meinen sie, keine Vorurteile zu haben und Pächter der Wahrheit zu sein.

Grund-„Vorurteil" Rudolf Steiners in der wohl auch von Ihnen zitierten „Theosophie. Einführung in übersinnliche Welterkenntnis und Menschenbestimmung" ist, daß der Mensch Bürger dreier Welten ist – durch seinen Leib der Welt angehört, die er durch seine leiblichen Sinne wahrnimmt, durch seine Seele sich seine eigene Innenwelt aufbaut, durch seinen Geist den Zugang zur Welt der Gesetze und Ideen sich öffnet – und daß es deshalb, wegen der wesentlichen Verschiedenheit dieser drei Welten, die sich durchdringen, einleuchtend ist, daß nur drei verschiedene Betrachtungsarten Klarheit über sie und über den Anteil des Menschen an ihnen ergeben. Darum ist die „Allgemeine

Menschenkunde als Grundlage der Pädagogik" auch nach diesen 3 Betrachtungsarten gegliedert, für jede ein paar Vorträge.

Aber ich will Sie ja zu nichts überreden! Ich wollte Sie nur orten.

Beiliegend die Kopie meines Aufsatzes zu dem ich das Notwendige schon anführte.

Mit freundlichem Gruß
Ihr Helmut von Kügelgen

Heidelberg, 24.9.1983

Sehr geehrter Herr von Kügelgen,

recht herzlichen Dank für Ihren Brief und den Aufsatz. Letzterer gibt einen neuen und guten Überblick über „Plan und Praxis" des Waldorfkindergartens, ist wohl aber eher für ein erstes Kennenlernen, als für eine vertiefte Auseinandersetzung bestimmt.

Haben Sie trotzdem herzlichen Dank für die Kopien. [. . .]

Wenn Sie mir in Ihrem Brief eine materialistische Weltanschauung unterstellen, bzw. glauben, diese aus meiner Arbeit herauslesen zu können, muß ich allerdings erneut widersprechen. Denn ich selbst würde mich eher als ein verspätetes Exemplar von Schelskys „skeptischer Generation" einordnen. Wobei sich mein skeptischer Standpunkt allerdings gegen *alle* globalen Weltanschauungen wendet – und da ist dann eben auch die „naturwissenschaftlich-materialistische Methode" nicht ausgenommen – eine Weltanschauung, deren heutige Dominanz wir wohl gerade dieser Generation zu verdanken haben.

Aber: Wie ich schon in meiner erkenntnistheoretischen Einleitung schrieb, bin ich heute immer noch auf der Suche nach einer für mich akzeptablen Weltsicht (ob diese Suche allerdings jemals durch ein „Finden" zur Ruhe kommen wird, wage ich nicht vorauszusagen). Deshalb kann ich mich hier mit Ihnen auch nur quasi „spielerisch" (entschuldigen Sie, . . . aber Sie wissen ja, daß das Spiel die Vorübung der Arbeit darstellt) auseinandersetzen. Denn, sehen Sie, wenn ich mit einem Vertreter der kritisch-rationalen, oder einer sonstigen, an meßbarer Operationalisierung orientierten Erkenntnisauffassung diskutieren würde, dann würde ich ihm höchstwahrscheinlich viele aus der Anthroposophie entlehnte Argumente entgegenhalten.

Kurz und gut: Das theoretische Peilsystem, mit dem Sie mich zu orten meinen, scheint mir nicht genügend trennscharf!

Was mich dennoch interessieren würde, ist Ihre konkrete Haltung zu meinen kritischen Beurteilungen der Waldorfpädagogik, auf die sie sich beziehen. Und zwar, wie Sie jenseits erkenntnistheoretischer Grundsatzerörterungen zu den aufgeworfenen Problemen der Sexualität, Körperlichkeit und Selbsterziehung versus Selbstakzeptierung, stehen. Das sind auch Fragen, die mir in Bezug auf die Waldorfpädagogik von vielen Eltern immer wieder gestellt werden.

Eine letzte Bitte: Wären Sie damit einverstanden, wenn unser Briefwechsel in meinem Buch als Anhang abgedruckt würde? Ich selbst würde das gerne tun, um meiner Arbeit den Anschein, sie sei eine autorisierte Darstellung, zu nehmen und um die Haltung der „offiziellen Waldorfpädagogik" dazu deutlich werden zu lassen. Gleichzeitig liefern die Briefe ein authentisches Beispiel für einen – hoffenlich gelingenden – „Versuch, ins Gespräch zu kommen" (Lindenberg: „Waldorfschulen", 1975, S. 9). Um den von Lindenberg zurecht beklagten „Rückfall in das Schweigen der Adenauerschen Restaurationsepoche" (ebd. S. 11) endlich zu beenden, müßten m.E. auch die Waldorfpädagogen ihren Teil beitragen, indem sie auch eine, die Diskussion bereichernde, nicht ausschließlich lobhudelnde Arbeit zumindest tolerieren.

Eine Veröffentlichung unseres Briefwechsels würde auch die gegenseitigen Anschuldigungen „Pächter der Wahrheit" sein zu wollen, gegenstandslos machen.

Mit freundlichen Grüßen
Heiner Barz

Stuttgart, 7.10.1983

Sehr geehrter Herr Barz!

Unseren Briefwechsel kann ich nicht für wert halten, gedruckt zu werden. Ich sehe auch in Ihrem Buch nicht eine wirkliche Diskussion mit den Grundlagen der Waldorfpädagogik. Das liegt vor allem an Ihrem völligen vorbei-Urteilen und damit sich gar nicht Einlassen auf die Anthroposophie. Sie unterstellen ihr, wie ich schon schrieb, Unwissenschaftlichkeit, weil das zur Zeit die Waffe zu sein scheint, die der wissenschaftsgläubigen Menschheit das beste Argument liefert, den Weg zum Geist zu versperren. „Anthroposophie ist ein Erkenntnisweg, der das Geistige im Menschenwesen zum Geistigen im Weltall führen möchte" (Rudolf Steiner), sie ist Geistes*wissenschaft*. Das macht, daß z.B. Böll in seinem Artikel über Thomas von Aquin schreiben kann, daß Steiner auch eine „Summe" geschrieben und als Werk hinterlassen hat, „eine Schola gründete und einen ‚dritten Weg' vorschlug, den heute, 60 Jahre nach seinem Tod, immer mehr zu gehen versuchen: in Wirtschaft, Landwirtschaft, Medizin, Erziehung." Einen wie Thomas von Aquin (oder Steiner) würde er gern fragen „nach Atombomben, Auf-, Ab-, Nachrüstung, nach der Christlichkeit christlicher Parteien, Drogen, Selbstmord, Leistungszwang, Fernsehen, Familie, Geburtenkontrolle, Terrorismus, Aufstand, Revolte, Revolution." Nach all den Fragen und Problemen, auf die eine den Geist abgeschafft habende Wissenschaft mit ihrem Kind der Technick, die auf die Wahrheitsfrage in ihrer Ehrlichkeit verzichtet, keine Antwort weiß. Die die Symptome der Krankheiten unserer Zeit immer raffinierter bekämpft, aber nicht heilt und gar nicht bemerkt, daß bei diesem Vorgehen die Krankheit immer weitere Krankheiten erzeugt.

Sie zitieren Stefan Leber, „Geschlechtlichkeit und Erziehungsauftrag", was sollte ich mehr dazu sagen? Wer in dem einen Wort Liebe nicht Sexualität, Erotik und die höchste Form des Sich-Verbindes, wo Wille und Erkenntnis eins werden, die geistige Liebe von Ich zu Ich, Wesen zu Wesen, Mensch- und Gottesliebe, wer die drei nicht unterscheiden will, um sie erst richtig, d.h. menschlich, miteinander verbinden zu können, der will das eben. Unterscheiden können ist Wissenschaft, Weg der Erkenntnis – etwas wollen ist „Wollenschaft" und sammelt statistisch auf den Wegen der Meinungsbefragung die Bestätigung dessen, was er will. – Sie sehen, man kann nicht „jenseits erkenntnistheoretischer Grundsatzerörterungen" über das Erziehung und Menschenverhalten prägende Menschenbild sprechen.

Sie sprechen von „lobhudeln", als würde ich die primitivste, unkritische Beurteilung in Ihrer Arbeit vermissen. Nein, was ich nur bedauere, ist, daß Sie am Begründer der Waldorfpädagogik und an ihrem Wesen vorbeigehen. Wie könnten Sie sonst damit schließen, daß Sie den Waldorfpädagogen den Rat geben, sich von den Quellen der Produktivität, dem Erkenntnisweg der Anthroposophie, zu lösen und aus der „Erziehungskunst aus Menschenerkenntnis" eine Methode oder Erziehungstechnik zu machen?! Auch diese Frage ist keine „Anschuldigung", sondern nur eine charakterisierende Lesefrucht aus Ihrem Manuskript.

Mit freundlichen Grüßen
Ihr Helmut von Kügelgen

P.S.: Verfahren Sie mit unserem Briefwechsel wie Sie wollen.

Heidelberg, 5.12.1983

Sehr geehrter Herr von Kügelgen,

noch einmal möchte ich Ihnen schreiben und Ihnen – wenn auch mit ziemlicher Verspätung – auf Ihren letzten Brief antworten. Die Verzögerung ist dem Umstand geschuldet, daß mich meine neu begonnene Ausbildung zum Waldorflehrer, verbunden mit der Notwendigkeit, meinen Lebensunterhalt durch Teilzeitarbeit selbst zu finanzieren, so ganz und gar in Anspruch nimmt, daß ich bisher keine Gelegenheit fand, mich in Ruhe mit Ihrem Brief zu befassen.

Die Schlußzeile Ihres letzten Briefes habe ich so verstanden, daß Sie trotz inhaltlicher Bedenken nicht grundsätzlich gegen die Veröffentlichung der Briefe sind. Sie werden also als Anhang in meinem Buch erscheinen. Ihre Briefe bleiben dabei ungekürzt. Haben Sie herzlichen Dank für die engagierte Kontroverse und für Ihre Toleranz gegenüber der Veröffentlichung.

Noch einmal sehe ich mich allerdings gezwungen, Ihnen in Bezug auf das Grundlagenproblem zu widersprechen. Die Aufgabe, die ich mir stellte, war eben die Auseinandersetzung mit den Früchten der anthroposophischen Geisteswissenschaft im Bereich der Vorschulerziehung. Und daß diese Ergebnisse mit guten wissenschaftlichen Argumenten vertreten werden können, bemühte ich mich nachzuweisen. Insofern habe ich die Wissenschaftlichkeit der Waldorfpädagogik weniger bezweifelt, als vielmehr bewiesen. Dem Wissenschaftsanspruch anthroposophischer Geisteswissenschaft stehe ich zugegebenermaßen etwas skeptischer gegenüber.

Aber: Wie soll man das unablässige Insistieren auf „Wissenschaftlichkeit“ von Ihrer Seite überhaupt verstehen? Sie kritisieren eine „wissenschaftsgläubige Menschheit“ – und dabei scheint es mir, als ob dem Fetisch „Wissenschaft“ heute kaum irgendwo gläubiger gedient wird, als in der Anthroposophie. Der positivistische Glaube, die *ganze* Welt – also auch die Geschichte, die Gesellschaft, das Unbewußte, das Göttliche etc. – ließe sich mit den in den Naturwissenschaften so fruchtbaren Methoden entschleiern, lebt hier ungebrochen fort. Dem „imperialistischen Expansionsdrang“ der Wissenschaft in alle Lebensbereiche wird heute dagegen gerade in der akademischen Wissenschaftstheorie entgegengetreten. Angesichts der historischen und sozialen Bedingtheit – und damit Vergänglichkeit (Th.S. Kuhn) – wissenschaftlicher Erkenntnis, ihrer „Fehlbarkeit“ (Popper) und der sozio-kulturellen Verankerung des Glaubens an sie schlechthin (P. Feyerabend) wurde Bescheidenheit zum neuen Ideal wissenschaftlichen Selbstverständnisses. Damit ist ja noch nichts gesagt gegen geschichtsphilosophische, erkenntnistheoretische, religiöse Reflexion und Spekulation. Nichts gegen Glauben, Sinnstiftung, Besinnung auf's Menschliche, nichts gegen all das, wofür z.B. auch Anthroposophen in Theorie und Praxis eintreten. Und wer seine Freude am anthroposophischen Hellsehen hat, dem wird sie damit auch nicht abgesprochen. – Aber warum muß das alles unbedingt als Wissenschaft ausgegeben werden? Ein Gedanke, eine Handlung wird nämlich m.E. ohne das Etikett „wissenschaftlich" nicht schlechter! Die in der Bibel, bei Laotse oder in einem der Totenbücher gesammelten Gedanken haben sicher für die Menschheit größere Relevanz als das meiste, was unsere Wissenschaft in den letzten Jahrzehnten produziert hat – da wären wir uns sicher einig. Aber deren Weisheit als „Wissenschaft" zu bezeichnen? . . . Das wäre wohl eher lächerlich: denn auf dieses Zertifikat unseres technischen Zeitalters sind diese „ewigen Wahrheiten" wohl kaum angewiesen!

Bei Ihrem Vorwurf der „Wissenschaftsgläubigkeit" scheint es sich also um einen Bumerang zu handeln: Versteht man nicht unter „Wissenschaftsgläubigkeit" die naive Anmaßung, jeweils aktuelle wissenschaftliche „Erkenntnisse" seien *absolut* hieb- und stichfest und weiter, daß man nur das gelten lassen will, was den Kriterien der *Erfahrbarkeit* und der *Formalisierbarkeit* (am besten in mathematischen Modellen) genügt? Wie anders soll man aber das Beharren auf der Beweiskraft der sinnlichen Wahrnehmung in der Anthroposophie verstehen? Denn: auch „übersinnliche Sinne" bleiben eben Sinne. Und Steiner beteuert ja auch immer wieder, seine „seelischen Beobachtungsresultat nach naturwissenschaftlicher Methode" gewonnen zu haben. Der Glaube, daß sich der sozial- und geisteswissenschaftlichen Forschung ähnliche Gesetzmäßigkeiten offenbaren, wie sie in den Naturwissenschaften so erfolgreich (und folgenschwer!) postuliert wurden, ein Glaube, der z.B. im Comteschen Drei-Stadien-Gesetz oder in der Hegelschen oder Marxschen Geschichtsteleologie seinen Niederschlag fand – dieser Glaube lebt in Steiners allumfassendem System, seinen 7 kosmologischen Epochen, den 7 Phasen der Erdentwicklung etc. fort – auch wenn dieser Glaube durch das anthroposophische Gütesiegel „Wissenschaft" verbrämt wird.

Nur am Rande: Mein Eindruck, daß gerade in der Anthroposophie der Stolz auf und der Glaube an die Wissenschaft ungebrochen und unhinterfragt blüht, wird durch die Beobachtung verstärkt, daß – ganz im Gegensatz übrigens zum heutigen Unibetrieb – von promovierten Anthroposophen nur ehrfürchtig als dem „Herrn Dr. . . ." gesprochen wird.

Auch würde ich die von Ihnen aufgezählten Übel unserer heutigen Welt nicht unbedingt in kausalem Zusammenhang mit „der Wissenschaft“ sehen – genausowenig, wie sie durch ein Allheilmittel „Geisteswissenschaft“ zu beseitigen sein dürften. Derartig eindimensionale Erklärungsmuster provozieren auch gar zu leicht den Verdacht der Sektentümelei. Andere Sekten glauben „das Wesen“ allen Übels – um nur einige zu nennen – in den Produktionsverhältnissen, den Männern (Teile der Frauenbewegung), der unterdrückten Sexualität (Reichianer), der Erziehung (die Antipädagogen), den Juden etc. entdeckt zu haben. Solchen monokausalen Erklärungsrastern gegenüber ist Mißtrauen wohl stets angebracht – die vielschichtige, in unendliche Wechselwirkungen verschlungene Wirklichkeit kommt allemal zu kurz (nicht von ungefähr hat heute jede Wissenschaft ihren ökologischen oder kybernetischen Ansatz).

Ihr Brief schließt mit der Kritik, ich ginge am Wesen der Waldorfpädagogik vorbei, weil ich nur ihre Methode überprüfte und diese nicht im – aus Ihrer Sicht notwendigen – Zusammenhang mit „dem Erkenntnisweg der Anthroposophie“ beließ. Um mich nicht zu wiederholen, nehme ich zu einem Zitat Zuflucht:

„Jeder tüchtige Anfänger in der Philosophie ist Skeptiker. Und umgekehrt: jeder Skeptiker als solcher ist Anfänger.“

Es stammt von Herbart, von dem ich sonst allerdings noch nicht viel Gutes gehört habe. Aber ich bekenne mich gerne zu seinem Inhalt, und verstehe nicht, wieso Sie mir eigentlich die Freiheit des Zweifels an für mich nicht überprüfbaren Behauptungen nicht zugestehen können!?

Aber Spaß beiseite: Peter Schneider vertritt in seiner „Einführung in die Waldorfpädagogik“ eindringlich die Auffassung, daß das Verständnis der *Ergebnisse* der „Geistesforschung“ *jedem* Menschen möglich sei. Dazu brauche man keine übersinnlichen Fähigkeiten. Die „übersinnlichen Wahrheiten“ könnten „von dem gewöhnlichen Bewußtsein voll begriffen werden. Denn sie schließen sich an die Erkenntnisse ganz notwendig an, die für die sinnliche Welt gewonnen werden können“ (Steiner nach Schneider, S. 22).

Und an anderer Stelle (S. 13) läßt er Steiner von der Waldorfpädagogik als einer „rein sachlichen Methoden-Schule“ sprechen:

„Die pädagogische Methodik, die hier vertreten wird, kann eigentlich überall, wo man den guten Willen dazu hat, eingeführt werden“.

So ganz unkündbar scheint nach diesen Worten das Verhältnis von „Erkenntnispfad“ und „Erziehungskunst“ also doch nicht zu sein.

„Wasch mir den Pelz – aber mach mich nicht naß!" scheint mir die Devise zu sein, wenn einerseits von der Waldorfpädagogik beklagt wird, daß die etablierte Erziehungswissenschaft kaum Notiz von ihr nimmt, sie auf der anderen Seite aber verlangt, daß sich jede Auseinandersetzung mit ihr in den von der Anthroposophie vorgegebenen Kategorien zu vollziehen habe.

Aber in die Situation trotz bester Absichten der Ketzerei bezichtigt zu werden, sind schon andere vor mir gekommen. So beklagte sich ein prominenterer Kollege:

„Ein Skeptiker hat mich des Skeptizismus beschuldigt, weil ich die Skeptiker widerlegt habe, ein Prediger hat mich als Atheisten verschrien, weil ich versucht habe, die Existenz Gottes zu beweisen" (R. Descartes).

Für heute mit freundlichen Grüßen
Heiner Barz

Anmerkungen

1 Die nach wie vor beste – weil umfassende und lesbare – Einführung in die Waldorfpädagogik bietet Carlgren, F.: "Erziehung zur Freiheit" (1977). Kompetente Einführungen liefern außerdem: Lindenberg (1975, 1979, 1981), Kiersch (1973) und Wiederhold (1978).
Einen guten Überblick über die sonstigen, breitgestreuten Aktivitäten der Anthroposophen – biologisch-dynamischer Landbau, Medizin, Kunst, Bankwesen, genossenschaftliche Betriebe, etc. – gibt Joseph Huber: „Astral-Marx" im Kursbuch 55, „Sekten", Berlin 1979.
An dieser Stelle sollte vielleicht vor falschen Erwartungen an die vorliegende Arbeit gewarnt werden. Sie versteht sich als wissenschaftliche Auseinandersetzung mit der anthroposophischen Vorschulerziehung, ist also nicht etwa ein Erlebnisbericht meines halbjährigen Praktikums in einem Waldorfkindergarten, dem ich gleichwohl entscheidende Impulse – nicht nur in pädagogischer Hinsicht (!) – verdanke. Wer auf unbeschwertere, leichter verdauliche Information über den Waldorf*kindergarten* aus ist, der sei auf die anthroposophischen Veröffentlichungen Grunelius (1955) und Kügelgen (1973 und 1982) hingewiesen. Diese für ein erstes Kennenlernen hervorragend geeigneten Texte ersparen dem Leser die Begrifflichkeit moderner Erziehungswissenschaft – aber auch die Mühe einer kritisch-würdigenden Distanz.

2 Eine rühmliche Ausnahme vom gängigen Wahrnehmungsschema: gläubige Identifikation oder totale Ablehnung, stellt der in der gleichen Nr. der „Neuen Sammlung" abgedruckte Aufsatz von Herz dar, der dem Ullrichschen Diktum vom „ver-Steiner-ten Fossil" ein „Kapitel über Berührungsangst und Wahrnehmungsstörung" entgegensetzt. Durch Neutralität und hohe Informationsdichte zeichnet sich auch Wiederhold (1978) aus.

3 Diese Zahnarztpraxis war im Winter 81/82 für einige Monate in die Schlagzeilen geraten, weil trotz intensiver technischer Nachforschungen die Quelle einer „Geisterstimme" lange Zeit nicht lokalisiert werden konnte. Nachdem unter anderem auch der Freiburger Parapsychologie-Professor Hans Bender sich der Sache erfolglos angenommen hatte, konnte schließlich die Zahnarzthelferin als Urheberin der „Chopper-Stimme" identifiziert werden (vgl. Frankfurter Rundschau", 26.9.1983, S. 22: „Jetzt steht der ‚Chopper' vor dem Jugendgericht").

4 Oppolzer bezieht sich hierbei auf Steiner: „Erziehungskunst. Methodisch-Didaktisches." Übrigens eine bemerkenswerte Kritik, wenn man bedenkt, daß gerade der Vorwurf der Weltflucht, den Steiner hier gegen andere Reformpädagogen richtet, heute sehr oft gegen die Waldorfpädagogik vorgebracht wird.

In diesem Zusammenhang erwähnenswert ist auch, daß Steiner die gesamte Wandervogelbewegung wegen ihrer Weltabgewandtheit und Selbstbezogenheit kritisierte. Er sieht in den „Wandervogelgelüsten" eine „nicht ganz als pathologisch zu bezeichnende ... Sucht": „Hören Sie einmal zu den Gesprächen, man ist verzweifelt darüber, wie wenig sie zugänglich sind für das, was man ihnen sagt, und wie sie ewig Details wiederholen, die sie bezeichnen als ihr ‚Erlebnis'." (R. Steiner: „Pastoral-Medizinischer Kurs", Dornach, 1973, S. 78).

5 Nach der Erfahrung des Nationalsozialismus ist man natürlich sofort hellhörig, wenn jemand überhaupt das Wort „deutsch" ohne sofortige Entschuldigung über die Lippen bringt. Allein: Man bedenke, welch gegensätzliche Bewertung (gerade auch durch die Linke) Patriotismus und die Betonung ethnischer Eigenständigkeit in der Regionalismusdebatte in den 70er Jahren erfahren haben (Beispiele: Korsika, Okzitanien, Elsaß, Bretagne, Baskenland, etc.).

6 Frontalunterricht ist an Waldorfschulen kein Schimpfwort, sondern die Regel; stark individualisierte Arbeitsformen, wie sie etwa der Dalton-Plan vorsah, werden abgelehnt.

7 Der hier – noch implizit – zugrunde liegende Begriff der „musischen Bildung" erfuhr in den 60er Jahren dann auch eine scharfe Kritik. Vgl. z.B. die interessanten Beiträge von Ehmer, Klafki und Möller in Ehmer, H.K. (Hrsg.): „Kunstunterricht und Gegenwart", Frankfurt a.M. 1967.

8 Interessant ist, daß der bei mexikanischen Schamanen in die Lehre gegangene Ethnologe Carlos Castaneda ganz ähnliche Beobachtungen mitteilt (z.B. Castaneda: „Die Lehren des Don Juan. Ein Yaqui-Weg des Wissens", Frankfurt a.M., 1973).

9 Da dieser Bereich bis heute ein Tabu in der Waldorfpädagogik darstellt – einzige Ausnahme: Leber, 1981a – und die fehlende Unbefangenheit meinerseits bislang auch keine eingehendere Erörterung mit Waldorfpädagogen zuließ, sei ausdrücklich darauf hingewiesen, daß ich hier Vermutungen äußere.

10 Nachdem die moderne Pädagogik lange Zeit die traditionellen Märchen rundweg abgelehnt hat – erstens wegen ihrer Grausamkeiten und zweitens, weil sie Abhängigkeits- und Unterdrückungsverhältnisse als unabänderlich, immerwährend und gottgewollt darstellen würden – erfolgt hier in den letzten Jahren eine Neuorientierung. Vgl. etwa Bruno Bettelheim: „Kinder brauchen Märchen" (1980). Eingehend über die anthroposophische „Märchenkunde" informieren beispielsweise:

Meyer, Rudolf: Die Weisheit der deutschen Volksmärchen, Stuttgart, 1981, neuerdings auch als Fischer-TB: Frankfurt a.M., 1983; Lenz, Friedel: Bildsprache der Märchen, Stuttgart 1980; Geiger, Rudolf: Märchenkunde, Stuttgart 1982.

11 Dieses sagt ein Autor (F. Weinert), der über jeden Verdacht des Ableitungsmarxismus erhaben ist. Ausdrücklich bezeichnet er sich als unfähig, der Unterscheidung zwischen „bürgerlicher" und „nicht-bürgerlicher" Wissenschaft eine Bedeutung beizumessen (Funkkolleg Vorwort S. 26).

12 Vgl. z.B. den Auswertungsbericht „10 Jahre Modellversuche im Bildungswesen. Bund-Länder-Kommission für Bildungsplanung und Forschungsförde-

rung“ Bonn 1981. Als Fazit heißt es dort, „daß es für die Förderung der Gesamtpersönlichkeit bedeutsamer ist, überhaupt eine vorschulische Einrichtung zu besuchen, als eine bestimmte Art vorschulischer Einrichtung“ (S. 22). D.h., daß spezielle Förderungsprogramme im Durchschnitt nicht besser abschnitten als tradtionelle Kindergärten. Und Dollase (1978b, 462f.) berichtet von einer anderen Vergleichsstudie: „So erwies sich z.B. die bessere Anpassung von ehemaligen Modellkindergartenkindern gegenüber ehemaligen Vorschulklassenkindern an die Grundschule überraschend, da die Vorklasse und nicht der Modellkindergarten in größerer inhaltlicher und organisatorischer Kontinuität zur Grundschule steht.“ Hier erwies sich also das ins Kindergartenalter vorverlegte gezielte Lernen und Lehren sogar als hemmend für eben dieses Lernen in der Schule. „Der Übergang vom spielenden zum lehrgangsbezogenen Lernen sollte stärker in den Grundschulbereich verlagert werden,“ empfiehlt der oben erwähnte Auswertungsbericht der Bund-Länder-Kommission deshalb folgerichtig (S. 76).

13 Das amerikanische Head-Start-Programm beispielsweise, das größte und bekannteste kompensatorische Erziehungsprogramm, in dem soziale und kognitive Förderung vereinigt waren, und in dem bis 1968 über eine Million Kinder eingeschult wurden, betreut von zigtausenden von Helfern und Lehrern, läßt mich an die von einem Naturwissenschaftler ausgesprochene „Aufforderung zur Mondlandung an die Sozialwissenschaften“ denken (vgl. Hecht, Werner (Hrsg.): „Leben des Galilei. Materialien“, S. 163). Die *Sozial*wissenschaft versuchte damit, ähnlich der spektakulären Demonstration *natur*wissenschaftlicher Forschungsergebnisse in der Raumfahrt, in einem gigantischen Unternehmen, die praktische Nützlichkeit ihrer theoretischen Befunde unter Beweis zu stellen. Daß es seit Jahren wieder sehr ruhig um „kompensatorische Erziehung“ geworden ist, ist ein Indiz dafür, daß sich die in sie gelegten grossen Erwartungen und Hoffnungen leider in herbe Enttäuschung und Resignation umgewandelt haben. Vgl. hierzu: Thiersch (1973) sowie Jendrowiak (1978).

14 Stützen kann sich diese Annahme Steiners heute auf Untersuchungen an Nachtarbeitern, die ergaben, daß, trotz deren jahrelang umgekehrter Lebensweise, der physiologische Rhythmus der Körperprozesse nicht verändert wird. Vgl. Lehr (1959, 197). Zumindest von seiner biologischen Ausstattung her ist der Mensch also tatsächlich auf vorgegebene konstante Rhythmen eingestellt.

15 Auf die Eurythmie kann hier nicht näher eingegangen werden, vgl. dazu z.B. „Eurythmie“, Sonderdruck der „Erziehungskunst“ 1975/Heft 6.
Sie ist jedenfalls eine genuin anthroposophische Erfindung, die allerdings auf dem Hintergrund der zu ihrer Entstehungszeit (1912-1925) starken „musischen Bewegung“ und der damals vielfach unternommenen Versuche einer Erneuerung rhythmisch-musikalischer Leibeserziehung gesehen werden muß.

16 Vgl. Hahn, Herbert (1930, 9ff.). Hahn empfiehlt den Ball als erstes Spielzeug des Kindes, weil er erstens kopfähnlich sei und zweitens „wohl das am meisten kosmische Spielzeug“ darstelle: „. . . der ganz gesunde und gute Instinkt der Menschheit hat dazu geführt, daß das kleine Kind zuerst einen Ball in die

Hand bekommt." Vgl. zur Ablehnung der anderen Fröbelschen Spielgaben: Grunelius (1955, 37). Dies ist der einzige Punkt, in dem sich die anthroposophische Theorie des Kindergartens tatsächlich von Fröbel abhebt.

17 Allerdings sei an dieser Stelle nicht verschwiegen, daß ich selbst überrascht war, wie wenig Sexualität im alltäglichen Leben eines Kindergartens von den Kindern zum Thema gemacht wird. Ein Pädagogik-Student der 70er Jahre, der Sozialisationsprozesse am Leitfaden der Triebunterdrückung zu deuten gelernt hat, erwartet natürlich in seiner ersten Begegnung mit konkreter Erziehungspraxis, daß an allen Ecken und Enden die Spuren der von Freud behaupteten kindlichen Sexualität zu entziffern sind. Die vielen Uni-Seminare über emanzipatorische Sexualpädagogik haben hier wohl einen etwas überdimensionierten Erwartungshorizont hervorgebracht. Sexualität wird genauso einseitig fetischisiert, wie sie die ältere Generation tabuisiert. Die ernüchternde Konfrontation mit realen Exemplaren des bislang nur aus Büchern bekannten Rohmaterials sozialwissenschaftlicher Theoriebildung läßt die Frage auftauchen, ob nicht doch etwas dran ist, wenn Leber schreibt:
„Werden die Geschlechtsorgane berührt, wird das auch vom Kind schon als angenehm empfunden, aber Sexualität (im entfalteten Sinne) ist das ebensowenig wie das Festhalten eines Bleistiftes Schreiben ist" (Leber, 1981a, 48).

18 In staatlichen Bildungskommissionen waren allerdings lange Zeit auch andere Ansichten zuhause. Für den Vorschulbereich forderte etwa Heckhausen als vom Deutschen Bildungsrat eingesetzter Gutachter 1968: „Weniger das abhängige, Geborgenheit und mütterlichen Schutz suchende Verhalten des Kindes wäre zu fördern, sondern eher das ‚emanzipatorische und leistungsorientierte' Verhalten ... Weitergehend wird ein Ausbau des Kindergartens zu einer *Vorschule*, die sich vom vierten bis zu dem um ein Jahr vorverlegten Schuleintritt erstreckt, vorgeschlagen" (Skowronek, 1972, 553).

19 Dieser Aspekt wurde von der Fröbel-Schülerin Henriette Schrader in die Kindergartenpraxis eingebracht: Der durch die Trennung von Berufs- und Familienleben entstandene Verlust an Anschauung und praktischem Mitvollzug handwerklicher Tätigkeiten soll den Kindern im Kindergarten ersetzt werden (vgl. Blochmann, 1973, 336).

20 „Daß ein Stein tot und eine Amöbe, ein Wechseltierchen also, lebendig ist, darüber kann es selbstverständlich keinen Streit geben. Schwierig aber wird die Unterscheidung sofort, wenn wir uns dem Grenzbereich zwischen beiden Zuständen nähern. Ein bekanntes Paradebeispiel sind die Viren. Ist ein Virus ein lebendiger Organismus oder noch dem Bereich der unbelebten Natur zuzurechnen? ... Der Übergang (von der unbelebten zur belebten Materie – d.V.) erfolgte in der Tat so allmählich und nahtlos, daß es im Licht der neuesten Forschungen gänzlich unmöglich geworden ist, hier noch eine sinnvolle Grenze zu ziehen zwischen dem Teil der Entwicklung, der noch ‚unbelebt' verlief, und der daran anschließenden Phase der eigentlichen biologischen Evolution" (Ditfurth, 1979, 137 und 120).

21 Leider konnte im Rahmen dieser Arbeit auf das Märchenerzählen, das einen wichtigen Bestandteil des anthroposophischen Kindergartenalltags bildet, nicht näher eingegangen werden. Eine nähere Untersuchung würde auch hier

– wie schon bei der Spieltheorie bzw. Spieltherapie – auf zunächst überraschende Verwandtschaften zwischen anthroposophischer und psychoanalytischer Märcheninterpretation stoßen: Die Märchenhandlungen werden als Abbilder innerpsychischer Konflikte gesehen. Im Nachvollzug der Märchenbilder wird daher die Bearbeitung seelischer Probleme in symbolischer Form möglich (vgl. Anm. 10).

22 An die Stelle von kalter Dusche und Leibesübungen der traditionellen sexualitätsfeindlichen Pädagogik für die Jugend tritt bei Steiner die Kunst: „Es gibt kein besseres Mittel, die Erotik auf das richtige Maß zurückzuschrauben, als eine gesunde Entwicklung des ästhetischen Sinnes für das Erhabene und Schöne in der Natur" (Steiner: „Menschenerkenntnis und Unterrichtsgestaltung", Dornach 1978). Bis zum 20./21. Lebensjahr ist es für ihn Aufgabe einer richtigen Erziehung, Sexualität und Erotik totzuschweigen: „Wenn davon gesprochen werden muß in diesen Jahren, so ist es an sich schon etwas Krankhaftes" (Steiner: „Erziehung und Unterricht aus Menschenerkenntnis" Bd. II, Dornach 1977).

23 Der große Zulauf zu den Waldorfschulen ist natürlich in erster Linie eine Flucht vieler Eltern vor der staatlichen Schule und ihrem beinahe schon sprichwörtlichen „Schulstreß". Daß Waldorfpädagogik heute „in" ist, darf also noch nicht unbedingt als Beweis erfolgreicher Erziehungspraxis interpretiert werden. Immerhin kommt aber auch die erste vom „Bund der Freien Waldorfschulen" in Auftrag gegebene und von neutralen Wissenschaftlern erstellte, empirische Untersuchung über die Auswirkungen des Besuchs einer Waldorfschule zu einem insgesamt positiven Ergebnis. Vgl. Hofmann (1981) sowie die zusammenfassende Darstellung bei Leber (1981b).

Literaturverzeichnis

1. Anthroposophische Veröffentlichungen

Abendroth, Walter: Rudolf Steiner und die heutige Welt, Frankfurt/M. 1982.

Aeppli, Willi: Die Eltern bereiten die Lernfähigkeit ihrer Kinder vor. In: Kügelgen, Helmut von: Plan und Praxis des Waldorfkindergartens. Stuttgart 1973. S. 61-64.

Bai, Sönke/Barkhoff, Wilhelm Ernst u.a.: Die Rudolf-Steiner-Schule Ruhrgebiet. Reinbeck 1976.

Bartsch, Günter: Anthroposophie und ihre Wirkungen in der Gesellschaft. In: Becker, Kurt E./Schreiner, Hans-Peter (Hrsg.): Anthroposophie heute. München 1981. S. 135-147.

Beichler, Christa: Kindgemäße Vorschulerziehung. Schaffhausen 1976.

Britz-Crecelius, Heidi: Kinderspiel – lebensentscheidend. Stuttgart ^{4}1982.

Carlgren, Frans: Erziehung zur Freiheit. Die Pädagogik Rudolf Steiners. Stuttgart ^{3}1977.

Erziehungskunst. Monatsschrift zur Pädagogik Rudolf Steiners. Herausgegeben vom Bund der Freien Waldorfschulen. Stuttgart.
Sonderheft: „Eurythmie", Heft 6, 1975.
Sonderheft: „Von der Würde des Kindes", Heft 7/8, 1979.

Fucke, Erhard: Lernziel: Handeln können – Erfahrungen und Überlegungen zu einem erweiterten Bildungskonzept. Frankfurt/M. 1981.

Fucke, Erhard: Die Bedeutung der Phantasie für Emanzipation und Autonomie des Menschen. Stuttgart ^{2}1981.

Gabert, Erich: Autorität und Freiheit in den Entwicklungsjahren. Stuttgart 1952.

Gabert, Erich: Die Strafe in der Selbsterziehung und in der Erziehung des Kindes. Stuttgart 1964.

Geiger, Rudolf: Märchenkunde. Stuttgart 1982.

Grunelius, Elisabeth: Erziehung im frühen Kindesalter – Der Waldorfschulkindergarten. Freiburg 1955.

Grunelius, Elisabeth: Die Willensnatur des Kindes im ersten Lebensjahrsiebt. In: Vorschulerziehung – ja – aber wie? Sonderdruck aus: Die Menschenschule Nr. 5/6 1971 (^{2}1974). S. 18-22.

Hahn, Herbert: Vom Ernst des Spielens. Stuttgart 1930.

Hemleben, Johannes: Rudolf Steiner. Reinbeck 1963.

Heydebrand, Caroline von: Vom Spielen des Kindes. Stuttgart 1927.

Hünig, Annemarie: Erfahrungen mit dem Spiel auf der Kinderharfe. In: Erziehungskunst Heft 7/8, 1979, S. 446-453.
Jaffke, Freya: Vom Malen und der Kultivierung durch Kunst. In: Kügelgen (1973). S. 54-57.
Jaffke, Freya: Zur Planung im Waldorfkindergarten. In: Erziehungskunst. Heft 8, 1977. S. 391-407.
Jaffke, Freya: Kinderstube — Lebensschule. In: Erziehungskunst Heft 7/8, 1979. S. 370-374.
Kiersch, Johannes: Die Waldorfpädagogik — Eine Einführung in die Pädagogik Rudolf Steiners. Stuttgart [3]1973.
Kügelgen, Helmut von (Hrsg.): Plan und Praxis des Waldorfkindergartens. Stuttgart 1973.
Kügelgen, Helmut von: Von der elementaren Eurythmie im ersten Jahrsiebent. In Erziehungskunst Heft 6, 1975. S. 29-32.
Kügelgen, Helmut von: Gesetze der Kindheit. In: Weleda Almanach — erkennen, heilen, pflegen. Arlesheim (Schweiz) 1978. S. 75-78.
Kügelgen, Helmut von: Zum Jahr des Kindes 1979. In: Erziehungskunst Heft 7/8 1979. S. 361-363.
Kügelgen, Helmut von: Aus der Menschenkunde des Erziehungsalters. Von Denkgewohnheiten und menschlichem Verhalten. In: Erziehungskunst Heft 7/8 1979b. S. 363-369.
Kügelgen, Helmut von: Vom Waldorfkindergarten. In: Kindergarten heute, Nr. 3/4, 1982. S. 74-82 und S. 122-126.
Kugler, Walter: Rudolf Steiner und die Anthroposophie. Köln 1978.
Kranich, Ernst Michael: Pädagogische Projekte und ihre Folgen. Stuttgart [2]1971.
Kranich, Ernst Michael: Vorschulerziehung aus den Anforderungen des Kindes. In: Kügelgen (1973). S. 7-19.
Kretschmann, Dagmar: Die Bedeutung des Jahreslaufes für die Entwicklung des Kindes. In: Erziehungskunst Heft 7/8, 1979. S. 454-456.
Leber, Stefan: Sozialisation und Elternmitwirkung. In: Kügelgen (1973). S. 77-83.
Leber, Stefan: Geschlechtlichkeit und Erziehungsauftrag. Stuttgart 1981a.
Leber, Stefan: Die Waldorfschule im gesellschaftlichen Umfeld: Zahlen, Daten und Erläuterungen zu Bildungslebensläufen ehemaliger Waldorfschüler. Stuttgart 1981b.
Lenz, Friedel: Bildsprache der Märchen. Stuttgart 1980.
Lievegoed, B.C.J.: Entwicklungsphasen des Kindes. Stuttgart [2]1979.
Linden, Wilhelm zur: Geburt und Kindheit. Frankfurt/M. [11]1982.
Lindenberg, Christoph: Waldorfschulen: angstfrei lernen, selbstbewußt handeln. Reinbeck 1975.
Lindenberg, Christoph: Rudolf Steiner (1861-1925). In: Scheuerl (1979 Bd. II). S. 170-182.
Lindenberg, Christoph: Die Lebensbedingungen des Erziehens — Von Waldorfschulen lernen. Reinbeck 1981.
Meyer, Rudolf: Das Kind. Stuttgart [8]1974.
Meyer, Rudolf: Die Weisheit der deutschen Volksmärchen.
Stuttgart 1981 (neuerdings auch als Fischer-TB: Ffm. 1983).

Picht, Veronika: Das Erleben des Jahreskreislaufs. In: Kügelgen (1973). S. 41-43.
Rist, Georg/Schneider, Peter: Die Hiberniaschule. Von der Lehrwerkstätte zur Gesamtschule. Reinbeck [2] 1980.
Rittersbacher, Karl: Entstehung und Zukunft der Pädagogik Rudolf Steiners. In Becker, Kurt E./Schreiner, Hans-Peter (Hrsg.): Anthroposophie heute. München 1981. S. 56-80.
Schneider, Peter: Einführung in die Waldorfpädagogik. Stuttgart 1982.
Steiner, Rudolf: Wie erlangt man Erkenntnisse höherer Welten. Berlin 1904.
Steiner, Rudolf: Die Geheimwissenschaft im Umriß. Leipzig 1910.
Steiner, Rudolf: Theosophie. Einführung in übersinnliche Welterkenntnis und Menschenbestimmung. Dornach 1962.
Steiner, Rudolf: Pastoral-Medizinischer Kurs. Dornach 1973.
Steiner, Rudolf: Erziehung und Unterricht aus Menschenerkenntnis Bd. II. Dornach 1977.
Steiner, Rudolf: Menscherkenntnis und Unterrichtsgestaltung. Dornach 1978a.
Steiner, Rudolf: Die Erziehung des Kindes vom Gesichtspunkte der Geisteswissenschaft. Dornach 1978.
Steiner, Rudolf: Die Kunst des Erziehens aus dem Erfassen der Menschenwesenheit. Dornach 1979a.
Steiner, Rudolf: Spiel und Arbeit. In: Erziehungskunst Heft 7/8 1979b. S. 374-376.

2. Veröffentlichungen von „Nicht-Anthroposophen" über Anthroposophie und Waldorfpädagogik

Becker, Hellmut: Waldorfschulen und Öffentlichkeit. In: Erziehungskunst Heft 5, 1981. S. 264-270.
Bry, Carl Christian: Verkappte Religionen – Kritik des kollektiven Wahns. München 1979 (Erstveröffentlichung 1924).
Herz, Gerhard: Pädagogik und Waldorfpädagogik. In: Neue Sammlung Heft 6 (22. Jg.), Stuttgart 1982. S. 565-574.
Hofmann, U. u.a.: Forschungsbericht über Bildungslebensläufe ehemaliger Waldorfschüler. Eine Untersuchung der Geburtsjahrgänge 1946 und 1947. Stuttgart 1981.
Hövels, Karl: Beiträge zur Kritik der anthroposophischen Welt- und Lebensanschauung und kritische Beleuchtung der anthroposophischen Erziehungs- und Unterrichtslehre. Kaldenkirchen 1926.
Huber, Joseph: Astral-Marx. In: Kursbuch 55 „Sekten". Berlin 1979. S. 139-161.
Leisegang, Dr. Hans: Die Grundlagen der Anthroposophie – Eine Kritik der Schriften Rudolf Steiners. Hamburg 1922.
Lodemann, Jürgen: Auf der heilen Insel Waldorf. In: Stuttgarter Zeitung Nr. 58 (10.3.1978). S. 36.
Oppolzer, Siegfried: Anthropologie und Pädagogik bei Rudolf Steiner. Münster 1959.

Schrey, Helmut: Waldorfpädagogik. Kritische Beschreibung und Versuch eines Gesprächs. Bad Godesberg 1968.
Ullrich, Heiner: „Ver-Steiner-te“ Reformpädagogik. In: Neue Sammlung Heft 6 (22. Jg.), Stuttgart 1982. S. 539-564.
Wehr, Gerhard: C.G. Jung und Rudolf Steiner – Konfrontation und Synopse. Stuttgart 1972.
Wehr, Gerhard: Der pädagogische Impuls Rudolf Steiners. München 1977.
Wiederhold, Karl A.: Rudolf Steiner. In: Speck, Josef (Hrsg.): Geschichte der Pädagogik des 20. Jahrhunderts II. Stuttgart 1978. S. 7-20.
Zeiher, Hartmut J.: Waldorfschulen und Öffentlichkeit: Dialog und gegenseitiger Nutzen? In: Goldschmidt, D./Roeder, P.M. (Hrsg.): Alternative Schulen? – Gestalt und Funktion nichtstaatlicher Schulen im Rahmen öffentlicher Bildungssysteme. Stuttgart 1979.

3. Andere Literatur

Aebli, Hans: Die geistige Entwicklung als Funktion von Anlage, Reifung, Umwelt- und Erziehungsbedingungen. In: Roth, Heinrich (Hrsg.): Begabung und Lernen. Stuttgart [8] 1972. (Erstveröffentlichung: 1968). S. 151-192.
Bandura, Albert: Lernen am Modell. Stuttgart 1976.
Bandura, Albert: Sozial-kognitive Lerntheorie. Stuttgart 1979.
Bergius, R.: Entwicklung als Stufenfolge. In: Thomae, Hans (Hrsg.): Handbuch Psychologie. Band 3: Entwicklungspsychologie. Göttingen 1959. S. 104-195.
Bettelheim, Bruno: Kinder brauchen Märchen. München 1980.
Bittner, Günther/Schmid-Cords, E. (Hrsg.): Erziehung in früher Kindheit. München [5] 1973.
Blochmann, Elisabeth: Pädagogik des Kindergartens. In: Bittner (1973). S. 323-343.
Brecht, Bertolt: Geschichten vom Herrn Keuner. Frankfurt/M. 1972.
Bruder, Grubitzsch, u.a. (Hrsg.): Kritik der Pädagogischen Psychologie. Reinbeck 1976.
Buschbeck, Bernhard: Religiöse Erziehung im Vorschulalter. In: Dollase (1978 Bd. II). S. 407-416.
Bühler, Karl: Abriß der geistigen Entwicklung des Kleinkindes. Heidelberg [8] 1958.
Bund-Länder-Kommission für Bildungsplanung (Hrsg.): Fünfjährige in Kindergärten, Vorklassen und Eingangsstufen – Bericht über eine Auswertung von Modellversuchen. Stuttgart 1976.
Bund-Länder-Kommission für Bildungsplanung und Forschungs-Förderung (Hrsg): 10 Jahre Modellversuche im Bildungswesen. Bonn 1981.
Castaneda, Carlos: Die Lehren des Don Juan. Ein Yaqui-Weg des Wissens. Frankfurt/M. 1973.
Ditfurth, Hoimar von: Im Anfang war der Wasserstoff. München/Zürich 1979.
Dollase, Rainer (Hrsg.): Handbuch der Früh- und Vorschulpädagogik. Düsseldorf 1978, 2 Bände.

Dollase, Rainer: Definition und Struktur der Früh- und Vorschulpädagogik. In: Dollase (1978 Bd. I). S. 3-18 (zitiert als 1978a).
Dollase, Rainer: Grenzen pädagogischer Einflußmöglichkeiten im Kleinkindalter. In: Dollase (1978 Bd. II). S. 457-572 (zitiert als 1978b).
Duerr, Hans-Peter (Hrsg.): Der Wissenschaftler und das Irrationale. Frankfurt/M. 1981, 2 Bände.
Edge, Hoyt L.: Die Mängel der Kritik der Rationalisten an der Parapsychologie. In: Duerr (1978 Bd. II). S. 307-333.
Ehmer, Hermann K. (Hrsg.): Kunstunterricht und Gegenwart. Frankfurt/M. 1967.
Engels, A.: Körperliche Entwicklung und Bewegungserziehung. In: Dollase (1978, Bd. II). S. 295-314.
Ewert, Otto: Über die Bedeutsamkeit frühkindlicher Erfahrungen. In: Dollase (1978, Bd. II). S. 67-78.
Fatke, Reinhard: Jean Piaget (geboren 1896). In: Scheuerl (1979, Bd. II). S. 290-314.
Feyerabend, Paul: Irrationalität, oder Wer hat Angst vorm schwarzen Mann? In: Duerr (1978, Bd. II). S. 37-60.
Flavell, John H.: Rollenübernahme und Kommunikationsfertigkeiten bei Kindern. In: Graumann, C.F./Heckhausen, H. (Hrsg.): Funkkolleg Pädagogische Psychologie, Grundlagentexte Band 1. Frankfurt/M. 1973. S. 201-220.
Flitner, Andreas: Der Streit um die Vorschulerziehung. In: Bittner (1973). S. 364-384 (zitiert nach dem Jahr der Erstveröffentlichung: 1967).
Flitner, Andreas (Hrsg.): Das Kinderspiel, München ^{4}1973.
Giel, Klaus: Friedrich Fröbel (1782-1852). In: Scheuerl (1979, Bd. I). S. 249-269.
Grubitzsch, S.: Zur Psychologie der Intelligenz von Jean Piaget. In: Bruder (1976) S. 146-180.
Hebenstreit, Sigurd: Einführung in die Kindergartenpädagogik. Stuttgart 1980.
Heckhausen, Heinz: Entwicklung, psychologisch betrachtet. In: Weinert (1974). S. 67-100.
Heinsohn, G./Knieper, B.: Das Desinteresse lohnabhängiger Pädagogen als zentrales Problem der Erziehung. In: Bruder (1976). S. 20-39.
Höhn, Elfriede: Geschichte der Entwicklungspsychologie. In: Thomae (1959). S. 21-45.
Hoffmann, Erika: Der Kindergarten. In: Scheibe, Wolfgang (Hrsg.): Die Pädagogik des XX. Jahrhunderts. Stuttgart 1960. S. 264-274.
Hoffmann, Erika: Frühkindliche Bildung und Schulanfang. In: Bittner (1973). S. 344-363.
Hoffmann, Erika: Spielpflege. In: Scheuerl (1975). S. 168-178.
Jendrowiak: H.W.: Kompensatorische Vorschulerziehung. In: Dollase (1978, Bd. II). S. 179-187.
Kirchhoff, Robert: Zur Geschichte des Ausdrucksbegriffs. In: Thomae, Hans (Hrsg.): Handbuch der Psychologie Band 5: Ausdruckspsychologie. Göttingen 1965. S. 9-38.
Klafki, Wolfgang, u.a. (Hrsg.): Funkkolleg Erziehungswissenschaft. 3 Bände (a, b, c). Frankfurt/M. 1970.

Klinke, W.: Spielmittel und didaktische Materialien. In: Dollase (1978, Bd. II). S. 243-264.
Klönne, Arno: Geschichte der Jugendbewegung. Münster 1957.
Koch, M.: Die Begriffe Person, Persönlichkeit und Charakter. In: Thomae (1960) S. 3-29.
Kokemohr, Rainer: Friedrich Nietzsche 1844-1900. In: Scheuerl (1979). S. 34-45.
Kossolapow, Line: Sozialisation im Kindergarten. In: Hurrelmann, Klaus/Ulich, Dieter (Hrsg.): Handbuch der Sozialisationsforschung. Weinheim/Basel 1980. S. 423-442.
Kunert, Hubertus: Deutsche Reformpädagogik und Faschismus. Hannover 1973.
Kupffer, Heinrich: Reformpädagogik. In: Hierdeis, H. (Hrsg.): Taschenbuch der Pädagogik. Baltmannsweiler 1978. S. 648-654.
Lehr, Ursula: Entwicklung und Periodizität. In: Thomae (1959). S. 196-219.
Lorenzen, Hermann (Hrsg.): Die Kunsterziehungsbewegung. Bad Heilbrunn 1966.
Lückert, Heinz-Rolf: Begabungs- und Bildungsförderung im Vorschulalter. In: Bildung — die Grundlage unserer Zukunft. (ohne Hrsg., Piper Verlag) München 1968. S. 25-60.
Meiers, Kurt (Hrsg.): Vorschulerziehung. Bad Heilbrunn 1973.
Nickel, H.: Die Entwicklung sozialer Beziehungen zu Erwachsenen und Gleichaltrigen. In: Dollase (1978, Bd. II). S. 379-390.
Oerter, Rolf: Moderne Entwicklungspsychologie. Donauwörth [15]1975.
Piaget, Jean: Nachahmung, Spiel, Traum. Stuttgart 1969.
Piaget, Jean: Psychologie der Intelligenz. Freiburg 1971.
Piaget, Jean: Theorien und Methoden der modernen Erziehung. Frankfurt/M. 1974.
Piaget, Jean/Inhelder, Bärbel: Die Psychologie des Kindes. Frankfurt/M. 1977.
Piaget, Jean: Das Weltbild des Kindes. Frankfurt/M. / Berlin 1980.
Psychologie heute: Kindheit ist nicht kinderleicht. Sonderband Weinheim 1980.
Pulaski, Mary Ann: Piaget — Eine Einführung in seine Theorie und sein Werk. Frankfurt/M. 1978.
Reble, Albert: Geschichte der Pädagogik. Stuttgart [10]1969.
Reble, Albert: Geschichte der Pädagogik. Dokumentationsband I. und II. Stuttgart 1971.
Rein, W.: Beispiel. In: Encyclopädisches Handbuch der Pädagogik Band I. Langensalza 1903.
Röhrs, Hermann: Kindergarten, Vorschule, Elternhaus in Kooperation. München 1976.
Röhrs, Hermann: Die Reformpädagogik — Ursprung und Verlauf in Europa. Hannover 1980.
Scheibe, Wolfgang: Die Reformpädagogische Bewegung. Weinheim [7]1980.
Scheuerl, Hans (Hrsg.): Theorien des Spiels. Weinheim/Basel [10]1975.
Scheuerl, Hans (Hrsg.): Klassiker der Pädagogik. 2 Bände. München 1979.
Schmalohr, Emil: Möglichkeiten und Grenzen einer kognitiven Frühförderung. In: Höltershinken, Dieter (Hrsg.): Vorschulerziehung. Eine Dokumentation. Freiburg 1971. S. 83-108.

Schmid, Dr. K.A. (Hrsg.): Encyclopädie des gesamten Erziehungs- und Unterrichtswesens bearbeitet von einer Anzahl Schulmänner und Gelehrten. Band 1 (1858) und Band 5 (1883).
Schmidtchen, St.: Theorie und Praxis der Spielförderung. In: Dollase (1978, Bd. II). S. 225-242.
Schmidt-Denter, U.: Entwicklung und Förderung des Sozialverhaltens. In: Dollase (1978, Bd. II). S. 391-406.
Schütz, Helmut G.: Kunstpädagogische Theorie. München ^{2}1975.
Schultz-Gambard, J.: Umweltpsychologische Aspekte frühkindlicher und vorschulischer Sozialisation. In: Dollase (1978, Bd. II). S. 27-54.
Schwartz, H. (Hrsg.): Pädagogisches Lexikon Band II. Bielefeld/Leipzig 1930.
Schwenk, B.: Reformpädagogik. In: Wulf, Christoph (Hrsg.): Wörterbuch der Erziehung. München 1974. S. 487-491.
Selman, Robert L.: Taking Another's Perspective. Role-taking development in early childhood. In: Child Development Nr. 42, 1971. S. 1721-1734.
Skowronek, Helmut: Synopse der in den einzelnen Gutachten formulierten Folgerungen. In: Roth, Heinrich (Hrsg.): Begabung und Lernen. Stuttgart 1972. S. 551-567.
Stollenwerk, H.J.: Das Übergangsproblem Familie-Kindergarten. In: Dollase (1978, Bd. I). S. 341-348.
Strunz, K.: Das Problem der Persönlichkeitstypen. In: Thomae (1960). S. 155-221.
Thiersch, Renate: Kompensatorische Vorschulerziehung. In: Meiers (1973). S. 75-88.
Thomae, Hans (Hrsg.): Handbuch der Psychologie Band 3: Entwicklungspsychologie. Göttingen 1959.
Thomae, Hans/Lersch, P. (Hrsg.): Handbuch der Psychologie Band 4: Persönlichkeitsforschung und Persönlichkeitstheorie. Göttingen 1960.
Trautner, Hans Martin: Lehrbuch der Entwicklungspsychologie Band 1. Göttingen 1978.
Waelder, Robert: Die psychoanalytische Theorie des Spiels. In: Flitner (1973). S. 81-93.
Weinert, Franz E./Graumann, C.F./Heckhausen, H./Hofer, M. (Hrsg.): Funkkolleg Pädagogische Psychologie Band 1. Frankfurt/M. 1974.
Wickert, Johannes: Einstein. Reinbeck 1972.
Wisser, Burkhart (Hrsg.): Erkenntnis und Sein I. Epistemologie. Stuttgart 1978.
Wittmann, H.: Der Übergang vom Kindergarten zur Grundschule. In: Dollase (1978, Bd. I). S. 349-362.
Zullinger, Hans: Die Entwicklung der Spieltherapie. In: Flitner (1973). S. 111-128.

Nachwort zur zweiten Auflage 1990

„Wer im Glashaus sitzt, soll nicht mit Steinen werfen!“
Volksweisheit

Die Hochkonjunktur der Waldorfpädagogik hält unvermindert an. Eine wesentliche Ursache dafür liegt im schwindenden Glauben an den durch Technik und Wissenschaft gewährleisteten Fortschritt. Hatte die Wissenschaft schon spätestens in Hiroschima ihre Unschuld verloren, so markieren Stichworte wie Tschernobyl, Ozonloch, Algenpest und Treibhauseffekt die Fragwürdigkeit der einstmals sinnvollen Unterscheidung in gute und böse Technik für große Teile der Bevölkerung. Fortschrittsmüdigkeit wird zur vorherrschenden Stimmungslage im Westen und damit einher geht die breite Rückbesinnung auf längst überwunden geglaubte Traditionen. So wird etwa seelische Gesundheit zunehmend eher vom Schamanen statt vom Therapeuten erwartet und bei körperlichen Leiden wird immer mehr der homöopathische Heilpraktiker mit dem Pendel statt des Schulmediziners konsultiert. Bereits jeder vierte bundesdeutsche Internist arbeitet mit homöopathisch-anthroposophischen Methoden. Und auch das Vertrauen in das staatliche Bildungswesen schwindet. Eltern fragen sich zurecht, ob die modernen Lernfabriken, in denen vorbildhafte Lehrer-Persönlichkeiten die Ausnahme und fragmentiertes, sinnentleertes Lernen die Regel sind, ihre Kinder auf die Herausforderungen und Gefahren unserer Zukunft adäquat vorbereiten. Ja, die Einsicht scheint an Boden zu gewinnen, daß dieses Bildungssystem selbst gerade eine der Hauptursachen unserer Krise ist, insofern es den ganzen Menschen mit Kopf, Herz und Hand durch Konkurrenzkampf, Leistungsdruck und Angst (Stichwort: „Schulstreß“) aufs bloße analytische Denken reduziert. Die nicht mehr zu übersehenden individuellen, sozialen und ökologischen Kosten dieser Vereinseitigung aber machen die Suche nach Alternativen zum dringenden Anliegen – weit über die gesellschaftlichen Randgruppen, die Alternativen, die Grünen, die Anthroposophen etc. hinaus, die hier seit Jahren eine Vorreiterrolle gespielt haben.

Als eine solche Alternative präsentiert sich die Waldorfpädagogik. Mit der immerhin 70-jährigen Tradition im Rücken – einem vertrauensstiftenden Signal von Seriosität – und obendrein mit der Aura von Exklusivität, Künstlertum und Elite umgeben – Werten also, die heute ebenfalls wieder hoch im Kurs stehen –, ist sie die nach wie vor bewährteste und vornehmste alternative pädagogische Konzeption. Einige Zahlen belegen den anhaltenden Waldorfboom: Von 130 (1980) auf 238 (1986) ist die Zahl der Kindergärten in der BRD gewachsen, und statt 72 (1981) gibt es heute (Ende 1989) bei uns 115 Schulen. Tendenz weiter steigend.

Auch das Erscheinen der zweiten Auflage dieses Buches ist ein Ausdruck des wachsenden Interesses an der anthroposophischen Pädagogik. Von inhaltlichen Änderungen habe ich abgesehen, obwohl ich heute gerade manche grundsätzlichere Passage anders formulieren würde. Ich betrachte die Arbeit als Ausdruck meiner damaligen vorsichtigen Annäherung an die Waldorf(vorschul)pädagogik in einer bestimmten zeitgeschichtlichen Situation und halte nicht viel davon, an Texten bei jeder Neuauflage wieder herumzubasteln. Auch hat sich meine Einstellung gegenüber der Waldorfpädagogik – auch im Zuge meiner demnächst fertiggestellten Dissertation über deren philosophische Grundlagen und die Alltagsorientierungen der Waldorflehrer – nicht wesentlich verändert. Die Verrisse, die zur ersten Auflage in den anthroposophischen Zeitschriften erschienen[1], konnten daran nichts ändern. Denn dort wurde nur der bereits hier (vgl. „Statt eines Nachwortes“, S. 140ff.) dokumentierte Alleinvertretungsanspruch variiert und meiner „wissenschaftlichen Eintagsfliege“ (Kiersch) die „kommentarlose Versenkung in Lethes Fluten, wo sie am tiefsten sind“ (Saurer) prophezeit.

In bezug auf die in der Einleitung bedauerte Situation, die fehlende Auseinandersetzung zwischen akademischer Erziehungswissenschaft und anthroposophischer Geheimwissenschaft, scheint allerdings eine Veränderung eingetreten zu sein. Im Vergleich zum dort noch konstatierten jahrzehntelangen Ignorieren möchte man heute fast schon von einer Flut von Streitschriften sprechen – und es scheint mir sinnvoll, den daran interessierten Leser über diese Kontroverse zumindest exemplarisch in den Grundzügen zu informieren.

Die jüngeren Veröffentlichungen zur Waldorfpädagogik und zur Anthroposophie lassen sich zunächst verschiedenen Zentral-Perspektiven zuordnen:

1. *Die erziehungswissenschaftliche Perspektive:* Hier werden die pädagogischen und anthropologischen Prinzipien der Waldorfpädagogik am Maßstab heute kanonisierter wissenschaftlicher Kriterien gemessen und auf ihre Herkunft befragt.

2. *Die psychologische Perspektive:* Die Person und die Theorie Rudolf Steiners werden tiefenpsychologisch interpretiert und insbesondere die sozial-psychologisch problematischen Konsequenzen des Persönlichkeitsmodells aufgezeigt.
3. *Die praktisch-pädagogische Perspektive:* Schulpraktiker versuchen interessierten Eltern und Lehrern die Fragwürdigkeit der Waldorfpädagogik darzustellen.
4. *Die politisch-historische Perspektive:* Nachgegangen wird problematischen Aussagen Steiners zum Ersten Weltkrieg und zur Geschichte allgemein, sowie dem Verhalten der Waldorfschulen im Nationalsozialismus.
5. *Die persönliche Perspektive:* Persönliche Bekenntnisse und Abrechnungen Ehemaliger, die der Waldorfpädagogik enttäuscht den Rücken gekehrt haben.
6. *Die kirchlich-religiöse Perspektive:* Auseinandersetzungen mit der Christologie Steiners und den weltanschaulich-religiösen Grundlagen des Waldorfunterrichts aus der Sicht der etablierten christlichen Konfessionen.
7. *Allgemeine Einführungen:* Steiners Leben und Werk, die heutigen Arbeitsfelder der Anthroposophie bzw. neuere und altbewährte Literatur dazu werden mit neugierig-kritischem Interesse im Überblick vorgestellt.

Eine erfreulich vielfältige Diskussion scheint sich also entwickelt zu haben, wenn man bedenkt, daß in den letzten Jahren aus fast jeder dieser Richtungen mehrere Bücher und Aufsätze erschienen sind (vgl. Anhang). Leider bestätigt aber die Lektüre der wenigsten Publikationen den Eindruck, der lange vermißte Dialog sei nun endlich in Gang gekommen. Immerhin findet man bei Prof. Rainer Winkel und Prof. Werner E. Spies „Sympathie und Distanz" – so der Titel des Essays von Winkel – zu der fruchtbaren Bemühung verbunden, die anregenden Gehalte der Waldorfpädagogik für das staatliche Schulwesen fruchtbar zu machen, was „nicht notwendig diesen Hintergrund raunenden Geheimwissens voraus(setze), der die Rudolf *Steiner*-Schulen durchklingt" (Spies, 1987, 120).

Auf der anderen Seite findet sich einzig Johannes Kiersch bereit, die Möglichkeiten und Grenzen der Verständigung zwischen Allgemeiner und Steiner-Pädagogik ernsthaft zu prüfen und sich der Herausforderung durch die neueren erziehungswissenschaftlichen Publikationen zu stellen. Selbstkritisch vermerkt er etwa in einer seiner Besprechungen einer „Gegner-Schrift" (1986a, 545):

„Auch scharfe und einseitige Angriffe können zur Wahrheitsfindung beitragen, und man mag sie gegenüber der hagiographischen Langeweile anthroposophischer Selbstdarstellungen als reinigendes Gewitter begrüßen."

Und als echter Fortschritt in der Debatte um die Waldorfpädagogik ist es zu werten, wenn er sich zu den wissenschaftlich nicht mehr einholbaren Glaubensgrundlagen der „übersinnlichen Welten“ bekennt. Noch 1987 hatte Rainer Winkel nämlich moniert:

„Die Anthroposophie ist nicht nur eine Erkenntnis*methode*, sondern auch eine Erkenntnis*theorie*, die ohne ‚Glaube‘ nicht auskommt ...

Um Mißverständnissen vorzubeugen: Der Waldorfpädagogik soll *nicht* der Vorwurf einer quasi-religiösen Fundierung gemacht, wohl aber die Kritik zugemutet werden, diese Grundlegung ihrer selbst nicht offen zu bekennen, sondern als die ‚bessere Wissenschaft‘ auszugeben. Damit aber wird sie zur Ideologie, denn sie verschleiert und täuscht etwas vor, was sie nicht ist“(246f.).

Im gleichen „Pro-und-Contra-Band“ (Hansmann 1987) kann man dazu die bemerkenswerten und wohltuenden Richtigstellungen von Kiersch lesen, daß auch die Schüler Steiners an dessen Einsichten glauben – wohltuend deshalb, weil der penetrante Wissenschaftsanspruch und die ebenso penetrante Verleugnung eigener und Verspottung fremder Glaubensgehalte den Leser anthroposophischer Grundlagenliteratur rasch ermüdet:

„Sie ‚glauben‘ daran, wenn ich mir dies mißverständliche Wort erlauben darf. Sie handhaben die anthroposophischen Forschungsergebnisse Steiners als Arbeitshypothesen, nach denen sie ihr Leben gestalten. Ich sehe darin nichts Verwerfliches, Lächerliches oder auch nur Ungewöhnliches. In ihrer Weise tun Katholiken, Marxisten oder wertneutral urteilende Positivisten genau dasselbe. Man muß sich seines ‚Glaubens‘, seiner Befangenheit in vorläufig gültigen Vorstellungen des Alltagsbewußtseins nicht schämen, wenn man die Vorläufigkeit des einstweilen Angenommenen durchschaut hat. Insoweit aber ist Anthroposophie empirisch nicht überprüfbar“ (Kirsch, 1987a, 210).

Obwohl Kiersch den Vorbehalt der Vorläufigkeit des Glaubens – implizit also wohl doch dessen Überwindung durch ein schließlich zu erlangendes endgültiges Wissen – nicht aufgeben will, so stellt diese Einsicht doch schon einen Schritt in die richtige Richtung dar. Einen Schritt in Richtung Verständnis der Dialektik von Glauben und Wissen. Und deren wechselseitiges Aufeinanderverwiesensein wurde von der tiefen Philosophie, von Plato über den mittelalterlichen Nominalismus, Nicolaus von Kues, Blaise Pascal, Kant und Hegel bis Kierkegaard und Wittgenstein immer wieder betont. So heißt es etwa bei einem der letzten großen Philosophen, bei Karl Jaspers:

„Es ist ein Irrtum falscher Aufklärung, daß der Verstand aus sich selber allein Wahrheit und Sein erkennen könne. Der Verstand ist angewiesen auf anderes ... Als Philosophie ist er angewiesen auf Glaubensgehalte“ (1988, 72).

Aber zurück zu den kritischen Stellungnahmen zur Waldorfpädagogik. Schriften wie die von Winkel und Spies, oder auch die zu Unrecht kaum beachteten von Tangemann und Treml bleiben leider die Ausnahme. Die öffentliche Diskussion bestimmt haben dagegen in den letzten Jahren durch etliche Vorträge und Veröffentlichungen die beiden Erziehungswissenschaftler Klaus Prange und Heiner Ullrich, der 1985 gegründete „Distelbund e. V." als Verein Waldorfgeschädigter und die Gegenoffensive der evangelischen und katholischen Kirchen, die das Abwandern Glaubenswilliger sowie den Schülerschwund an kirchlichen Privatschulen bremsen wollen.

Mit zwei besonders instruktiven Fällen, dem Akademischen Oberrat Heiner Ullrich und der Proselytin (Neubekehrten) Christiane Gratenau, will ich mich etwas näher befassen. Von Frau Gratenau erschien in der evangelikalen „ABC-TEAM"-Reihe 1985 die persönliche Bekenntnisschrift „Von Rudolf Steiner zu Jesus Christus. Meine Auseinandersetzung mit der Anthroposophie". Für diejenigen Leser, denen nicht ein derartiger Titel schon alles sagt, will ich einen Teil des Inhalts kurz referieren. Frau Gratenau schildert ihre jahrzehntelange Suche nach zweifelsfreier Gewißheit, nach einem Glauben als Antwort auf alle Lebensfragen, die sie nach dem „Irrweg" Anthroposophie (62) schließlich zurück zum christlichen Glauben führte, wie er vom evangelikalen „Marburger Kreis" verkündet wird. Nachdem sie bereits 1957 zum ersten Mal mit der Anthroposophie in Berührung gekommen war, hatte sie später selbst 3 Jahre in einer anthroposophisch orientierten Gemeinschaft gelebt. Mit ihrem Buch will sie allen, die in Gefahr stehen, sich dem falschen Propheten Steiner anzuschließen, ein warnendes Beispiel und eine kritische Auseinandersetzung auf der Grundlage des christlichen Glaubens bieten.

Was hat Frau Gratenau also erlebt? Sie hat erlebt wie sie die Waldorfschule, wohin ihre Brüder gingen, zunächst als „Doofenschule" ablehnte. Dann, nach einem eigenen Jugendlager-Aufenthalt, war sie davon begeistert. Ihr späterer Mann, von dem sie „nach anderthalb ziemlich trostlosen Ehejahren" (38) wieder geschieden wurde, wollte sie aber von Steiner loslösen:

> „So wandte ich mich aus ebenso gefühlsmäßigen Gründen, wie sie mich zur Anthroposophie geführt hatten, wieder von ihr ab" (37).

Sie machte nun die Psychologie zu ihrer „neuen Religion" (38). Bis sie schließlich im Chefredakteur der anthroposophischen Zeitschrift „Jedermann" in Wasserburg einen neuen Guru fand (44).

Da sie aber auch dort nicht glücklich wurde, zwischenzeitlich noch ein Kind bekommen hatte, von dessen Vater sie sich während der Schwangerschaft trennte (46), stand sie bald „innerlich vor dem Nichts" (51):

„Was hatte ich bisher erreicht? Eine kaputte Ehe, einen aufgegebenen Beruf, ein abgebrochenes Studium, die Beziehung zum Vater meines Sohnes war zerbrochen, die große idealistische Lebensaufgabe zerronnen" (51).

Und so nahm sie dankbar das nächste Erlösungsversprechen an, das ihr über den Weg lief: die christliche Botschaft des „Marburger Kreises". Sie „übergab" ihr Leben also Jesus Christus (62) und sagte sich von der Anthroposophie radikal los. Mit erschreckendem moralischem Rigorismus erwies sie ihrem neuen Meister den „Gehorsam" (62), etwa indem sie alle ihre anthroposophischen Bücher auf den Müllplatz brachte (63). Ihr neues „erquickendes" Lebensgefühl (64) verdankte sich dabei, wie sie berichtet, v. a. der Tatsache, daß sie sich nicht mehr – wie in der undogmatischen anthroposophischen Lehre – auf ihre eigene Urteilsfähigkeit stützen mußte: „Denn die Anthroposophie gibt keine Gebote, setzt keine Maßstäbe" (63), beklagt sie. Der Marburger Jesus dagegen bietet Sicherheit:

„Endlich weiß ich, wo es lang geht" (64),

formuliert sie in vollem Ernst, ganz ohne Selbstironie. Und man darf gespannt sein, wie lange ihr die bedingungslose Unterwerfung unter diese neueste Glaubenslehre die Konfrontation mit ihren wirklichen Lebensproblemen erspart (hat). Im Rückblick auf ihren Wasserburger Guru jedenfalls ist ihr immerhin schon ein Licht aufgegangen:

„Im Blick auf die Beziehung zu unserem Lehrer ahnte ich, daß ich im Begriff war, ein zweites Mal mein selbständiges Denken zu verlieren, nachdem ich mich früher der Meinung meines Mannes völlig unterworfen hatte" (49).

Insgesamt wird man bei der Lektüre dieser Abrechnung das Gefühl nicht los, sie sei auf Drängen der neuen Glaubensbrüder und -schwestern entstanden, ein echtes Proselyten-Bekenntnis also, eine Missionsschrift für neue Proselytenmacherei.

Diese in den Religionskriegen gängige Praxis setzt sich bis heute nicht nur in den Werbeveranstaltungen östlicher Gurus, sondern gerade in den Veröffentlichungen evangelikaler Verlage fort („Vom Zeugen Jehovas zum Zeugen Jesu Christi", „Im Irrgarten östlicher Mystik" etc.).

Dabei sticht dem weniger glaubensdurstigen Leser zunächst die Ungereimtheit ins Auge, daß Frau Gratenau einerseits mit Bibelzitaten gegen Wahrsagerei, Hellsehen und Zeichendeuten zu Felde zieht (109f., 63), ihre eigene Bekehrung auf einer Tagung selbst aber gleichfalls aus Zeichen deutet:

„Meine anderen Pläne zerschlugen sich dann auf eine etwas eigenartige Weise, so daß ich zunehmend das Gefühl bekam: ‚Du *sollst* wohl auf diese Tagung!'" (54).

Weiterhin befremdet, daß sie zwar den „Irrweg" Anthroposophie in Bausch und Bogen verdammt, selbst aber nach eigenem Bekunden

- kaum anthroposophische Einrichtungen mit eigenen Augen gesehen hat (105)
- die anthroposophischen Seelenübungen nie richtig durchführte (46)
- kein Buch von Steiner richtig gelesen, geschweige denn verstanden hat (28, 44f.).

In erster Linie scheint Frau Gratenau also mit sich selbst und ihren eigenen chiliastischen Sehnsüchten und Phantasmagorien „abgerechnet" zu haben. Die Anthroposophie ist dabei nicht viel mehr als eine auswechselbare Strohpuppe. Und in bezug auf ihre in Wasserburg gescheiterten Hoffnungen rutscht ihr auch der wohl weiseste Satz des ganzen Buches heraus:

„Daran hatte die Anthroposophie damals keine Schuld; sie war eher der Boden, auf dem sich unsere zwischenmenschlichen Dramen abspielten, es hätte auch ein anderer sein können" (50).

Ich möchte nun keineswegs behaupten, daß alle Veröffentlichungen aus christlich-kirchlicher Richtung derart offensichtlich den Teufel mit dem Beelzebub austreiben wollen wie Frau Gratenau, die uns in dankenswert offenherziger Weise Einblick in die Garderobe chiliastischer Illusionen gewährt, wo die eine Erlösungsideologie „abgelegt" (7) und gegen die nächste eingetauscht wird. Aber dieses extremste und unbedarfteste Beispiel zeigt m. E. die Grund-Struktur der religiösen Konkurrenzkämpfe – und um solche geht es hier ausschließlich – nur besonders unverblümt. Das ganze gelehrte, exegetische und systematisch-theologische Beiwerk von Autoren wie Badewien oder Pierott verdeckt im Grunde nur diesen elementaren Konflikt.

Heiner Ullrich, der zwar die Waldorfpädagogik nur von wenigen Schulbesuchen mit Studentengruppen kennt, wird von Johannes Kiersch (1986b, 314) immerhin bescheinigt, „einer der besten nichtanthroposophischen Kenner der Waldorfpädagogik“ zu sein. Er hat, neben Klaus Prange, in den letzten Jahren die theoretisch ambitioniertesten Kritiken vorgetragen und dabei durchaus hochinteressante Ergebnisse v. a. hinsichtlich der Herkunft Steinerscher Ideen vorgelegt. So zeichnet er die auch in der vorliegenden Arbeit (S. 20–35) belegten Querbezüge zur Reformpädagogik und das Enstehungsmoment der ersten Waldorfschule als expressionistisch-kulturrevolutionäre Initiative in den Nachkriegswirren 1919 detailliert nach. Und seiner Spurensicherung in puncto Temperamentenlehre können selbst Anthroposophen den Respekt nicht versagen (vgl. Herz, 1987, 45), kann er doch nachweisen, daß Steiner, z. T. bis in einzelne Formulierungen hinein, die vorgeblich aus übersinnlicher Intuition stammenden Charakteristika der vier Temperamente und ihre pädagogischen Konsequenzen aus der zeitgenössischen populärpsychologischen Ratgeberliteratur entlehnt hat (1986, 171 ff.). Auch der Aufweis der Parallelen des Waldorflehrplans zu den Konzeptionen der Spätherbartianer (Ziller, Rein) (1986, 127 ff.) erfordert eine – übrigens von Klaus Prange (1985, 96 ff.) ebenfalls eingeforderte – Korrektur am Selbstverständnis (nicht nur) der Waldorfpädagogen, „da in der Regel die Herbartianer nur dem Namen nach als Buhmann der reform-pädagogischen Didaktik bekannt sind“ (Prange, 1985, 99).

Aber Ullrich glaubt mit dem Nachweis der verborgenen Quellen auch schon die Gehalte Steinerscher Theorien als anachronistisch abtun zu können – zumal die heutige akademische Wissenschaft unter der Vorherrschaft des empiristisch-quantifizierenden Paradigmas von Qualitäten nichts mehr weiß, ja sie insgesamt dem vorwissenschaftlichen Aberglauben meint zurechnen zu können. In penetrant-arroganter Manier verficht Ullrich z. B. gegen die alte Temperamentenlehre die Borniertheiten der heutigen differentiellen Psychologie, wobei die Devise zu sein scheint: „Wir aufgeklärten, dem Aberglauben entronnenen, modernen Forscher haben alle ganzheitlichen Persönlichkeitstheorien überwunden und wissen, daß der Mensch höchstens als multivariatfaktorengeladenes Ziffern-Cluster zureichend erfaßt werden kann“. Ein Trost ist nur, daß durchaus nicht alle heutigen Psychologen sich einreihen in die von Ullrich suggerierte Einheitsfront der Selbstbeweihräucherung und des mitleidigen Belächelns der eigenen Vorgänger[2]. Ich verweise nur auf Manfred Koch-Hillebrechts „Kleine Persönlichkeitspsychologie“ (1982).

Ullrichs an sich verdienstvolle Erörterungen zur Mythos- bzw. Wissenschaftsaffinität der Anthroposophie (1986, Kap. 6; 1987; 1988; 1989) leiden dann ebenso unter der für meine Begriffe heute nicht mehr zu rechtfertigenden generellen Abqualifizierung des mythischen bzw. vorwissenschaftlichen Denkens. Ohne daß ich diese Probleme an dieser Stelle ausbreiten kann[3], stellt sich doch nicht nur dem gesunden Menschenverstand sondern auch schön wissenschaftsintern nach den mit den Namen Kuhn, Feyerabend und Duerr verbundenen Debatten die Frage, ob Eigenschaften wie defizitär, inferior etc., mit denen Ullrich die Anthroposophie belegt, wirklich einem hier zutreffenden Kategoriensystem entstammen. Ullrichs Ergebenheit an den Common Sense der mausgrauen Mainstream-Wissenschaft unserer Tage kulminiert schließlich in einem pathetischen Credo, einer selten naiven Wissenschaftsapotheose:

„Die drei großen Horizonte, unter denen wir die Welt und uns selbst erforschen und verstehen können, sind uns in den Natur-, Geistes- und Sozialwissenschaften gegeben. Die prinzipielle Orientierung der Schulfächer an den Wissenschaften soll auch schon im Grundschulbereich einsetzen" (1986, 132).

Offenbar ist Ullrich bisher weder eine echte Begegnung mit einem Kunstwerk – sei es Literatur, Malerei, Musik oder eine Plastik – noch mit den faszinierenden und erschütternden Dimensionen des Heiligen zuteil geworden, sonst wüßte er um die dadurch mögliche tiefe Selbst- und Welterkenntnis! Und wie gesagt: in dieser exklusiven Form kann eine Wissenschaftsapologie heute nur noch vorbringen, wer von Gedanken eines Paul Feyerabend, eines Kurt Hübner oder auch eines Carl Friedrich von Weizsäcker gänzlich unbeleckt geblieben ist. Aber selbst ein Denker, auf den sich Ullrich ansonsten gerne beruft, hätte ihn vor dieser Reduktion des Lebens bewahren können:

„Das ‚wissenschaftliche Weltbild' im Unterschied vom mythischen war selber jederzeit ein neues mythisches Weltbild mit wissenschaftlichen Mitteln und dürftigem, mythischem Gehalt" (Jaspers, 1988, 59).

Es verwundert dann auch nur noch wenig, wenn Ullrich die Steinersche Entwicklungspsychologie in Bausch und Bogen als wissenschaftlich bedenklich verwirft (1986, 110 ff.), den dabei ganz entscheidenden Begriff der Metamorphose (vgl. die vorliegende Arbeit S. 62 ff.) überhaupt unterschlägt und die in der vorliegenden Arbeit (vgl. Kap. 5) nachgewiesene Übereinstimmung mit Piagets Phasenlehre willkürlich – d. h. ohne jegliche Begründung als bloße Behauptung – auf „manche Detailaussagen" (119) einschränkt. Wie wenig Ullrich von der Anwendung der Jahrsiebtzyklen – von ihm übrigens zur Unterstreichung seiner Wissenschaftsallüren meist „Hebdomadenlehre“ tituliert – versteht, zeigt seine Unterstellung, der Waldorfpädagoge würde gleichsam mittels Geburtsdatum und Rechenschieber das Persönlichkeitsprofil seiner Zöglinge deduzieren (113 ff.). Eine angesichts des weichen Umgangs der praktizierenden Anthroposophen mit den harten Zahlen der anthropologischen Soll-Werte völlig ins Leere laufende Unterstellung[4]. Eine Unterstellung freilich, zu der Ullrich durch den sein ganzes Denken beherrschenden quantifizierenden Reduktionismus geradezu genötigt wird, und der sich auch beispielsweise in seinem Fragebogenfetischismus offenbart: Allen Ernstes will er das Waldorf-Zeugnis durch den computerlesbaren Peter-Petersen-Info-Bogen ersetzen (64) und statt anthroposophischer Wesenserkenntnis empfiehlt er den Lehrern, ihre Schüler mittels standardisierter Persönlichkeitsfragebögen (186) zu beurteilen. – Ich gestehe, daß mir das Ullrichsche Ideal des IBM-kompatiblen Datenflusses zwischen dem Terminal im Schüler-Hirn und dem Lehrer als jeglicher Subjektivität entkleideter, neutraler Input-Maschine kalte Schauer den Rücken hinunterjagt:

„Der szientistische Erwachsenenspott über ‚Gedankenmusik‘ übertäubt einzig das Knirschen der Rollschränke, in denen die Fragebogen abgelegt werden, das Geräusch des Betriebs purer Wörtlichkeit“ (Adorno, 1980, 45).

Die Liste des kategorialen Unverständnisses ließe sich mühelos fortsetzen und ich verstehe die anthroposophischen Rezensenten nur allzu gut, die in der exzerptorischen Fleißarbeit Ullrichs v. a. ein Produkt seines „Kategorisierungs- und Verurteilungszwanges“ (Herz, 1987, 43) erblickten:

„Ein Friedhof von Gedanken-Leichen – alles ist am Schluß ‚erledigt‘ – wird auch dann nicht lebendig, wenn er wohlgeordnet ist“ (Herz 1987, 47).
„Was bleibt, ist ein merkwürdig ausgezehrtes, leeres Schattenbild der Anthroposophie, eine Art haltbare Strohblume, die mit dem Garten anthroposophischen Erkenntnislebens fast nichts mehr zu tun hat“ (Kiersch, 1986b, 316).

Und selbst der Charakterisierung Ullrichs als „intellektuellen Polizisten“ kann man die Plausibilität nicht absprechen, wenn Rentsch auf Hans Peter Duerr verweist:

„Das Fremde wird ‚entfremdet‘, wird heimisch gemacht und dadurch neutralisiert. Verstanden ist etwas dann, wenn gezeigt werden kann, daß wir es virtuell immer schon verstanden haben, wenn es eingeordnet ist in das, was wir zum

Bereich unserer eigenen Kultur rechnen. Zu den Einordnungskräften, zur intellektuellen Polizei gehören vornehmlich Wissenschaftler" (Duerr nach Rentsch 1987, 368).

Zumindest auf Seiten der lautstärksten Kritiker der Anthroposophen und ihrer Pädagogik findet man also noch immer die Unfähigkeit, die eigenen dogmatischen Glaubens(grund)sätze überhaupt als solche wahrzunehmen. Während Gratenau im Marburger Jesus „den Weg, die Wahrheit und das Leben" (64) gefunden zu haben meint, huldigt Ullrich einem positivistisch-reduktionistischen Wissenschaftsglauben, einer Dogmatik, „für die die Wirklichkeit so weit reicht wie ihr Blick vom Kirchturm der Wissenschaft" (Duerr, 1985, 167). Von der Gewißheit der jeweils unverstandenen eigenen Prämissen aus wird dann zum Kampf gegen die häretische Anthroposophie geblasen, deren Vergehen einzig darin besteht, daß sie sich von anderen – und wie ich meine, in vielen Punkten heute zeitgemäßeren – Überzeugungen leiten läßt.

Aber auch auf der Seite der Anthroposophen selbst muß die Bereitschaft zum echten Dialog noch immer bezweifelt werden, wenn etwa Johannes Kiersch – nach dem Muster einer homöopathischen Abhärtungstherapie unter dem Motto „Was uns nicht umbringt..." – zum Brückenschlag (1987b, 11) auffordert:

„Der rationale Diskurs ... wird uns auf die Dauer nach innen wie nach außen stärker machen" (1986b, 314).

Kierschs Zugeständnis z. B., daß es den von der Kritik beklagten dogmatischen Absolutheitsanspruch wirklich gibt, wird zum bloßen Lippenbekenntnis, wenn er die Schuld daran im nächsten Atemzug gleich wieder nach außen projiziert (1987b, 12): Als Vertreter des neuen gerade beginnenden „Zeitalters der Bewußtseinsseele" (Kennzeichen: dynamisches, individuelles, mehrperspektivisches, evolutionäres, flexibles Denken) schleppen leider auch Anthroposophen noch Reste des alten „Zeitalters der Verstandes- oder Gemütsseele" (Kennzeichen: logisches, statisches, monokausales, autoritätshöriges, zentralistisches, dogmatisches Denken) mit sich. Und dieses zu überwindende Bewußtsein wird laut Kiersch von der akademischen Pädagogik ebenso wie von den meisten heutigen Institutionen verkörpert, so daß es kein Wunder ist, wenn einzelne Anthroposophen davon noch zu sehr geprägt sind. Schuld am Dogmatismus innerhalb der Anthroposophie ist nach Kiersch also die alte Schule und die Umwelt. Baut man so wirklich Brücken, indem man sagt: Wir sind die Vertreter der Zukunft, und wenn wir noch Fehler haben, dann seid Ihr daran schuld, weil Ihr uns noch zu sehr beeinflußt habt?![5]

Auch daß man im Heidelberger Hardenberginstitut, dem Braintrust der Anthroposophie in der BRD, nicht bereit ist, den „Giftschrank“ (dort stehen u. a. die „Gegner-Schriften“ auch aus den Anfangsjahren der anthroposophischen Bewegung, die heute kaum noch zugänglich sind) auch für Nichtanthroposophen zu öffnen, belegt nicht unbedingt die Dialogbereitschaft.

Trauriges Fazit: Die Anthroposophen sind von ihrem „Freien Geistesleben“ noch immer genauso weit entfernt wie die akademische Pädagogik von der vielzitierten „Freiheit der Wissenschaft“! Wie recht hatte doch Hartmut von Hentig, als er in seiner „Abtrittsvorlesung“ (1988) formulierte:

> „Es wäre gut, wir würden endlich einsehen, daß ‚Wissenschaft als Mittel der Aufklärung‘ nicht einen Gegensatz hat: den Obskurantismus, sondern zwei: diesen und die flächendeckende, unphilosophische Routine-Wissenschaft, die sich ausdehnt wie ein Fettfleck, und dies Erkenntnisfortschritt nennt.“

Anmerkungen zum Nachwort

1 Norbert Wengerek: Beharrliches Unverständnis. In: „die drei“, 9/1984, S. 682.
Ders.: Maliziöses Wohlwollen. In: „Erziehungskunst“ 7/8, 1984, S. 483 ff.
Rudolf Saurer: Versuch eines Bildungswissenschaftlers über den Waldorfkindergarten. In: „Gegenwart“ August/September 1984, S. 160 f.
Johannes Kiersch: Heiner Barz: „Der Waldorfkindergarten“. In: „Das Goetheanum“. Nr. 37, 9. 9. 1984, S. 285 f.
Einzig die Zeitschrift „Gegenwart“ konnte sich zum Abdruck einer Richtigstellung der zahllosen Verdrehungen entschließen (Februar/März 1985, S. 328).

2 Einige Beispiele für Ullrichs apodiktische Formulierungen: „Wie *alle* modernen Persönlichkeitspsychologen ist sich *natürlich* auch Eysenck ...“ (1986, 181). „Für *den* modernen psychologischen Forscher ist *nämlich* ...“ (179). „...läßt sich *nämlich* in einem wissenschaftlichen Interesse nicht annähernd erfassen“ (178). (Hervorheb. von mir, HB). Je weniger eine Sache ausgemacht ist, um so mehr muß man sie offenbar *nämlich* beteuern.

3 In meiner Dissertation wird der interessierte Leser eine eingehende Auseinandersetzung mit der Rehabilitierung außerwissenschaftlicher Theorien und ihrer Bedeutung für die Anthroposophie finden. Vgl. auch schon die treffende Beobachtung von Herz (1987, 46): „Was mir aber bedenklich erscheint ist, daß gerade ein Autor wie Ullrich, der die Fahne des Wissenschaftspluralismus so hoch hält, schon fast zum monomanischen Verfechter der *herrschenden* Wissenschaft wird. Man hat den Eindruck, daß nicht nur die Diskussion über Rolle und Grenzen der Wissenschaft in der Vergangenheit, sondern auch die gegenwärtige Diskussion um die Grenzen der Wissenschaft (man denke etwa an Weizenbaum, an Heisenberg, an Capra und an Feyerabend) spurlos an ihm vorbeigegangen ist.“ Auch die jüngste Veröffentlichung Ullrichs (1989), in der er einige Grundgedanken von Kuhn, Feyerabend und Hübner referiert, bezeugt nur weiter sein Unverständnis gegenüber den betreffenden Autoren. So, wenn er das schon vom Popper-Schüler Lacatos ad absurdum geführte Falsifikationskriterium gegen die Anthroposophie in Anschlag bringt (168) und dafür das Hohelied der christlichen Privatschulen singt, mit der Begründung, daß „der christliche Glaube mittlerweile ganz auf dem Boden der Aufklärung“ stehe (174). Allzu tief scheint Ullrich jedenfalls z. B. in „die Wahrheit des Mythos“ (1985) von Kurt Hübner nicht eingedrungen zu sein, sonst wäre ihm vielleicht u. a. dessen Fazit begegnet: „Die christliche Religion zeigt weitgehend mythische Strukturen“ (343).

4 Übrigens finden sich auch bei Rudolf Steiner selbst diverse Mahnungen, die anthroposophische Menschenkunde als „bloße Postulate", niemals jedoch als universelle Definitionen zu verstehen. Vgl. z. B. „Allgemeine Menschenkunde als Grundlage der Pädagogik" (Vorträge von 1919) S. 41 f. 63, 81, 128.

5 Wie wenig man trotz aller gegenteiligen Bekundungen noch immer an einem wirklichen Gespräch interessiert ist, zeigt sich nicht zuletzt an der Veröffentlichungspraxis beider Seiten. Zwei Beispiele aus meiner eigenen Erfahrung: Über das Buch „Waldorf-Erziehung. Wege zur Versteinerung" von Charlotte Rudolph schrieb ich eine der marktschreierischen Bösartigkeit dieses Werkes angemessene kritische Rezension. Zahlreiche pädagogische Fachzeitschriften, denen ich den Text anbot, lehnten höflich ab. Man wollte sich offensichtlich in den Organen der sterilen Wissenschaft nicht mit der Verteidigung der mythologischen Steiner-Pädagogik die Finger schmutzig machen. Das anthroposophische „Info 3" (11/1987) druckte sie schließlich mit größter Genugtuung – Schlagzeile auf der Titelseite: „Waldorfkritiker verreißt Waldorfkritikerin". – Als ich nur kurze Zeit später dann allerdings demselben „Info 3" meinen Essay über Steiners problematische Geschichtsphilosophie zusandte, empfand man das geradezu als unverschämte Zumutung und lehnte weniger höflich ab. Mehrere pädagogische Fachzeitschriften dagegen signalisierten großes Interesse und er erschien in der „Neuen Sammlung" (3/1989).

Literatur zum Nachwort

Adorno, Theodor W.: Einleitung. In: Ders. u. a.: Der Positivismusstreit in der deutschen Soziologie. Darmstadt/Neuwied 1980, S. 7–79.

Duerr, Hans Peter: Traumzeit. Über die Grenze zwischen Wildnis und Zivilisation. Frankfurt a. M. 1985.

Hentig, Hartmut von: „Abschied von der Wissenschaft" oder: ein Professor geht. In: Frankfurter Rundschau 3. und 4. 6. 1988.

Hübner, Kurt: Die Wahrheit des Mythos. München 1985.

Jaspers, Karl: Einführung in die Philosophie. München 1988.

Koch-Hillebrecht, Manfred: Kleine Persönlichkeitspsychologie. Stuttgart 1982.

Steiner, Rudolf: Allgemeine Menschenkunde als Grundlage der Pädagogik. Erziehungskunst I. Dornach 1975.

Anhang

Neue Veröffentlichungen zur Waldorfpädagogik – Ein kommentiertes Literaturverzeichnis

1. Aus erziehungswissenschaftlicher Perspektive:

Hansmann, Otto (Hrsg.): Pro und Contra Waldorfpädagogik. Würzburg, 1987.

Dokumentiert sind hier die Beiträge einer Ringvorlesung in Berlin. Praxisberichte, historische Rekonstruktionen, didaktische Grundlagen und philosophische Hintergründe werden von Gegnern, Sympathisanten und Vertretern der Waldorfpädagogik zum großen Teil ohne neue Perspektiven abgehandelt. Interessant v. a. die Beiträge von Deuchert („Die Begründung der Waldorfschule im Kontext der sozialen und kulturellen Erneuerung nach dem Ersten Weltkrieg"), Spies, Kiersch und Winkel (siehe dort). Ansonsten greift der Freund der Waldorfpädagogik besser zu den gängigen Einführungen (vgl. Anmerkung 1, S. 153) und derjenige, der seine Abneigung munitionieren will, ist mit Prange (1985) oder Ullrich (1986) allemal besser bedient, nicht nur, weil der Herausgeber allzu elaboriert reflektiert. Ein Satz für viele: „Wir wären dann sicherlich hinreichend konventionalistisch sozialisiert, aber eben nicht auch individuiert und nicht überdies ethisch postkonventionalistisch orientiert" (22)... Wie bitte?

Karst, Reinhard: Die Grundlagen der Waldorfschule. Ein kritischer Versuch. Staatsexamensarbeit an der PH Ludwigsburg. 1987 (unveröff.).

Eine angenehm beseelte Examensarbeit, der man auf jeder Seite die Trauerarbeit des enttäuschten ehemaligen Eurythmiestudenten anmerkt. Karst geht zwar selten über bekannte Kritikpositionen hinaus, aber aufgrund reicher eigener Erfahrungen gelingen ihm bisweilen impressionistisch-authentische Skizzen anthroposophischer Praxis und Theorie von erheblichem Reiz.

Paschen, Harm: Waldorfpädagogik: Impuls und Bewegung. In: Bildung und Erziehung, Heft 4/1987, S. 393–400.

Die Bedeutung der Waldorfpädagogik sieht Paschen darin, daß sie erstens auf spontane soziale Impulse statt auf zentralistische Institutionalisierung baue und zweitens eine klassische pädagogische Position in Anknüpfung an Goethe besetze. Daß Paschen sich einen unbefangenen Blick auf die Waldorfpädagogik bewahrt hat, zeigte schon seine Gegenkritik zu Prange (BuE, Heft 1/1986, S. 121 ff.).

Prange, Klaus: Erziehung zur Anthroposophie. Darstellung und Kritik der Waldorfpädagogik. Bad Heilbrunn 1985.

Sicher die auf alle Fälle spritzigste und scharfsinnigste Abrechnung des kompromißlos modernen, undialektisch-rationalen Bewußtseins mit der „Walt-Disney-Show der höheren Welten" der Anthroposophie. Der seit 1985 in Bayreuth lehrende Prof. Prange hat zahlreiche Schwachstellen im Blick: Der Personenkult um die „Steiner-Ikone", die Karmalehre als „pädagogisches Schamanentum großen Stils", der Waldorfpädagoge brauche „die Schüler wie der Zahnarzt die Karies" usw. Und er weist die Abhängigkeit Steiners vom österreichischen Herbartianismus detailliert nach. Insgesamt aber wird die schon im Titel aufgestellte Behauptung, die Waldorfschulen wollten zur Anthroposophie erziehen, mit unlauteren Mitteln untermauert, indem er polemisch Schule und Geheimschulung in eins setzt. Anthroposophische Erziehung sei nichts anderes als „Einweihung, eine Vorschule der Geheimschulung" (93) – auch wenn Anthroposophen nach außen gerne den Schein einer liberalen „laissez-faire-Erziehung" zu erwecken suchten. Man wird indessen schon Pranges Vorwurf des Etikettenschwindels nur so lange berechtigt finden, wie man es bei der bloßen Außenansicht von Büchern wie „Erziehung zur Freiheit" (Carlgren 1977) oder „Waldorfschulen. Angstfrei lernen. Selbstbewußt handeln" (Lindenberg 1975) beläßt. Jede nähere Berührung mit Schriften Steiners oder Vorträgen von Waldorfpädagogen dagegen zeigt, daß diese auf Schritt und Tritt in der antiautoritären oder gar antipädagogischen Bewegung eine der gravierendsten „Zeitkrankheiten" verurteilen: Unselbständige, autoritätsgläubige Nachläufer seien das Resultat gerade dieser sog. „freien Erziehungsmethoden", warnt etwa Carlgren (1977, 139 f.; vgl. S. 62 ff. dieser Arbeit). Wie sich der Vorwurf, die Waldorfpädagogik verberge ihr wahres Gesicht unter einer für das Publikum bestimmten „Schauseite" (80), bediene sich „einer Art Mogelpackung", aus der Nähe besehen als haltlos erweist, so läßt sich auch die Prangesche Konstruktion „Schule = Geheimschulung" in ihre willkürlich zusammengebastelten Teile auflösen: Pranges „Enthüllungen", die „Erziehung zur Einweihung" (73) betreffend, lassen schon bei der Charakteristik der Geheimschulungsanweisungen die nötige Lauterkeit im Umgang mit Zitaten vermissen. So verkauft er seinen Lesern Steiners Mahnung zu ruhigem andächtigem Hinhören auf die sinnlich wie geistig wahrnehmbaren *Phänomene* in folgender Entstellung:

„Was aber immer eingeschärft wird, ist die Unterwerfung unter die Autorität des Geheimlehrers, auf das ‚ruhige, andächtige Hinhorchen' …" (94).

Unter der Hand ist also die Autorität der – wie immer anfechtbaren – „objektiven Welt des Übersinnlichen" in seiner Darstellung zur „Autorität des Geheim*lehrers*" umfunktioniert! Die Unterstellung der curricularen Identität von Geheimschulung und Schulunterricht folgt demselben Strickmuster … Im übrigen widerlegt allein schon ein Blick in die – von Prange ignorierte – erste empirische Studie zur Waldorfpädagogik (Hofmann, U., u. a. Stuttgart 1981) dessen Titelthese: Zwar hatten 22% der darin befragten ehemaligen Waldorfschüler ein anthroposophisches Elternhaus; nur 17% allerdings bezeichnen sich nach Abschluß der Schule selbst als anthroposophisch orientiert.

Prange, Klaus: Mythisch – Allzumythisches. In: Zeitschrift für Pädagogik, Heft 4/1986, S. 550 ff.

Prange, Klaus: Absolute Pädagogik. Zur Kritik des Erziehungskonzepts von Rudolf Steiner. In: ZEP, Heft 1/1987, S. 2ff.

Spies, Werner E.: Didaktische Prinzipien einer integrierten Sekundarstufe II. In: Hansmann (1987) S. 112–125.

Spies, ein engagierter Kämpfer gegen die Verwissenschaftlichung und damit gegen die Verflachung und Vereinseitigung des Unterrichts, arbeitet die in der Hibernia-Schule, einer Waldorfschule mit integrierter Berufsausbildung, bewährten pädagogischen Prinzipien heraus, die auch im staatlichen Schulwesen Beachtung finden sollten.

Tangemann, Hans-Georg: Weder Genius noch Scharlatan. Vom Umgang mit Rudolf Steiner. Und: Weder Modehit noch Fossil. Die Waldorfpädagogik zwischen esoterischer Tradition und offener Elternbewegung. Beide Aufsätze in: Westermanns Pädagogische Beiträge, Heft 3/1984.

Tangemann befolgt vorbildlich, mit großer Sachkenntnis und Humor, die von ihm den Waldorfpädagogen ans Herz gelegte Maxime, „mit Steiners Ideen so großzügig um(zu)gehen, wie er selbst es gleich aberdutzendmal mit so vielen geistigen Strömungen getan hat“ (107). Der Leser wird in diesem Themenheft von WPB insgesamt vorzüglich in die Waldorfpädagogik (ergänzt durch einen Beitrag des anthroposophischen Mathematik-Professors Ernst Schuberth) und in die Odenwaldschulkonzeption eingeführt.

Treml, Alfred K.: Träume eines Geistersehers oder Geisteswissenschaft? Die Erkenntnistheorie Rudolf Steiners. In: Zeitschrift für Entwicklungspädagogik, Heft 1/1987, S. 17–24.

Der Steinersche Anspruch auf eine voraussetzungslose und absolute Erkenntnisgewißheit wird hier elegant demontiert, ohne daß Treml deshalb umgekehrt wie andere Steiner-Kritiker in bornierte Wissenschaftstümelei verfällt. Er liest Steiners Geheimlehren schließlich als „Berichte aus einem anderen Land für Liebhaber, Erzählungen eines großen Eklektiktizisten, der als einer der letzten versucht hat, mystisches und wissenschaftliches Denken zusammenzudenken, um so Sinn zu geben durch Zusammenschau ...“ (24).

Treml, Alfred K.: Der diskrete Charme der Rudolf-Steiner-Pädagogik. In: ZEP, Heft 2/1988, S. 2–6.

Offenbar enttäuscht von der fehlenden Dialogbereitschaft der Anthroposophen (vgl. Editorial der gleichen Nr. der ZEP) geht Treml hier schon wesentlich weniger konziliant mit der Waldorfpädagogik ins Gericht: „Anthroposophen glauben, daß die Rudolf-Steiner-Pädagogik eine ... ‚Pädagogik vom Kinde aus‘ sei, die in einer ‚Philosophie der Freiheit‘ gründe. In Wirklichkeit handelt es sich wohl eher um eine Pädagogik von Rudolf Steiner aus ... Die ‚Philosophie der Freiheit‘ ist nichts anderes als die Freiheit der Philosophie des Dr. Steiner“ (5).

Ullrich, Heiner: Anthroposophie – Zwischen Mythos und Wissenschaft. Eine Untersuchung zur Temperamentenlehre Rudolf Steiners. In: Pädagogische Rundschau 38 (1984), S. 443ff.

Ullrich, Heiner: Waldorfpädagogik und okkulte Weltanschauung. Weinheim und München 1986.

Ullrich, Heiner: Die Illusion von Ganzheit und Ordnung. Überlegungen zur Menschenkunde der Waldorfpädagogik. In ZEP, Heft 1/1987, S. 9ff.

Ullrich, Heiner: Wissenschaft als rationalisierte Mystik. Eine problemgeschichtliche Untersuchung der erkenntnistheoretischen Grundlagen der Anthroposophie. In: Neue Sammlung 28 (1988), S. 168ff.

Ullrich, Heiner: Erziehung als Kult. Anmerkungen über die postmoderne Wiederentdeckung des Mythos und über die Waldorfpädagogik als Neo-Mythologie. In: Vierteljahresschrift für wissenschaftliche Pädagogik, Heft 2/1989, S. 151–178.

Auf Ullrichs Arbeiten nehme ich im Vorwort (S. 7ff.) ausführlich Bezug.

2. Aus psychologischer Perspektive:

Beckmannshagen, Fritz: Rudolf Steiner und die Waldorfschulen. Eine psychologisch-kritische Studie. Wuppertal 1984.

Dieses Buch hat zwei Seiten. Eine sehr böse und eine sehr anregende. Ich beginne mit der ersteren: Die globale, gemeine und beleidigende Hetze gegen die gesamte Waldorfpädagogik ist schwer erträglich. Beckmannshagen hält alle Anthroposophen für scheinheilige seelisch arme Duckmäuser, die obendrein noch geldgierig seien. Waldorfkinder würden zu Schuldgefühlen und zu unsolidarischem Handeln erzogen, die Selbstverwaltung des Lehrerkollegiums sei eine Farce etc.

Der inzwischen verstorbene Beckmannshagen war Schulpsychologe und beansprucht von daher eine intime Kenntnis der angeblich „schwarzen Pädagogik" der Steiner-Schulen. Der Verweis auf die eigene Erfahrung bleibt jedoch ein inhaltsleerer Gestus, denn Beispiele entnimmt er doch meist der Literatur – nicht ohne jedesmal hinzuzufügen, daß er aus seiner „eigenen Erfahrung" unzählige ähnliche Fälle schildern könne – warum tut er's nicht? Und wenn er doch einmal ein eigenes Beispiel bringt, dann spricht sich darin v.a. sein „Zorn" aus: „Die Buchhandlungen am Orte müssen jedesmal herhalten, die von einem Lehrerkollegium ausgewählten Bücher bereitzustellen" (19) – wirklich unverschämt!

Beckmannshagen lehnt als „moderner Psychologe" die Steinersche Temperamentenkunde selbstverständlich als unwissenschaftlich ab. Er muß sich aber fragen lassen, ob seine eigenen charakterologischen Entwürfe wissenschaftlicher sind: wenn er etwa die Menschen in „geistig intakte" und „seelisch arme", in „gesunde" und „profitsüchtige" einteilt. Diese „Systematik" mag ihm ja noch unbewußt sozusagen hinter seinem Rücken unterlaufen sein. Seine explizite Typologie allerdings, in der er die Anthroposophen – durchaus nachvollziehbar – in 4 Schubladen sortiert, ist der Steinerschen zu ähnlich, als daß er berechtigt wäre, über diese die Nase zu rümpfen: Schriftgelehrter (wirklicher „Kopfmensch"), selbstgerechter Pharisäer („Willenstyp"), Hohepriester („Gefühlsmensch") und die an „Ichdeflation" leidenden, verachteten „Zöllner" (108f.).

Damit wären wir bei den Stärken, die ich v. a. im 5. und 6. Kapitel sehe, wo Beckmannshagen sehr schön Steiners Geringschätzung aller Gefühle mit Goethe kontrastiert, der seine Gefühle 1. lebte, 2. literarisch zum Ausdruck brachte und sie 3. auch theoretisch ernst nahm. Die damit von Steiner in die Anthroposophie eingebrachte Unterdrückung, Verleugnung bzw. Verdrängung aller sinnlichen Gelüste und spontanen Gefühle ist auch mir ein Dorn im Auge. Der tiefenpsychologische Gedankengang, den er von Jung, Allport, Neumann, Maslow und Wolff übernimmt, scheint mir immerhin auf eine tatsächliche Gefahr der Anthroposophie hinzuweisen: Die Spannung zwischen schattenlosem Ich-Ideal und der verdrängten Realität des Schattens erzeugt Schuldgefühle. Der eigene Schatten wird folglich nach außen projiziert auf den sprichwörtlichen Sündenbock, der dann auch von Zeit zu Zeit geopfert werden kann. Inwieweit solche Sündenbockopferungen tatsächlich an der Tagesordnung sind, kann ich nicht beurteilen... Aber vorstellen kann ich mir's schon ...

3. Aus praktisch-pädagogischer Perspektive:

Der Distelbund e. V., Adresse: Vellwigstr. 41, 4690 Herne 1. Zahlreiche Flug- und Faltblätter.

Der 1985 gegründete Bund der Waldorfgeschädigten will sich um ein „objektives" Bild der vielgelobten Waldorfpädagogik bemühen. Die Vorträge und die Veröffentlichungen allerdings von engagierten Gegnern wie Prange und Meyer-Bendrat bleiben nicht nur völlig einseitig, sondern reden in der ostinaten Forderung nach mehr Staatsaufsicht einem für alle unkonventionellen pädagogischen Alternativen gefährlichen Bildungsdirigismus das Wort.

Kögler, Traugott: Anthroposophie und Waldorfpädagogik. Neuhausen/Stuttgart 1983.

Ärgerlich an diesem Buch ist schon die Aufmachung: Durch das lila Cover und die anthroposophischen Lettern darauf will der evangelikale Hänssler-Verlag ganz offensichtlich der Konkurrenz mit den „abben Ecken" die Leser ausspannen. Hinter dem angeblich „häufig nach diesem Thema gefragten Pädagogen" (Buchrücken) kommt dann bald der ums „geistliche Erstgeburtsrecht" (58) besorgte Pfaffe zum Vorschein, der vor „fernöstlichem Mystizismus" ebenso leidenschaftlich warnt wie vor Hebbel- und Goethe-Versen („Wär' nicht das Auge sonnenhaft..."), in denen er magisch-häretische „Beschwörungsformeln" vermutet (46f.).

Rutt, Theodor: Anthroposophische Pädagogik: Heilslehre für unsere Zeit? Heinsberg 1983.

Den Peter-Petersen-Fan Rutt scheint v. a. der Neid auf die Attraktivität der Waldorfpädagogik zu seinem eher wirren Pamphlet angestiftet zu haben. Insbesondere die Schulbauten und die Elternmitarbeit an Waldorfschulen beeindrucken ihn tief. Seine Kritik macht er v. a. an der Karmalehre – für ihn schlicht ein Widerspruch zu einer „menschlichen Grundwahrheit" (die armen Inder...) – fest. Geradezu peinlich wird es, wenn er wissenschaftliche Defizite einklagt, und z. B. die Formulierung „wissenschaftsmethodische Grundlagen" von Peter

Schneider kritisiert und uns belehrt: „gemeint sind wohl wissenschaftsmethodologische Grundlagen“ (54). Hätte er sich doch bloß das Wort des von ihm im Literaturverzeichnis immerhin aufgeführten Kretschmer zu Herzen genommen: „Mißtrauen soll man dem, der von Methodologie redet, wo es genau so gut Methode heißen könnte.“

Salzmann, C.: Zur Pädagogik Rudolf Steiners (Waldorfpädagogik). Versuch einer kritischen Würdigung aus der Sicht eines Nicht-Anthroposophen. In: Pädagogische Rundschau 41, (1987) S. 327–345.

Ebenso christlich wie nichtssagend. Bringt weder neue Gedanken noch eine kompetente Bilanz des derzeitigen Standes der Debatte. Was solch ein unbedarfter (Lese-)Erlebnisbericht in einer wissenschaftlichen Fachzeitschrift zu suchen hat, wird ein Geheimnis der Redaktion bleiben.

4. Aus politisch-historischer Perspektive:

Barz, Heiner: Der Geist und die Geschichte. Oder: Die unsanfte Verschwörung. In: Neue Sammlung, Heft 3/1989, S. 395–402.

Der Essay kritisiert die anthroposophische Variante der Verschwörungstheorie als mentalen Fluchtversuch aus den Kontingenzen der Geschichte am Beispiel von Steiners Äußerungen zum Ersten Weltkrieg. Größere Bauchschmerzen dürfte den heutigen Steiner-Jüngern allerdings ein Buch aus ihren eigenen Reihen machen, das gerade erschienen ist (Haverbeck, Werner G.: Anwalt für Deutschland. München 1989) und in dem Steiner als Vorkämpfer deutschnationaler Ansprüche gefeiert wird.

Leschinsky, Achim: Waldorfschulen im Nationalsozialismus. In: Neue Sammlung, Heft 4/1983, S. 255–283.

Leber, Stefan und Leist, Manfred: Notwendige Bemerkungen zum Beitrag „Waldorfschulen im Nationalsozialismus“. In: Neue Sammlung, Heft 1/1984, S. 79–90.

Leschinsky, Achim: „Notwendige Bemerkungen“, aber falsche Gewißheiten. Eine kleine Replik zum Thema Waldorfschulen im Nationalsozialismus. In: Neue Sammlung, Heft 1/1984, S. 91–96.

Leschinsky geht der Frage nach, warum die Auflösung der Waldorfschulen während des Nationalsozialismus erst relativ spät, nämlich von 1938 bis 41 erfolgte und warum Zeitpunkt und Umstände der Auflösung von Schule zu Schule differierte. Er konstatiert ein „offenbar ambivalentes Verhältnis zum Nationalsozialismus, ein Schwanken zwischen Abwehr und gewissen Affinitäten“ (257). V. a. dem Vorwurf, im antirationalistischen Antimodernismus liege die gemeinsame Struktur von Hitler und Steiner, treten Leber/Leist entschieden entgegen.

5. Aus persönlicher Perspektive:

Distelbund: vgl. oben unter 3.

Gratenau, Christiane: Von Rudolf Steiner zu Jesus Christus. Meine Auseinandersetzung mit der Anthroposophie. Gießen 1985 (3. Auflage innerhalb eines Jahres!).

Auf dieses Buch nehme ich im Vorwort (S. 5 ff.) ausführlich Bezug.

Rudolph, Charlotte: Waldorf-Erziehung. Wege zur Versteinerung. Darmstadt und Neuwied 1987.

Meine in „Info 3“ 11/1987 abgedruckte Besprechung weist die Unhaltbarkeit der meisten theoretischen Behauptungen dieser Schmähschrift nach, ohne Frau Rudolphs schlechte persönliche Erfahrungen deshalb in Abrede stellen zu wollen.

6. Aus kirchlich-religiöser Perspektive:

Badewien, Jan: Anthroposophie. Eine kritische Darstellung. Konstanz 1985.

Pierott, Vera: Anthroposophie – Eine Alternative? Neuhausen/Stuttgart 1983 (1882).

Beide Bücher bieten umfassende Auseinandersetzungen der evangelischen Theologie mit Steiners Christologie. Hauptkritikpunkt ist Steiners Hybris, z. B. sein Anspruch aus seiner Geistesforschung ein „Fünftes Evangelium“ „gegeben“ und in der Karmalehre ein auch Gott übergeordnetes ewiges Gesetz erkannt zu haben. Aber auch sonst werden viele immanente Widersprüche und problematische Konsequenzen von Steiners Lehre aufgezeigt (impliziter Personenkult, Dämonisierung der Gegner etc.). Auch für das Verständnis der Attraktivität der Anthroposophie werden interessante Spekulationen angeboten: eine bürgerliche Protestbewegung macht die eigene Geheimwissenschaft als Gegen-Wissenschaft zur Erlösungsideologie. Problematisch bleibt (vgl. Vorwort) der starke antihäretische Affekt, der bei Pierott (übrigens laut Kirchner 1985, 739, ein Pseudonym) schließlich bis zur Dämonisierung Steiners („Der Mensch ist nicht harmlos“, 240) reicht.

Gratenau: vgl. oben unter 5.

Köberle, Adolf: Anthroposophie und Christengemeinschaft als Frage an die evangelische Theologie und Kirche. In: Materialdienst der Evangelischen Zentralstelle für Weltanschauungsfragen 3/1988, S. 65–71.

Köberle ermahnt seine eigene Kirche, die Herausforderung durch die Kirchenflucht Richtung Anthroposophie nicht rechthaberisch und selbstgerecht zu beantworten – sondern über Defizite in der eigenen Arbeit nachzudenken. Ein trauriges Zeugnis für den Zustand der evangelischen Theologie bleibt es allerdings, daß diese entschieden fruchtbarste Auseinandersetzung des Christentums mit der Anthroposophie ausgerechnet von einem ihrer ältesten Kämpen (Köberle ist Jahrgang 1898!) geleistet werden muß.

Krämer, F. J./Scherer, G./Wehnes, F.-J.: Anthroposophie und Waldorfpädagogik. Information/Kritik. Annweiler 1987.

Schon das katholische Standardwerk „Lexikon für Theologie und Kirche" stellte 1957 fest: „Ein Besuch der anthroposophisch ausgerichteten Waldorfschulen muß im allgemeinen als glaubensgefährdend beurteilt werden" (Band I, Spalte 632). Diese These wird in diesem Buch nun auf 214 Seiten expliziert, wobei einzig der Beitrag von Scherer sich zugleich durch eine souveräne Heranziehung der Philosophiegeschichte und eine großzügige Weite der religiösen Maßstäbe auszeichnet. U. a. hält er Steiner entgegen: „Denn es gibt eine Dunkelheit, ‚von der wir sagen, Gott wohne in ihr' (Thomas von Aquin)" (126).

Rest, Franco: Waldorfpädagogik und christliches Menschenbild. EZW-Texte (Evangelische Zentralstelle für Weltanschauungsfragen, Hölderlinplatz 2A, 7000 Stuttgart 1) Information Nr. 104 X/1987.

Hier wird die von zahlreichen früheren Veröffentlichungen der EZW bekannte liberale Haltung gegenüber der Waldorfpädagogik fortgeschrieben: die Waldorfpädagogik ist zwar gut – aber nicht christlich.

Timm, Hermann: Der bestirnte Geist – Produktiver Umgang mit der Naturfrömmigkeit. In: Ders.: Diesseits des Himmels. Gütersloh 1988, S. 68–79.

Auch hier wird – allerdings im esoterischen Jargon der elaborierten systematischen Theologie – differenziert geurteilt: „Abgelehnt wurde Steiners Reinkarnationstheorie, seine anschauliche Denkweise hingegen hochwillkommen geheißen, so daß ein Trennungsstrich mitten durch die Anthroposophie hindurchgeht" (77).

7. Einführungen:

Brügge, Peter: Die Anthroposophen. Hamburg 1984.

Die zuerst als Spiegel-Serie (Nr. 17 ff./1984) erschienene Reportage gewährt atmosphärisch angereicherte Einblicke in die breitgestreuten Arbeitsfelder der Anthroposophen: Von der Heilmittelherstellung bis zur „Bank für Leihen und Schenken", vom Kalender der Demeter-Landwirte, der nach dem Mond geht, bis zu egalitären Sozialexperimenten, von kosmischen Spekulationen bis zum Schulalltag der Waldorfschulen.

Bussmann, Hildegard und Jochen (Hrsg.): Unser Kind geht auf die Waldorfschule. Erfahrungen und Ansichten. Reinbeck 1990.

Ein Buch von Waldorfschul-Eltern für Waldorfschul-Eltern und v. a. für solche, die es erst werden wollen, aber nach so manchem bisher nicht zu fragen wagten – obwohl ihnen „gemischte Gefühle" die Entscheidung erschweren. Ein Buch aber auch, daß dank authentischer Einblicke in das wirkliche Leben der Waldorfschulen aus der Elternperspektive, dank solider Einführungen in die wichtigsten Grundlagen, nicht zuletzt auch dank seiner unverblümten Offenheit, die auch Absonderliches nicht verschweigt, von jedem (selbst dem wissenschaftlich) an der Waldorfpädagogik Interessierten mit Gewinn gelesen werden kann.

Kirchner, Christoph: Eine ‚Weltanschauung' im Crescendo. Anthroposophie und Waldorfpädagogik. In: BuB 37 (1985) 9, S. 724–747.

Über 150 Standardwerke und Neuerscheinungen werden jeweils in wenigen Sätzen vorgestellt, wobei der Autor – selbst „Schulvater" – sich durchaus eigene Urteile zutraut. Instruktiv auch hier wieder v. a. die Regsamkeit der Anthroposophen in sämtlichen Lebensbereichen („von der Wiege bis zur Bahre").

Wilson, Colin: Rudolf Steiner. Verkünder eines neuen Welt- und Menschenbildes. München 1985.

In sehr persönlicher Weise setzt sich der Okkultismus-Experte Wilson (vgl. sein Mammutwerk: „Das Okkulte") mit Steiners Leben und Lehre auseinander und macht dabei manch anregende Entdeckung. U. a. zeigt er recht schlüssig, „daß Steiners ‚spirituelle Wahrnehmung' von König Artus und seinen zwölf Rittern ein reines Fantasieprodukt war" (129). Obwohl er Steiners Lebenswerk insgesamt durchaus hochschätzt, führen ihn derartige Erkenntnisse doch zu einer generellen Skepsis in bezug auf Steiners Visionen. Eine Skepsis, die er sogar mit einem Steiner-Zitat bekräftigen kann: „Viele Menschen, die glauben, Offenbarungen aus einer geistigen Welt zu haben, sind meist nur mit ihren eigenen Erinnerungen beschäftigt, die sie nicht als solche erkennen" (137).

8. Anthroposophische Repliken und andere Veröffentlichungen:

Gessler, Luzius: Bildungserfolg im Spiegel von Bildungsbiographien. Frankfurt a. M./Bern/New York/Paris 1988.

Im Gegensatz zur ersten empirischen „Ehemaligen"-Befragung wurde hier mit qualitativen Daten, d. h. mit Protokollen von mehrstündigen Gesprächen gearbeitet. Obwohl auf diese Weise insgesamt nur 11 Absolventen vorgestellt werden, erlauben die Ergebnisse doch interessante Rückschlüsse auf prägende Erfahrungen in der Hibernia-Schule, einer Waldorfschule mit integrierter Berufsausbildung.

Gessler, Luzius/Schneider, Peter: Integration beruflicher und allgemeiner Bildung in der Hiberniaschule: Trivialpädagogisches „Zurück zum Handwerk" oder wegweisendes Schulmodell? In: Neue Sammlung, Heft 3/1983, S. 284–307.

Eine Art Zwischenbericht zu dem oben vorgestellten Forschungsbericht.

Kiersch, Johannes: Herausforderungen an die anthroposophische Lehrerbildung. In: Das Goetheanum Nr. 49, 2. 12. 1984, S. 379–382.

Kiersch, Johannes: (Eine Kontroverse über die Waldorf-Pädagogik zwischen Johannes Kiersch und Klaus Prange) Wie läßt sich die Pädagogik Rudolf Steiners verstehen? In: Zeitschrift für Pädagogik, Heft 4/1986a, S. 543–555.

Kiersch, Johannes: Fruchtbare Kritik. Ein neues Buch über die Pädagogik Rudolf Steiners und was daraus folgt. In: Das Goetheanum Nr. 41, 5. 10. 1986b, S. 314–317.

Kiersch, Johannes: Allgemeine Pädagogik und Rudolf-Steiner-Pädagogik: Möglichkeiten und Grenzen ihrer Verständigung. In: Hansmann (1987a), S. 206–212.

Kiersch, Johannes: Waldorfpädagogik und akademische Kritik. Versuch eines Brückenschlages. In: Info 3, Heft 7/8 1987b, S. 11f.
Auf Kierschs Texte wird im Vorwort Bezug genommen.

Leber, Stefan: Weltanschauung, Ideologie und Schulwesen. Stuttgart 1989.
Leber rekonstruiert den vieldeutigen, im Zusammenhang mit der Schule aber eindeutig negativ besetzten Begriff der Weltanschauung. In einem wohlverstandenen Sinne sei die Waldorfschule Weltanschauungsschule, nämlich im Offenhalten der Wahrnehmungsfähigkeiten der Schüler auch für Qualitäten.

Schroeder, Hans-Werner u. a.: Christentum, Anthroposophie, Waldorfschule. Waldorfpädagogik im Umfeld konfessioneller Kritik. Stuttgart 1987.
Auf verschiedenen Ebenen (dogmatisch, religionssoziologisch, unterrichtspraktisch) wird der Alleinvertretungsanspruch der etablierten christlichen Konfessionen bestritten. Die Anthroposophie sei weder eine „neue Offenbarung" noch träfe die „Legende von der Selbsterlösung" zu. – Eine Diskussion freilich, die z. Zt. erst richtig in Fahrt kommt.

Seefels, Ruth: Waldorfpädagogik in Schule und Elternhaus. Stuttgart 1988 (Buchhandlung Engel und Stretter, Alexanderstr. 11, 7000 Stuttgart).
Eine laufend aktualisierte Bibliographie, die auch durch das Schul- und Kindergarten-Verzeichnis im Anhang gute Dienste leisten kann.

Wehr, Gerhard: Rudolf Steiner. Leben, Erkenntnis, Kulturimpuls. Erweiterte Neuauflage München 1987.
Wehr, der nach Jason Dark wohl fleißigste Schriftsteller in unserem Lande, hat durchaus interessantes, bislang schwer zugängliches Material zusammengetragen. Spannend v. a. seine Rekonstruktion der Legendenbildung um den mysteriösen Tod des „Doktors" und die Äußerungen von Zeitgenossen (Hesse, Fridell, Schweitzer) über denselben.

In den anthroposophischen Zeitschriften findet der interessierte Leser zu (fast) allen „Gegner-Schriften" ausführliche Besprechungen. Ich weise hier neben Kiersch nur die im Nachwort zitierten nach:

Herz, Gerhard: Die Waldorfschule – eine Weltanschauungsschule? (Besprechung von Ullrich 1986). In: Erziehungskunst, Heft 1/1987, S. 41–47.

Rentsch, Volker: Argumentationsschemata der Kritiker (Besprechung von Ullrich 1986). In: Erziehungskunst, Heft 5/1987, S. 365–369.

REIHE PÄDAGOGIK

BELTZ

Eine Auswahl aus unserem Programm

Peter Fauser
Pädagogische Freiheit in Schule und Recht
261 S. Br. DM 36,–
ISBN 3-407-34000-1
Lernen bedarf der Freiheit. Welche pädagogische Freiheit brauchen Lehrer?

James S. Coleman
Die asymmetrische Gesellschaft
Vom Aufwachsen mit unpersönlichen Systemen.
237 S. Br. DM 36,–
ISBN 3-407-34002-8
Über die gesellschaftliche Entwicklung und den damit verbundenen Wandel der Kindheit und des Jugendalters.

Klaus Sochatzy
»Wenn ich zu bestimmen hätte...«
Die Erwachsenenwelt im Meinungsspiegel von Kindern und Jugendlichen – Eine empirische Bestandsaufnahme.
498 S. Br. DM 48,–
ISBN 3-407-34017-6
Eine empirische Bestandsaufnahme der Lebensrealität von Kindern und Jugendlichen in der Bundesrepublik.

Christian Büttner
Mit aggressiven Kindern leben
187 S. Br. DM 28,–
ISBN 3-407-34016-8
Dieser Band versucht zu ergründen, ob kindliche Aggression mit pädagogischen Mitteln beeinflußbar ist.

Andreas Flitner
Für das Leben – Oder für die Schule?
Pädagogische und politische Essays.
256 S. Br. DM 26,–
ISBN 3-407-34012-5
Über die zentralen pädagogischen und politischen Probleme der heutigen Schule.

Johannes Claßen (Hrsg.)
Erich Fromm und die Pädagogik
Gesellschaftscharakter und Erziehung.
202 S. Br. DM 34,–
ISBN 3-407-34013-3
Dieser Band will helfen, den Beitrag Fromms zur pädagogischen Diskussion zu erschließen.

Wolfgang Klafki (Hrsg.)
Verführung – Distanzierung – Ernüchterung
Kindheit und Jugend im Nationalsozialismus – Autobiographisches aus erziehungswissenschaftlicher Sicht.
263 S. Br. DM 38,–
ISBN 3-407-34015-X
Erziehungswissenschaftler reflektieren ihre Kindheit und Jugend im Nationalsozialismus.

Horst Rumpf
Mit fremdem Blick
Stücke gegen die Verbiederung der Welt.
219 S. Br. DM 34,–
ISBN 3-407-34005-2
Lesestücke, die sich gegen rasche Einordnung sperren und wenig glatte Lösungen anzubieten haben.

Ekkehard von Braunmühl
Antipädagogik
Studien zur Abschaffung der Erziehung
294 S. Br. DM 36,–
ISBN 3-407-34018-4
Das erste Buch zur Antipädagogik, das eine breite Diskussion innerhalb der Pädagogik ausgelöst hat.

Preisänderungen vorbehalten